DELIUS KLASING

Doris Renoldner · Wolfgang Slanec

Frei wie der Wind

Unter Segeln zu den
entlegendsten Winkeln der Welt

Delius Klasing Verlag

Bibliografische Information der Deutschen Nationalbibliothek
Die Deutsche Nationalbibliothek verzeichnet diese Publikation in der Deutschen Nationalbibliografie; detaillierte bibliografische Daten sind im Internet über http://dnb.d-nb.de abrufbar.

1. Auflage 2012
ISBN 978-3-7688-3397-4

Der Verlag macht darauf aufmerksam, dass dieses Werk unter der ISBN 978-3-200-01986-7 erstmalig 2010 veröffentlicht wurde.

Text: Doris Renoldner
Fotos: Wolfgang Slanec, außer Seite 9: www.hartmut-fiebig.de;
Seite 38 (links unten) und Einbandrückseite (links unten): www.hans-thurner.at
Zeichnungen: Wolfgang Slanec
Einbandgestaltung: Buchholz.Graphiker, Hamburg
Gesamtherstellung: Print Consult, München

Delius Klasing Verlag, Siekerwall 21, D - 33602 Bielefeld
Tel.: 0521/559-0, Fax: 0521/559-115
E-Mail: info@delius-klasing.de
www.delius-klasing.de

INHALT

VORWORT I

Weltumsegler und ihre Erzählungen; seit Joshua Slocum gibt es davon jede Menge. Aus dieser Menge ragen die Seenomaden Doris und Wolfgang heraus, sie sind anders, besonders und einzigartig. Sie begeistern, berühren und füllen immer wieder Vortragssäle.

Aber was macht den Unterschied aus, was ihre Faszination? Sie sind vor allem authentisch. Doris schreibt und erzählt, was sie erlebt hat, aber sie erlebt nicht, um zu schreiben oder zu erzählen. Wolfgang fotografiert und filmt aus eigenem Antrieb, nicht für ein zu beeindruckendes Publikum. Die beiden führen nichts vor, sie nehmen uns mit, lassen uns teilhaben, in ihre Welt eintauchen. Wir genießen den Südseestrand, bangen, ob der Anker in der patagonischen Bucht hält, lernen gemeinsame Freunde kennen. Wir sind dabei. Ihre Professionalität ist unbestritten – auch wenn sie diesen Begriff vermutlich hassen und er so gar nicht ihrem Lebensstil entspricht – aber das macht sie nicht aus. Ihre Freude und Begeisterung sind das Besondere, damit reißen sie uns mit.

Zutiefst beeindruckend auch ihre Routenwahl. Während ein guter Teil der Weltumsegler-Gemeinschaft auf ausgetretenen Pfaden von Treffpunkt zu Treffpunkt bummelt, um dort immer wieder ihre Schrebergärten zu errichten, suchen die Seenomaden bewusst unberührte Inseln, nehmen dafür anstrengende Törns in Kauf. Nicht um sie zu besuchen, sondern um dort zu leben. Ihre Yacht *Nomad* mutiert dann vom Fortbewegungsmittel zu einem Basislager vor Ort, das ihnen erlaubt, Natur, Land, Leute und Kultur in einer Intensität zu erfahren, die sich Touristen nie erschließen wird; egal ob sie per Land- oder Seeweg gekommen sind. Und eben diese gelebte Intensität ist in ihren Vorträgen, ihrem Film und nun in diesem Buch zu spüren.

Die Seenomaden sind echte Fahrtensegler. Doris und Wolfgang haben mit mir einen Tag auf einer Regattayacht verbracht und dabei unglaublichen Spaß gehabt. Beide beherrschen ihr Handwerk aus dem Effeff, sonst hätten sie in den schwierigen und gefährlichen Seegebieten, die sie befahren haben, nicht überlebt. Wolfgang denkt über Rumpfformen und Segelprofile nach, stellt Holepunkte ein, achtet auf ein glattes Unterwasserschiff, kümmert sich darum, dass seine Yacht gut und schnell unterwegs ist. Fahrtensegler ist somit nicht die Negation des Regattaseglers, sondern eine Lebenseinstellung, der Anspruch auf Perfektion in einem ganz bestimmten Bereich des Segelsports. Fahrtensegler leben auf ihrem Schiff, überqueren Ozeane, verrichten zahlreiche Arbeiten, fangen Fische, nähen Segel, werden an Bord krank und hoffentlich wieder gesund.

Steht das Seenomadentum jedem offen? Doris und Wolfgang war weder Reichtum noch die Seefahrt in die Wiege gelegt. Sie wollten dieses Leben leben, haben entsprechende Entscheidungen getroffen, Prioritäten gesetzt und ihren Traum auf der kleinen Yacht *Susi Q* begonnen. Für beide zählte das Hier und Jetzt, nicht Zukunft, Pension und materielle Sicherheit.

Zu guter Letzt darf ich noch einen Wunsch äußern: Liebe Seenomaden, nehmt uns bitte noch oft auf eure Abenteuer zu den beinahe weißen Flecken auf den Karten dieser Welt mit!

Andreas Hanakamp, 20. Juli 2010, 42°74'N 022°41'W

VORWORT II

Nach unserer ersten Weltumsegelung, die acht Jahre gedauert und uns im Rhythmus der Natur an die schönsten Plätze dieses Planeten geführt hatte, stürzten wir in ein tiefes Loch; Wolf in eine regelrechte Depression. Ausweglos schienen die Enge der Stadt, der geregelte, fremdbestimmte Arbeitsalltag, die auferlegten Pflichten. Es fiel uns unendlich schwer, jenes Leben wieder aufzunehmen, das wir vor unserer Reise mit leichter Hand hingegeben hatten. Die Jahre auf dem Meer, das Leben unter Segeln hatten uns verändert. An Land, in Wien, fehlten uns die bewegliche Geborgenheit des Schiffes, das Lachen der Inselbewohner, das Licht der Tropen, die Leichtigkeit des Seins.

Im Sommer 1999 trennten wir uns schweren Herzens von unserer guten, alten *Susi Q*, fühlten uns dabei wie Verräter und heulten tagelang Rotz und Wasser. Aber wir benötigten Geld für ein Hirngespinst. In einem Anfall von Wahnsinn kauften wir um den Erlös unserer weit gereisten Lady einen Lieferwagen und eine Multimedia-Ausrüstung, drei Leica-Projektoren, Überblendgeräte, Leinwände und Tonanlage. Wie ein Wanderzirkus tingelten wir mit unserer „Seenomaden“-Show durch Österreich und begeisterten damit eine ganze Seglernation. Über 80.000 Straßenkilometer pro Jahr, gut 15 Arbeitsstunden pro Tag – nie zuvor hatten wir derart hart gearbeitet. Aber wir hatten eine Vision. Noch einmal wollten wir einsame Inseln anlaufen, noch einmal in einer türkisen Lagune ankern, noch einmal das Kreuz des Südens am Sternenhimmel sehen, noch einmal den eigenen Träumen nachsegeln …

Die Vision, die uns damals Kraft gab durchzuhalten, wurde tastsächlich Realität. Eine zweite Weltumsegelung schweißte uns noch mehr zusammen und gab unserem Leben eine neue Dimension – davon soll dieses Buch erzählen.

Doris und Wolfgang, 20. August 2010
www.seenomaden.at

PROLOG

Vor gefühlten hundert Jahren lernte ich Wolf kennen. Wir saßen im „Hummel", einem Altwiener Kaffeehaus, und teilten uns eine Melange. Wolf erzählte, dass er ein Boot besitze und davon träume um die Welt zu segeln. Der Kaffee war rasch ausgetrunken, Wolf voll in Fahrt. Wortreich schilderte er gestrandete Yachten, Aussteiger auf Gomera, Sturm in der Straße von Gibraltar. Ich glaubte ihm kein Wort. Aber er gefiel mir.

Dann traf ich ihn wieder und entdeckte, dass er der freieste Mensch war, der jemals meinen Weg gekreuzt hatte. Sparbuch oder guter Job waren ihm egal, er trug lange Haare und bunte Brillen, kletterte in steilen Wänden und zeigte mir, dass man sein Leben auch außerhalb vorgestanzter Schablonen führen kann. Drei Monate nach unserem Kaffeehausbesuch stellte er mir eine Frage: „Willst du mit mir segeln?" Meine Antwort kam ohne Zögern. Nichts wollte ich lieber, als mit diesem Mann in die Welt zu ziehen. Ich war 21 Jahre alt und hatte das Beste noch vor mir, aber das wusste ich damals nicht; wenn man 21 ist, gibt es kein Gefühl für Zeit, für Vergangenheit oder Zukunft. Die Entscheidung, die ich im Herbst 1988 traf, war der Wendepunkt in meinem Leben. Die Basis von allem.

Meine Eltern hielten mich für verrückt, ließen mich aber mit ihrem Segen ziehen. Und so brach ihre einzige Tochter, bislang wohl behütet, mit einem um zwölf Jahre älteren Abenteurer in eine ungewisse Zukunft auf. Wir kündigten Jobs und Versicherungen, lösten Wolfs Hausstand auf und verkauften mein Auto. Mit nicht viel mehr als 50.000 Schilling (ca. 3.000 Euro) und unserer kaum ein Jahr alten Liebe im Gepäck flogen wir im März 1989 nach Gran Canaria. Dort schaukelte *Susi Q*, ein neuneinhalb Meter kleines Stahlschiff, im Hafen von Puerto Mogan. *Susi Q* bot wenig Komfort, man könnte auch sagen sie überzeugte mit konsequenter Simplizität. Kein Kühlschrank, keine Elektronik, keine Dusche, keine elektrische Ankerwinsch, nichts an so genannten erleichternden Hilfsmitteln. Navigiert wurde mit dem Sextanten, ein Barometer informierte uns über das Wetter, ein Fähnchen am Mast über die Windrichtung, ein Walker-Schlepplog über die Geschwindigkeit. Fertig. Herrlich einfach, einfach herrlich.

Gegen den Passat kämpften wir uns auf unserem ersten gemeinsamen Törn nach Madeira. Es war nass, es war ruppig, es war anstrengend, und ich Greenhorn kotzte mir drei Tage lang die Seele aus dem Leib. Der Wechsel von der gemütlichen Wohnung in Wien in die Plicht der *Susi Q* hätte kontrastreicher nicht sein können. Ans Aufgeben und Heimfliegen dachte ich dennoch nicht. Ich blieb, lernte rasch mit dem Schiff umzugehen und erlag noch rascher dem Zauber des Reisens mit einem Segelboot.

Mittlerweile sind wir verheiratet, haben zwei Mal die Welt umrundet und dabei 110.000 Seemeilen geloggt. Den Löwenanteil der letzten 20 Jahre waren wir unterwegs. Kein Ausstieg für zwischendurch, auch kein Trip oder Projekt. Unser gemeinsames Leben. Wir haben wenig und wir haben viel. Viel Natur, viel Draußensein, viel Zweisamkeit und Selbstbestimmung. Ein Sein im Hier und Jetzt.

1996 verbrachten wir zwei Monate mit *Susi Q* im Salomon Atoll, Chagos, Indischer Ozean

www.werkhof.at

TEIL I

Von Slowenien um Kap Hoorn

2002 bis 2004

EUROPA
Wien
Izola
Azoren
NORDATLANTIK
New York
USA
Kanaren
MITTELMEER
Kairo
Karibik
Kap Verde
AFRIKA
Panama
Galapagos
Äquator
SÜDAMERIKA
Asension
St. Helena
Robinson Crusoe In.
Pampero
Rio
SÜDATLANTIK
Kapstadt
Buenos Aires
KAP DER GUTEN HOFFNUNG
P. Montt
PATAGONIEN
Falkland Is.
KAP HOORN

TRAUMSCHIFF

Liebe macht blind

Vergiss diese Kiste", meint Wolf. „Das ist ein Wrack. Und es gibt zu wenige Töpfe!" Es tropft in alle brauchbaren Gefäße. Keine Luke, kein Fenster, durch das es nicht reinregnet. Es schüttet wie aus Schaffeln während unserer ersten Nacht auf *Barbara*, unserem vermeintlichen Traumschiff. Liebe auf den ersten Blick war es gewesen und Stützpunktleiter Milan, dieser charmante Blender, hatte anlässlich unseres Besichtigungstermins extra das Cockpitteak geölt.

Am nächsten Morgen riskieren wir eine Probefahrt. Wir kommen bis zur Hafenausfahrt von Trogir. Dann bleibt das Großsegel beim Setzen auf halbem Weg in der Rollanlage stecken, lässt sich weder raus- noch reindrehen. Ratlos greift Wolf zum Handy. Charterfirmen kennen sich mit solchen Problemen ja aus. „Lasst das Segel wie es ist und kommt retour!" beruhigt Milan. Zu dritt werkeln wir eine Stunde, um das in der Nut verzwickte Tuch zu befreien. Dann legen wir nochmal ab. Während der nächsten zwei Tage schnüffeln wir in alle Winkel des Schiffes, entdecken viele Macken, erstellen Reparatur- und Ausrüstungslisten und wägen ab. Sollen wir? Oder sollen wir nicht? Sie gefällt uns, die Sonate Ovni 41 aus Aluminium, die zwölf Saisonen im Chartereinsatz und zwei Atlantiküberquerungen auf dem Buckel hat sowie eine Riesendelle am Bug. Dennoch entscheiden wir uns letztendlich gegen sie. Zu teuer, zu viel Arbeit. Wir suchen weiter, klappern im Frühsommer 2000 alle kroatischen Häfen und Marinas ab. Unter den vielen „Joghurtbechern" in der Adria ein brauchbares Fahrtenschiff zu finden, gleicht der Suche nach einer Stecknadel im Heuhaufen. Und das obwohl wir offen für Kompromisse sind: GFK, Stahl oder Alu, Kat oder Mono, egal. Unsere Neue muss nur ein simples, wartungsfreundliches, leicht zu handhabendes Boot um die zwölf Meter sein, mit wenig Tiefgang und einem halbwegs modernen, stabilen, maximal 15 Jahre alten Rumpf. Mindestens sechs Kojen sollte sie außerdem haben, dann könnten wir die Bordkassa dann und wann mit zahlenden Mitseglern aufbessern. Und schön muss sie sein! Denn ein gut konstruiertes Boot sieht niemals hässlich aus, davon sind wir überzeugt. Wundert es jemanden, dass wir nicht fündig werden? Aber *Barbara* ist immer noch zu haben, zudem purzelt gerade der Verkaufspreis, weil der Eigner unbedingt ein neues Schiff kaufen will. Vorsichtiger Anruf bei Kurt Ecker, Chef der größten Charterfirma Österreichs, in dessen Flotte *Barbara* läuft. Der Gute würde 50.000 Schilling (gut 3.000 Euro) beisteuern – quasi als Sponsoring.

Noch immer unschlüssig, konsultieren wir jenen Mann, der hierzulande über Schiffe am besten Bescheid weiß: Wolfgang Wappl, dreifacher Weltumsegler, ebenso still wie kompetent. Er kennt das Boot und eröffnet unser Gespräch mit wenig ermutigenden Worten: „Oh Gott, die *Barbara*!" Aber er sagt auch, dass man mit Einsatz und Willen jede Yacht wieder flott machen kann. Einsatz und Willen, davon haben wir jede Menge. Wir schlagen zu.

Vier Monate veranschlagen wir für die Überholungsarbeiten, schuften Tag für Tag im Werftgelände der Marina Izola in Slowenien. Das Schiffsinnere ist Baustelle und unbewohnbar. Wir schlafen im Laderaum unseres Ford Transit und kochen auf einem kleinen Campinggaskocher unter dem aufgebockten Boot. Einziger Luxus: ein vergammelter Kühlschrank sowie ein alter Ghettoblaster, der irgendwann gestohlen wird, ebenso wie der praktische Tretroller.

Jeder Punkt auf unserer ohnehin endlosen Liste zieht fünf weitere Probleme nach sich, mit denen wir nicht gerechnet haben. Manchmal sind wir der Verzweiflung nahe, das Chaos scheint immer größer statt kleiner zu werden – und die Uhr läuft. Denn spätestens im September wollen wir starten, um noch im Herbst durchs Mittelmeer segeln zu können. Wochen und Monate fliegen dahin. Beim Schweißen, Schleifen, Sägen und Malen sind unsere Gedanken draußen im Atlantik. Ende August 2001 sehen wir unser ursprünglich gestecktes Ziel wie Eis in der Sonne schmelzen. Langsam nerven die Fragen der Zaungäste. „Na, wann geht's denn los?" oder „Was, ihr seid immer noch hier?"

Nach sieben Monaten an Land und über 5.000 Schweiß treibenden Arbeitsstunden darf unser Schiff endlich zurück in sein Element. Nach altem Seemannsbrauch gehört unter jeden Mast eine Kupfermünze. Also kleben wir unter das neu gestellte Rigg einen Schilling, der uns Glück bringen soll. Brauchen wir auch dringend, als Ausgleich quasi, denn wir taufen unser Schiff um, was bekanntlich ein No-go unter Seeleuten ist. Aber mit „Barbara" können wir uns so gar nicht identifizieren. Keine Oma, Mutter, Tante oder nahe Freundin, die diesen Namen trägt. Auch keine Heldin, die wir mit diesem Vornamen assoziieren. Pauli

Vorbereitungen für die große Reise in Izola, Slowenien

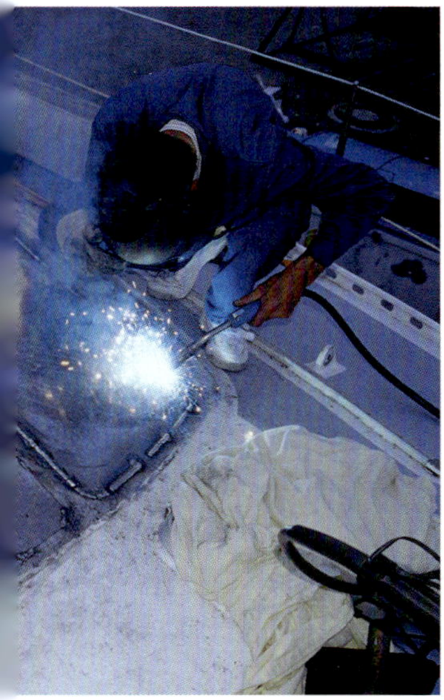

Hafner, der erste Eigner der Yacht, benannte sie nach seiner Schwiegermutter; ein Schachzug, für den er vermutlich seine Gründe hatte. Wir scheren uns nicht um Aberglauben und laden am 1. Dezember 2001 Familie, Freunde, Bekannte und Sponsoren zur Schiffstaufe nach Izola. Am Kai sorgt ein kleines Open-Air-Stehbuffet für das leibliche Wohl der 80 Gäste. Vielleicht liegt es am Glühwein, dass kurz vor der feierlichen Zeremonie die Klebefolie mit den roten Lettern unauffindbar ist. Erst in letzter Minute entdecken wir sie zwischen Mehl-, Reis- und Müslipackungen.

Warum gibt es eigentlich keine Anleitungen für Schiffstaufen? Also: Sektflasche am Spifall anbinden – kein Problem. Den Bug ins Visier nehmen – geht auch noch. Mama, die Taufpatin, gibt ihr Bestes. Sssssst – päng. Volle Breitseite in die Steuerbordseite des Rumpfes. „Mit mehr Elan, Mama!" Nächster Versuch: Ssssssst – fffft. Die Flasche schwingt am Bug vorbei, beschreibt einen großen Bogen und wickelt sich um die Backbord-Reling. Schallendes Gelächter. Anlauf Nummer drei: Die Flasche schlägt wie ein Geschoß gegen ein Rumpffenster, wie durch ein Wunder bleiben beide heil. Ein vierter Wurf verläuft ähnlich spektakulär, die Zuschauer ziehen ängstlich die Köpfe ein. Beim fünften Mal zerbirst die Flasche endlich unter Gejohle und Applaus des Publikums am Buganker. *Nomad*, englisch für Nomade, heißt unsere neue Liebe. Welche Abenteuer werden wir mit ihr wohl erleben?

Hubert Raudaschl hilft beim ersten Segelsetzen

AUFBRUCH

Quer Mittelmeer

Tapfer durchschneidet *Nomad*s Bug die dünne Eisschicht im Hafen von Izola; unser zweiter großer Lebenstraum beginnt. Wir schreiben den 7. Jänner 2002. Ein stiller Abschied. Vom Ufer winken nur Goraz und Tomo, die beiden Travelliftfahrer. Mit weichen Knien und Tränen in den Augen steuern wir in die Adria hinaus. Wolf drückt mich fest an sich. Alles ist fremd, jeder Handgriff gewöhnungsbedürftig. „Hoffentlich haben wir das Segeln nicht verlernt", denke ich. Müde und ausgebrannt von Bootsrenovierung und vier Jahren Landleben begreifen wir nur langsam, dass wir wieder unterwegs sind.

„Ohne Bootsführerschein können Sie in Kroatien nicht einklarieren!" stellt der Hafenkapitän von Umag unmissverständlich klar. Verzweifelt durchwühlen wir Dokumentenmappe, Kartentisch, Schapps. Ohne Erfolg. Unsere ÖSV-Befähigungsausweise bleiben unauffindbar und der Behördenvertreter unnachgiebig. Verhandlungsgeschick plus Wiener Charme verpuffen an der starren Bürokratie. Auch das Argument, bereits einmal um die Welt gesegelt zu sein, zieht nicht. Da könnte ja jeder kommen. Sollte unsere Reise bereits nach 13 Seemeilen ein Ende finden? Als letzten Trumpf spielen wir den Trans-Ocean-Standerschein aus. „Ooohh, Trans Ocean! Warum nicht gleich!" Stempel knallen in Papiere und Pässe. Erste Hürde genommen.

Fast jeden Morgen bedeckt dicker Raureif unser Schiff. Bei frostiger Kälte ziehen wir unter einem stahlblauen Himmel gen Süden. Ein kleiner Petroleumofen verbreitet Gestank, aber auch wohlige Wärme in der Kajüte. Mal ankern wir in leeren Buchten, mal benützen wir die verwaisten, öffentlichen Anleger. Keine andere Yacht ist unterwegs. Die Inseln wirken still und verlassen. Den wenigen, meist älteren Menschen begegnen wir, wenn überhaupt, im Dorfladen. Restaurants sind geschlossen. Schön ist das. Uns haben Orte außerhalb der Saison immer gefallen, vor oder nach dem großen Trubel, wenn die Farben wieder ihre natürlichen Nuancen angenommen haben. Und die Menschen auch.

Nach einer Woche schlägt das Wetter um: Tief ziehende, grauschwarze Wolken bringen Schneeregen und Starkwind. Drei Tage liegen wir längsseits in Drvenik, dann geht's rüber nach Vis. Durchforsten die Läden nach Petroleum, das langsam knapp wird. Leider ohne Erfolg. Allein der Gedanke an unsere feuchtkalte Kajüte lässt uns trotz Schlechtwetters aufbrechen. Jede Meile Richtung Süden, so hoffen wir, bringt uns der Sonne und Wärme entgegen. Wolf hört Wetterbericht auf UKW, verschweigt aber die prophezeiten Windstärken, um mich nicht zu beunruhigen. Wir passieren Palagruža unter Sturmbesegelung. Ein felsenharter Nordweststurm mit Graupelschauern treibt uns in eine stockfinstere Winternacht. Wir zurren alles fest. Verriegeln Luken und Backskisten. Wolf kocht Doseneintopf – Sturmnahrung. Bei solchen Bedingungen kämpfe ich wie immer mit der Seekrankheit. Weiße Gischtfahnen wehen von den Wellenkämmen. Große Enttäuschung: Der Windpilot kann den Kurs nicht halten. Probieren den alten Autohelm, die Elektronik funktioniert zum Glück. *Nomad* bahnt sich ihren Weg durch die aufgewühlte Adria. Fantastisch, wie die Yacht läuft. Wie auf Schienen gleitet sie die Wellen hinunter. Seit langem fühlen wir uns wieder frei. Wir träumen nicht von der endlosen Weite der Meere, wir sind mittendrin.

„Ihr wollt zu dieser Jahreszeit in die Ägäis?" Verständnislos schütteln die „Überwinterer" bei der Grillparty in der halbfertigen Marina von Lefkas ihre Köpfe. Auch die Segelfreunde zuhause können unserer Begeisterung für das winterliche Mittelmeer nichts abgewinnen. Wir betrachten den Törn als Übungsfahrt, schließlich steht Kap Hoorn auf unserem verwegenen Plan. Kap Hoorn! Warum ausgerechnet zum stürmischsten Ende der Welt? Uns lockt das Abenteuer, das Ungewisse, die unberührte Natur. Außerdem wählen wir bewusst Ziele, die wir während unserer ersten Weltumsegelung nicht anlaufen konnten, als wir auf der Passatroute mit vielen Ecken und Schleifen durch Panama- und Suezkanal schipperten.

Februar und März umrunden wir – immer mit einem wachsamen Auge auf das Wettergeschehen – die drei Finger des Peloponnes. Langsam wachsen uns wieder Seebeine. Wir lernen *Nomad* auf allen Kursen zu beherrschen und verbessern, was uns wichtig erscheint.

Ganz von selbst finden wir unseren alten Reiserhythmus wieder. Wenn man weniger als drei, vier Tage an einem Ort bleibt, kommt die Seele nicht hinterher, so hat es Bruce Chatwin verkündet. Dann überlappen einander die Eindrücke zu einem schalen, undefinierbaren Brei. Zeit ist das große Geheimnis. In diesen Wochen entdecken wir sie wieder. Zeit zum Lesen, zum Schauen, zum Atmen, zum Leben …

Parallel dazu stehen wir allerdings vor einem altbekannten Problem. Wir brauchen Geld. Fast all unsere Ersparnisse sind in die Bootsrenovierung geflossen. Daher setzen wir im ersten Reiseabschnitt auf zahlende Mitsegler und nehmen den Wermutstropfen des Terminsegelns in Kauf. Üblicherweise wissen wir nicht, wo wir in einem Monat sein oder was wir in einem halben Jahr tun werden. Außerdem sind Routenplanung auf der Seekarte und deren Umsetzung in die Realität zwei verschiedene Paar Schuhe. Quer Mittelmeer und hinaus in den Atlantik geht die Rechnung auf. Aber spätestens ab Südamerika werden wir den strikten Fahrplan, den wir uns auferlegt haben, bereuen.

Ab Mitte Mai segeln wir mit Gästen kreuz und quer durch die Ägäis nach Kalymnos, wo sich in den letzten Jahren ein Eldorado für Sportkletterer entwickelt hat. Hier erfüllen wir uns einen lang gehegten Traum: Klettern und Segeln. Manche Wände erreichen wir bequem mit dem Dingi. Täglich klettern wir in den wasserzerfressenen Platten und mit Tropfsteinen gespickten Überhängen. Alle Touren sind gut mit Bohrhaken abgesichert. Mittags kehren wir völlig ausgepowert zum Boot zurück.

Chora von Amorgos, Ägäis

Kalymnos ist der Umkehrpunkt unserer Mittelmeerreise, ab jetzt halten wir unsere Nase westwärts, immer der Abendsonne nach. Klingt romantisch. Ist es auch. Manchmal.

Gegen starken Westwind (Poniente) kämpfen wir uns Anfang September nach Gibraltar, dem Tor zum Atlantik. Gib, wie die Briten sagen, ist immer noch Treffpunkt der Fahrtensegler. Leider werden auf dem Ankerplatz hinter der Rollbahn des Flughafens jede Nacht Beiboote und Außenborder gestohlen, deshalb sind wir heilfroh, einen Liegeplatz in der Bay Marina zu ergattern.

Nach 3.500 Seemeilen Testfahrt quer Mittelmeer arbeiten wir unsere anscheinend nie enden wollende To-do-Liste weiter ab. Sorgenkind Nummer eins ist die alte Steuersäule. Bei zu viel Ruderdruck greift die Verzahnung nicht mehr ineinander und springt weiter. Eine Katastrophe bei rauem Wetter. Die extra eingeflogenen Ersatzkegelräder passen wieder nicht; dass die Originalteile nicht mehr erzeugt werden, wissen wir zu diesem Zeitpunkt noch nicht. Zur Beruhigung kaufen wir eine Satelliten-Seenotboje, einer jener teuren Ausrüstungsgegenstände, von denen man stets hofft, sie nie zu brauchen.

Am Steg laufen wir *Kemo Sabay* in die Arme. George und Sarah kennen wir von unserer ersten Runde mit *Susi Q*. In den Tuamotu-Atollen verkauften sie uns damals, 1995, ihre Pumpgun aus Niro; wir bildeten uns ein, damit die Piraten in den Molukken abwehren zu können. Beinahe hätten wir sie auch wirklich verwendet: Im Mai 1996 motorten wir nördlich der Insel Ceram über eine ölige, spiegelglatte See. Plötzlich tauchte eine Barkasse aus dem Dunst auf, deren Bug genau auf uns zeigte. Um auszuweichen änderten wir drastisch den Kurs. Unser

Nomad ist eine Sonate Ovni 41 aus Aluminium

Verfolger korrigierte ebenfalls, steuerte weiter auf uns zu und kam rasch näher. Durchs Fernglas erspähten wir zerlumpte Männer in einem morschen Holzkahn. Angst. Wir drückten den Gashebel bis zum Anschlag und gingen auf Zick-zack-Kurs, was unsere Häscher unbeeindruckt ließ. Mit rasendem Puls reichte ich Wolf die Pumpgun ins Cockpit. „Ich lass die Kerle auf 20 Meter ran, zähle bis drei, dann schieß ich!" Durchs Kajütfenster beobachtete ich, wie das Boot immer näher kam. „Eins, zwei und..." Auf einmal winkten die Männer, riefen uns laut „selamat datang!" zu und rasten fünf Meter vor unserem Bug vorbei. Wolf saß kreidebleich im Cockpit und starrte mich fassungslos an. Das hätte ins Auge gehen können. Später erfuhren wir, dass es in Indonesien Brauch ist, knapp vor dem Bug eines anderen Schiffes zu queren, um böse Geister überspringen lassen zu können. Und „selamat datang" heißt „herzlich willkommen". In Australien erzählt man uns später, dass illegaler Waffenbesitz in Indonesien mit der Todesstrafe geahndet wird. Deklariert? War die Pumpgun natürlich nicht ...

Diese Geschichte geben wir bei einem Gin Tonic im Cockpit der *Kemo Sabay* zum Besten. Außerdem verraten wir George, dass wir „seine" Pumpgun in Australien verkauft haben. Die beiden Amerikaner sind seit über zehn Jahren unterwegs, und wir fragen sie nach ihren Plänen. „Wir machen uns auf den Heimweg nach Rhode Island, bevor wir zu alt werden", antwortet George mit seinem spitzbübischen Lachen. Zwei Jahre später schreibt Sarah per E-Mail, dass George als Elektriker in einer Bootswerft arbeitet. Mit über 70 Jahren. Das macht Hoffnung für die eigene Zukunft.

Mittlerweile platzt die Marina aus allen Nähten, täglich trudeln neue Yachten ein, aber keine fährt raus. Alle warten auf ein ideales Wetterfenster für die erste große Atlantiketappe. Also Rückenwind durch den Flaschenhals und ein nach Süden ausgebreitetes Azorenhoch mit nordöstlichen Winden im Atlantik. Die Realität sieht anders aus. Seit zwei Wochen bringen Störungen westliche Winde und typisch britische Witterung, es ist kühl und regnerisch. Jedes Gespräch in der Fahrtenseglerfamilie dreht sich um den täglich verschobenen Abfahrtstermin. Selbst ernannte Wetterfrösche ersticken jeden Gedanken ans Auslaufen im Keim: „Morgen wollt ihr weg? Unmöglich, die nächste Störung erwischt euch bestimmt!"

Wir fahren dennoch los. 17 Tage Marinagebühren haben ein schmerzliches Loch in die Bordkassa gerissen. Am 25. September 2002 zieht uns eine leichte nordöstliche Brise durch den dichten Schiffsverkehr der Straße von Gibraltar. Mittags hören wir „Meteo Marine" von France Inter (15.300kHz/11.40 UTC). Ein Tief mit Kaltfront bis zu den Kanaren verspricht südwestliche Winde. Also biegen wir nach Tanger ab, sowieso das beste Sprungbrett für den Atlantik, der nur wenige Meilen weiter westlich beginnt.

TRITTSTEINE IM ATLANTIK

Kanaren, Kap Verde Inseln

Als das Tageslicht nachlässt und in dämmriges Grau übergeht, verliere ich die Küste Marokkos aus den Augen. Eine lange Dünung wiegt unsere *Nomad* sacht. Das Atmen des Ozeans. Endlich. Die Stille der Nacht, die nur gelegentlich vom Flappen der Segel oder Gurgeln des Kielwassers unterbrochen wird, wirkt wunderbar entspannend. Am vierten Tag erwischt uns der Ausläufer einer Kaltfront, deren Rückseite *Nomad* mit kräftigen nördlichen Winden rasant ihrem Ziel zutreibt. Knapp bevor die Nacht hereinbricht, fällt unser Anker im Vorhafen von Puerto Naos auf der Insel Lanzarote.

Aus Termingründen sehen wir von Lanzarote nur das Hauptstädtchen Arrecife. Zwei völlig unterschiedliche Dinge sind uns im Gedächtnis geblieben. Wolf erinnert sich an die besonders hübschen Mädels, bei mir hat sich der „Hyperdino" eingebrannt, ein riesiger Supermarkt. Vor allem ein Bild kann ich nicht vergessen: Wie wir genervt mit übervollem Einkaufswagen quer durch die Stadt rattern, dann das Zeug Stück für Stück über die fünf Meter hohe Leiter ins Dingi balancieren und schlussendlich eine halbe Meile durchs Hafenbecken zum Ankerplatz tuckern. Das wirklich Mühsame an Ozeanüberquerungen sind die Einkäufe davor.

In Los Cristianos wartet die Überstellungscrew auf uns, deshalb lassen wir Fuerteventura und Gran Canaria links liegen und steuern bei üblich ruppigen Bedingungen den Süden Teneriffas an. In die nach Süden offene Bucht steht wie immer Schwell. Genauestens beobachten wir das Wettergeschehen, denn im Dezember 1991 erwischte uns hier ein gefährlicher Südsturm. Er begann mit einem unscheinbaren Tief westlich der Kanaren, das niemand ernst nahm, aber Wolf hatte den richtigen Riecher. Wir verkrochen uns rechtzeitig im winzigen Bootshafen, der heute ein Parkplatz ist. Wenige Stunden später brach ein Inferno los. Ein Orkan mit zwölf Beaufort tobte über die Inseln. Schwere Brandung überspülte die zehn Meter hohe Hafenmauer, die Wassermassen zerstörten Fährticketschalter und drückten Autos flach. An der inneren Mole schlugen sich längsseits liegen-

Südsturm auf den Kanaren; Abfahrt von Hierro

de Yachten und Fischerboote gegenseitig kaputt. In der Ankerbucht wuchs der Schwell bis zu fünf Meter an und schleuderte Yachten an den Strand. Auf See kämpften Schiffe ums Überleben. Wir kamen davon und waren dafür unendlich dankbar.

Andi und Heinz sind unsere Gäste auf dem Weg zu den Kap Verden. Legen noch kurze Station auf Hierro ein, der südwestlichsten Kanareninsel, die im Mittelalter als Ende der Welt galt. Im Hafen von Estaca sind wir mit unserem alten Freund Uli verabredet, seit kurzem TO-Stützpunktleiter von Hierro. Vor lauter Wiedersehensfreude rennt Wolf in der Hafenkneipe gegen eine Eisenstütze, was ihm eine Platzwunde und den Spitznamen „Kapitän gespaltene Stirn" einbringt. Zwei Tage später mahnt der Wetterbericht zum Aufbruch. Wieder nähert sich ein kleines, unberechenbares Tief – wir flüchten lieber. Als Hierro in unserem Kielwasser verschwindet, verabschieden wir uns von Europa. Für längere Zeit. Für sehr lange Zeit.

Täglich versorgt uns Uli über Kurzwelle mit aktuellem Internetwetter. Am dritten Tag auf See kommen wir in den Einflussbereich der Störung. Auf 35 Grad Nord hat sich ein Sturmtief mit 975 Millibar entwickelt. Auf den Kanaren bläst Starkwind aus Südwest. Fein, dass wir rechtzeitig losgesegelt sind. Auch wir nehmen die Schoten dicht, aber schon bald setzt sich der Passat durch und dabei bleibt es.

Nach knapp sechs Tagen und 800 Seemeilen tauchen aus dem Dunst die Vulkankegel der nordöstlichsten Kap Verde Insel auf. Sal gleicht einer trostlosen Mondlandschaft. „Matte Farben von müdem Braun, Gelb und Rot verheißen nichts als Öde und Trockenheit", schrieb schon Burghard Pieske vor 25 Jahren. Daran hat sich nichts geändert. Lassen unsere Ankerkette in den Hafen von Palmeira rasseln. Andi, der seine erste Ozeanetappe feiert, lädt euphorisch ins beste Inselrestaurant; delektieren uns an Langusten mit hausgemachter Mayonnaise. Großer Fehler. Den Rest der Woche liegen wir mit Brechdurchfall darnieder und verteilen Nummern für die Benützung der Bordtoilette. Unsere Crew fliegt zurück in die Heimat, und wir verholen uns 100 Seemeilen nach Süden in die schönste Ankerbucht der Kap Verden, nach Tarrafal auf der Insel Santiago. Letzte Verproviantierung am Markt. Sentimentale Erinnerung: Vor zehn Jahren tauschten wir hier noch Kaffeehäferln, Kleidung und Kosmetika gegen Obst und Gemüse.

Das selbst auferlegte Zeitkorsett drängt zum Aufbruch, denn in drei Wochen steigen neue Gäste zu. Und zwar in Rio de Janeiro, 2.700 Seemeilen entfernt.

MEERESZEIT

Atlantik Nord-Süd

Eine neue Zeitrechnung beginnt. Meereszeit. 20 Tage, an denen Hitze und Regen, Sonne und Mond, Wind und Wellen den Takt diktieren. Tage, die uns der Atlantik bereitet, mit seinen Wellenbildern, Geräuschen, Gerüchen, Wetterlaunen. Wir sind in ihm aufgehoben und so langsam oder schnell, wie es Wind und Segel erlauben. Tausende Seemeilen, hunderte Segelmanöver, stille Unendlichkeit. Menschenleerer Raum und die Geborgenheit der Kajüte. Die einzige Verbindung zur Welt, aus der wir kommen, ist das Funkgerät.

Bei einer Atlantiküberquerung in Ost-West-Richtung, also auf der Passatroute, wird man von Wind, Wellen und Strömung in die Karibik geblasen und getrieben. Atlantik südwärts sieht anders aus. Vier Tage lang begleitet uns unser zuverlässiger Freund, der Nordostpassat. Segeln zum Jubeln. Etmale zwischen 150 und 160 Seemeilen schafft unser braves Mädchen mit links. Doch ab 7° Nord und 25° 30' West betreten wir das Reich der Intertropischen Konvergenzzone. Jene Region, in der Nordost- und Südostpassat aneinander geraten.

Ein feuchtheißer Luftschwall rollt über den Ozean. Das Meer ist plötzlich geriffelt wie ein riesiges Waschbrett. Wellen klatschen gegen das Boot. Schwappen an die Bordwand. Die Böe hat sich aus dem Nichts erhoben. Eine schwarze Regenwand kommt, vom Wind getrieben, auf uns zu. Ihr Rauschen dringt an unsere Ohren, wird lauter. Dann fallen von oben Wassermassen auf uns herab. So unvermittelt wie er aufgestanden ist, legt sich der Sturm mit einem tiefen Seufzer. Noch einmal tanzt ein Blitz über den Himmel, eine letzte Drohung. Dann gibt sich der Atlantik wieder sanft und friedlich. Wolkenbilder spiegeln sich auf seiner Wasseroberfläche. Lichtzungen flitzen über die Wellen. Es ist so windstill, dass das rhythmische Schlagen der Segel laut durchs Boot hallt.

Zwischen lähmenden Flauten existiert der Wind nur in Regen- und Sturmböen. Seegang aus allen Richtungen lässt *Nomad* wie einen angeschlagenen Boxer taumeln. Schwarzgraue Wolkentürme, wie wir sie selten zuvor sahen, und schwere Gewitter jagen uns Angst ein. Nur selten gelingt es uns den Böen auszuweichen.

Mit 28 Motorstunden und unzähligen Segelmanövern schummeln wir uns in drei Tagen durch diese unwirtliche Gegend. Ab 2° 30' Nord reißt die Wolkendecke auf, kleine „Schäfchen" am Horizont bringen den ersehnten Südostpassat. Auf anstrengendem Am-Wind-Kurs ziehen wir Meile für Meile gen Süden.

Schweren Herzens lassen wir die Trauminsel Fernando de Noronha 60 Seemeilen an Steuerbord liegen. Wir wollen keinen Raum nach Lee verlieren und versuchen, einen Abstand von 100 Seemeilen zu Brasiliens Küste zu halten. Dank eines Tiefs über Land dreht der Wind auf Nordost und brist auf 35 Knoten auf. *Nomad* läuft verdammt gut. Bei Surfs über zehn Knoten beginnt sie zu brummen und vibrieren. Da wir uns auf einer Schifffahrtslinie befinden, passen wir während unserer Wachen noch genauer auf. Oft funken wir unsere „großen Brüder" über UKW an und erkundigen uns nach Wetterberichten. Einmal haben wir einen Offizier aus Montenegro mit Grazer Vorfahren am Rohr, er erzählt, dass sein Schiff Granit von Brasilien nach Italien führt. Nördlich der Abrolhos beißt ein gut ein Meter langer Wahoo an. Essen vier Tage Fisch in allen Variationen und kochen den Rest in Gläsern ein.

Immer wieder werden wir gefragt, was wir auf den langen Ozeanpassagen eigentlich machen, dort draußen auf dem Meer. Mir fällt jedes Mal eine andere Antwort ein. Sage: lesen, fischen. Oder Musik hören. Segeln und navigieren. Atmen. Den Wolken zusehen. Kochen. Einfach leben. Dass wir auch tanzen in unserer engen Kajüte und singen und zuweilen weinen vor Glück, sage ich nicht. Dass wir unsere Stofftiere knuddeln, mit Delfinen und Walen sprechen, den Mond begrüßen und manchmal den Wind anbrüllen, verschweige ich.

Reffen im warmen Regen der Konvergenzzone

Brasilien

Immer schon wollten wir nach Brasilien. Die Menschen. Die Üppigkeit des Landes. Die brodelnde Energie. Lebensfreude. Samba. Ein Land mit 191 Millionen Einwohnern, davon fast zwölf Millionen im Großraum von Rio de Janeiro, was Januarfluss bedeutet, obwohl gar kein Fluss in den Atlantik mündet. Als wir in die weit verzweigte Bucht tuckern, durchpflügen wir eine schwimmende Müllhalde. Wir entdecken die Christus-Statue über einer Wolkendecke, es scheint, als schwebe sie über der Stadt. Schnappen uns eine Muringboje vor dem Yachtclub. Mit einem kalten Bier sitzen wir zufrieden im Cockpit. Nach 20 Tagen auf See sind wir wirklich angekommen – ein unbeschreiblich schönes Gefühl. Kaum an Land empfängt uns freudestrahlend die Crew für die nächsten zwei Wochen. Wir bitten um einen Tag Schonfrist, um uns und *Nomad* noch auf Hochglanz zu bringen.

Der Yachtclub, wo man wunderbar den feinen Pinkel spielen kann, verlangt eine Aufnahmegebühr von 20.000 US Dollar. Gäste wie wir liegen zwei Tage gratis, danach berappt man 20 US Dollar pro Tag. Taxiboot Cocoroca, das zu jeder Tages- und Nachtzeit zur Verfügung steht, inklusive. Hier spricht niemand Englisch, deshalb gestaltet sich die Konversation theatralisch mit Körpersprache und Portugiesisch-Wörterbuch.

Wir sind keine Großstadtfans, aber Rio ist anders. Vier Tage haben wir hier, zwei davon vertreiben wir uns mit Papierkrieg auf brasilianischen Ämtern, dann geht es rauf auf den Zuckerhut. Bis zur Mittelstation per pedes, weiter mit der Seilbahn. Magischer Ausblick auf 400 Meter. Unter uns der goldgelbe Vermelha-Strand, weiter drüben Copacabana und Ipanema. Fern das Rauschen der Stadt. Plötzlich entdecken wir zwei Gestalten in den dunklen Felswänden. Kletterer! Wir lauern ihnen am Ausstieg auf. Tudo bem? Tudo bem! Alles gut. Carlo und Paulo begrüßen uns mit einem Lachen. Und einem Händedruck zum Festhalten. Tags darauf hängen wir mit ihnen gemeinsam in den glühend heißen Felsen des Zuckerhuts.

Für die 1.200 Seemeilen bis Mar del Plata in Argentinien haben wir 14 Tage

veranschlagt. Verlassen Rio mit drei neuen Crewmitgliedern, wenig Wind und ruhiger See. Gut so, denn der heimtückische Caipirinha vom Vorabend pulst noch in unseren Adern. Verena, Martin und Tarek wollen fischen. Also: Schleppangel raus und warten, bis sich der Expandergummi dehnt. „Fisch, Fisch!" Mit einem Satz sind alle am Heck. Wolf zieht Arbeitshandschuhe über, holt die Nylonleine über Hand ein. Der Zug ist enorm. In zehn Meter Entfernung springt der Kämpfer aus dem Wasser, versucht den Haken loszuschütteln. Eine Goldmakrele. Tarek steht mit dem Gaff bereit und zerrt den wild um sich schlagenden Burschen auf die Heckplattform. Wolf sticht gezielt mit dem Messer unter die Kiemen in den Kopf. Schnell verliert das über einen Meter lange Prachtexemplar seine herrlichen Farben. Unter Skippers Anleitung übt sich Tarek im Filetieren. Erlebnisse wie diese begeistern unsere Gäste.

Langsam lassen wir die Tropen achteraus und wie zur Bestätigung erwischt uns auf 27° Süd der erste Pampero, der gefürchtete Starkwind dieser Küste, nämlich die Rückseite einer Kaltfront mit Sturm aus Süd bis Südwest. Die Furcht erregende Böenwalze nähert sich schneller als erwartet. Hektisch klappen wir das riesige Bimini weg, binden zwei Reffs ins Groß und rollen die Genau komplett ein. Wolf steht beim Mast, um das dritte Reff vorzubereiten, doch daraus wird nichts mehr. Tarek steuert *Nomad* vor den Wind und deutet Wolf die Windgeschwindigkeit. Innerhalb von Sekunden zeigt er drei Finger für 30 Knoten, vier Finger für 40 Knoten, dann fünf Finger. Schließlich weht es mit über 50 Knoten. Adrenalinstoß. Der Sturm peitscht weiße Gischt übers Wasser, *Nomad* beschleunigt auf über zehn Knoten. Nach kurzem Aufkreischen verstummt unser Windgenerator. Bei zu viel Wind schaltet er automatisch ab. Drehen bei und warten auf die Winddrehung zum Weitersegeln. Diese Taktik, die wir Strichpunkt-Segeln nennen, ist symptomatisch für unsere Reise in den rauen Süden. Ab 30° Süd wird es merklich kühler und wir erspähen unseren ersten Albatros.

Christus-Statue am Corcovado bei der Ansteuerung von Rio de Janeiro (großes Bild); Segel bergen vor dem Zuckerhut (oben links); Pamperowalze (oben rechts)

AUF MAGELLANS SPUREN

Uruguay, Argentinien

Es geht keinen Meter mehr voran. Wir haben uns festgestampft. Dunkelgrünes Wasser schießt übers Deck – Waschmaschine mit Schleudergang. Ein zorniger Pampero wirft unglaublich steile Seen in der flachen, 200 Seemeilen breiten Mündung des Rio de la Plata auf. Da der Abendwetterbericht keine Besserung verspricht, laufen wir in finsterer Nacht zurück zur Küste Uruguays. Außergewöhnliches Phosphoreszieren der See hinterlässt im Kielwasser eine hell leuchtende Spur, die brechenden Wellenkämme blinken wie unzählige Sterne.

Am Morgen suchen wir Schutz im fast leeren Hafen von Punta del Este, der Anfang Dezember noch verschlafen auf Touristen wartet. Das Einklarieren funktioniert blitzschnell und unbürokratisch, nach einer halben Stunde bummeln wir bereits durch die verwaisten Hochhausschluchten. Hafen, Stadt und die herrlichen Strände dieses einst mondänen Badeortes zeigen sich gespenstisch leer; wie Lignano im Winter. Wahrscheinlich werden die zahlungskräftigen Touristen aus Buenos Aires ausbleiben. Denn Argentinien ist bankrott. Der Peso verlor drei Viertel seiner einstigen Kaufkraft. Viele Argentinier können ihr gespartes Geld nicht mehr von den Banken beheben.

Der zweite Versuch die La-Plata-Mündung zu queren läuft wie geschmiert. Mit Backstagsbrise erledigen wir die 230 Seemeilen nach Mar del Plata in eineinhalb Tagen. Durch einen schmalen Kanal mit Drehbrücke steuern wir in das innerste Hafenbecken. Dicht an dicht liegen Stege und Boote, es bleibt wenig Raum zum Manövrieren. Wir ergattern den letzten Platz im Club Nautico. Eine Handvoll Fahrtenyachten möchte wie wir in den rauen Süden. Schnell schließen wir Kontakt, in dieser Gegend rücken Yachties wieder enger zusammen. Wir lernen Peter und Gisela von der deutschen Yacht *Comodo* kennen, mit ihnen werden wir die nächsten Wochen Boot an Boot segeln.

Überall wird fieberhaft gewerkelt und geschraubt, auch auf *Nomad* laufen die letzten Vorbereitungen. Trotz sommerlicher Temperaturen montieren wir im Salon einen Refleks-Dieselofen. Noch können wir uns nicht vorstellen, ihn je zu verwenden. Den 20-Liter-Tagestank bauen wir in der Backskiste ein, verlegen einen Treibstoffschlauch quer durchs halbe Schiff und schneiden für den Rauchfang ein Loch ins Deck. Weiters installieren wir ein Navtex-Gerät. Die erhofften Wetterberichte können wir übrigens nur im Hafen von Mar del Plata empfangen, danach nie mehr wieder. Zwischendurch besorgen wir eine neue Starterbatterie, Detailkarten von Staateninsel und Feuerland sowie zwei 100 Meter lange und 18 Millimeter starke Schwimmleinen zum Festmachen in den Fjorden.

Seit unserem letzten Pampero in Brasilien verfolgen wir angespannt das Wettergeschehen. Obwohl wir uns nicht vorstellen können, was uns auf der Weiterreise erwartet, gibt das tägliche Wetterfax einen Vorgeschmack auf die Stürme im tiefen Süden. Einen Dämpfer versetzt uns die Nachricht, dass die deutsche Yacht *Ole Hoop* mit Klaus und Johanna, die wir aus alten Zeiten kennen, nordwestlich von Kap Hoorn in einem schweren Sturm verschollen ist.

Am 15. Dezember 2002 klettern Brigitte, Ferry und Arno mit riesigen Seesäcken und überschäumendem Tatendrang an Bord. Allerdings sind zwei Kaltfronten mit bis zu 60 Knoten Wind im Anmarsch. Zwiespalt. Normalerweise würden Wolf und ich bei dieser Wetterlage gemütlich im Hafen bleiben. Aber können wir unseren Gästen tagelange Wartezeit zumuten? Bei drei Wochen Urlaub? Stecken daher *Nomads* Nase bei 30 Knoten Nordwind in den Südatlantik. Komisch. Fischerboote pflügen durch die aufgewühlte See, halten eindeutig Kurs auf den Hafen und geben aufgeregte, aber unverständliche Handzeichen. Meine Interpretation: Umdrehen. Das machen wir auch. Am nächsten Tag ist der Hafen von Mar del Plata wegen Sturms gesperrt.

Endlich geht es los. Zur flachen Küste halten wir Respektabstand, da die riesige Bucht von Playa Blanca bei Südsturm schnell zur Legerwallfalle werden kann. Die Tage werden länger, nur widerwillig vergeht das letzte Licht hinter dem Horizont. Die Sterne verlieren den Glanz der warmen Breiten.

500 Meilen im Südwesten stoßen wir auf die kahle, felsige Küste der Halbinsel Valdez. Gegen Wind und Strom kämpfen wir uns durch den 30 Seemeilen langen Golfo Nuevo, der zwischen August und November als „Entbindungsstation" für Wale fungiert. Leider zeigt sich kein einziger der Meeressäuger. Genau am Weihnachtsabend erreichen wir unseren ersten patagonischen Hafen. In Puerto Madryn hat der ansässige Club Nautico fünf Muringbojen ausgelegt. Ein Hafen im eigentlichen Sinn existiert nicht, man liegt auf Reede in der 30 Meilen großen, nach Osten offenen Bucht. Bei auflandigem Wind steht Seegang herein, der sich am Strand bricht, dann werden Landgänge zu einem nasskalten Vergnügen. Bereits eine Stunde nach unserer Ankunft sind wir gemeinsam mit französischen und portugiesischen Fahrtenseglern mitten in der tollsten Weihnachtsparty. Ein zehngängiges Menü, Wein und Sekt heizen

Buswrack und Wellblech-architektur in San Julian; Stranddetail

die Stimmung im Club Nautico an, um Mitternacht gibt es ein Feuerwerk. Die Argentinier feiern Weihnachten wie wir Silvester. Wir tanzen bis in die Morgenstunden, es wird schon hell, als wir an Bord zurückkehren. Besinnlich wird es erst am nächsten Morgen, als wir bei einem Katerfrühstück mit roter Weihnachtskerze, Weihnachtsgedichten, österreichischen Vanillekipferln und der *Comodo*-Crew zusammen sitzen.

Trotz guter Bordstimmung stehen wir vor einem Problem: Durch den verspäteten Start von Mar del Plata läuft uns die Zeit davon. Unsere drei Gäste dürfen ihren Rückflug von Ushuaia aber nicht verpassen, also entscheiden wir unisono, den Törn bereits im Süden der argentinischen Küste zu beenden und dirigieren die nächste Crew ebenfalls um.

Entlang der gesamten argentinischen Küste setzt der Falklandstrom nordwärts, dazu kommen starke Tidenströme, die unsere Fahrt nach Süden bremsen. 30 bis 40 Knoten Nordnordostwind und drei Knoten Gegenstrom werfen eine steile, brechende See auf. Der alte Autohelm gibt den Geist auf, also heißt es von Hand steuern, wie in alten Zeiten. Unsere Windsteueranlage funktioniert leider bei diesen Bedingungen nicht. Heilfroh erreichen wir am Abend die große Bucht von Puerto Santa Elena, kämpfen Meter für Meter mit Motorunterstützung gegen den heulenden Wind. Fallböen fegen uns Gischt ins Gesicht, mühsam bergen wir das heftig schlagende, dreifach gereffte Groß. Vor uns erstreckt sich die unermessliche Weite Patagoniens, die sich im Nichts verliert. Am Horizont grasen friedlich einige Guanakos, putzige Kleinkamele mit wuscheligem, zimtfarbenem Fell und dunklen Knopfaugen unter langen Wimpern, die uns an Bambi erinnern.

Der nächste Tag ein Traum, es hat sich ausgeblasen. Eine leichte Brise treibt uns zum Cabo Dos Bahias. Große Albatrosse, Seeschwalben und Tölpel begleiten uns, Pinguinfamilien schwimmen wie Enten auf dem Wasser und tauchen gemeinsam ab, wenn wir zu nahe kommen. Die schmale Einfahrt in die Caleta Hornos erkennen wir erst aus 100 Metern Entfernung. Der von 30 Meter hohen Felswänden flankierte Fjord ist die einzig rundum geschützte Bucht an dieser einsamen Küste. Am wolkenlosen Morgen ist es herrlich warm, wir riskieren ein kurzes Bad und springen ins eisig kalte Wasser.

Das neue Jahr empfängt uns mit Nieselregen und dickem Nebel, der sich erst bei der kniffeligen Ansteuerung von Puerto Deseado lichtet. Puerto, also Hafen, ist allerdings eine hochtrabende Bezeichnung, denn wir ankern in einer Flussmündung. Verstecken uns unter Deck, der Dieselofen verbreitet wohlige Wärme und aus den Lautsprechern dröhnen die Dire Straits. Sie sollen das Gejaule des Windes übertönen, denn draußen heult seit dem Morgen ein eisiger Südwest mit 40 bis 50 Knoten durchs Rigg. *Nomad* zerrt an der Ankerkette, manchmal verneigt sich der Bug und ein Brecher schießt übers Deck. Wir haben kaum Sicht nach draußen, Fenster und Luken sind blind von getrockneten Salzkristallen. In einer Böe steigt unser 50 Kilo schweres Dingi samt Außenbordmotor wie ein Drachen auf und landet kopfüber im Wasser. Wolfi zwängt sich ins Ölzeug, legt den Lifebelt an und startet eine Rettungsaktion. Trotzdem gehen Dingi-Anker samt Leine und Kette, Benzinkanister und Pütz verloren. Wird unter Lehrgeld verbucht. Strenge Regeln hier unten. Nach einer Süßwasser- und Öldusche schnurrt er wieder, unser Vier-PS-Yamaha.

Crew-Wechsel. Zum Auftakt müssen wir den Großeinkauf verschieben; beim derzeit herrschenden Seegang würden wir uns mit dem Dingi überschlagen. Die halbe Mannschaft leidet unter Brechdurchfall, und der Wetterbericht verspricht ein Sturmtief gegen Ende der Woche. Kein guter Beginn. Mit 30 Knoten aus Nordwest verlassen wir Mitte Jänner 2003 Puerto Deseado und segeln in die „Roaring Forties". 500 Seemeilen trennen uns von Kap Hoorn. Das Barometer fällt um 18 Millibar. Mit der Front dreht auch der Wind auf Westsüdwest, also gegenan. Am Abend stehen wir vor der Einfahrt nach Puerto San Julian. Sollen wir weitersegeln? Kommt das angekündigte Sturmtief? Wolf will unbedingt das Wetter im Internet checken. Das Wetterfax an Bord gibt leider nur Voraussagen für zwölf Stunden. Gegen die untergehende Sonne sind die flachen Bänke sowie Peilbaken nur schwer auszumachen. Seekarte und GPS stimmen nicht überein, laut Seehandbuch soll man den Canal Sur benützen. Nach kurzer Grundberührung und einigen Landpeilungen finden wir doch noch tiefes Fahrwasser. Beim Einklarieren am nächsten Tag erfahren wir, dass die südliche Einfahrt wegen veränderlicher Untiefen nicht mehr benützt wird. Unvorstellbar, dass vor knapp 500 Jahren die schwerfälligen Karavellen Magellans in diese mit Sandbänken und Klippen gespickte Bucht kreuzten.

Unverzichtbar, beinahe heilig an Bord sind gute Bücher. Derzeit lesen wir uns gegenseitig Stefan Zweigs Roman „Magellan – Der Mann und seine Tat" vor. Auf der Suche nach einer Durchfahrt zum pazifischen Ozean segelte der Portugiese Ferdinand Magellan 1520 mit einem Geschwader von fünf Schiffen und 265 Mann Besatzung entlang der südamerikanischen Atlantikküste nach Süden. Interessant, dass wir knapp ein halbes Jahrtausend später Parallelen zu unserer eigenen Reise finden.

San Julian ist eine typisch patagonische Ortschaft. Weitläufig, mit bunten Wellblechhäusern und streunenden, gutmütigen Hunden. Man hat das Gefühl, dass die Menschen hier nur provisorisch leben, kurzfristig den ewigen Winden trotzend. Im „Locutorio" die Hiobsbotschaft: Ein Orkantief soll südlich von uns durchziehen. Wolf trifft die schwierige, einsame Entscheidung nicht auszulaufen.

„... und zu ihrem Erstaunen und Erschrecken erfährt die Mannschaft, dass ihr Admiral beschlossen hat, hier in San Julian, dieser unbekannten, unbesiedelten Bucht im 49. Brei-

tengrad, an einem der düstersten und abgelegensten Orte der ganzen Welt, den noch nie ein Seefahrer erkundet, Winterquartier zu halten ...“

In jenem schrecklichen, entbehrungsreichen Winter kam es bei Magellan zur Meuterei. Wir wollen in San Julian zwar kein Winterquartier aufschlagen, aber vier Tage Schlechtwetterstopp führt auch bei einem Teil unserer Crew zu Aufruhr. Die Mannschaft beschließt auszusteigen und die Reise an Land fortzusetzen. Haben Verständnis und zahlen eine Woche Törnbeitrag zurück. Was wir nicht nachvollziehen können: Zwei Gäste fordern einen Monat später den kompletten Törnbeitrag zurück und drohen mit Rufschädigung. Nun sind wir wieder allein an Bord. Und um eine bittere Erkenntnis reicher. In Zukunft werden wir in rauen Gewässern auf zahlende Mitsegler verzichten. Deren enges Zeitkorsett lässt sich mit guter Seemannschaft nicht vereinbaren und die Verantwortung für die Sicherheit der Crew hängt wie ein Damoklesschwert über dem Skipper.

Mich stört es gar nicht, dass wir wieder zu zweit auf *Nomad* sind. Laut Logge haben wir genau 10.461 Seemeilen seit Izola zurückgelegt. Viele davon mit unterschiedlichen Crewmitgliedern. Es fällt mir schwer, mich fremden Menschen anzupassen, an neue Stimmen, neue Sprüche, neue Eigenheiten zu gewöhnen. Auf einem Segelboot wird es schnell eng. Man muss seine eigenen Bedürfnisse hinten anstellen und sich klein machen. Ich kapsle mich dann ab, lese viel, höre Musik, verkrieche mich in die Koje. Wolfi ist viel offener, sozialer, führt brillant Smalltalk, während ich schweige. Gerne verstecke ich mich hinter seinem Rücken vor dem Rest der Welt.

Der Sturm kommt tatsächlich, Barograph im freien Fall. Zusätzlich zum 25 Kilogramm schweren Bügelanker mit 50 Meter langer Zehn-Millimeter-Kette graben wir vorsorglich den 20 Kilogramm schweren Britanny-Plattenanker bei Niedrigwasser am Strand ein und schäkeln Kettenvorlauf sowie eine 100-Meter-Leine an. Am 19. Jänner 2003 zieht das Tief durch die Magellan-Straße, mit einem Kerndruck um die 950 Millibar. In San Julian weht es konstant mit 60 bis 70 Knoten aus Südwest. „Mir ist zum Heulen“, steht in meinem Tagebuch. „Ich kann das Kreischen des Windes nicht mehr hören. Trotz zweier Anker habe ich Angst ums Schiff. Wolf sitzt im Ölzeug im Cockpit. Ich packe Kameras, Filme, Pässe, Geld, Schiffspapiere und Tagebuch in wasserdichte Beutel. *Comodo,* die neben uns vor Anker liegt, misst 74 Knoten Wind – im Lee des Dorfes. San Julian verschwindet im Sturm unter einer gelbbraunen Staubwolke.“

Als Peter und Gisela eines Tages vom Landgang retour kommen, liegt ihre *Comodo* hoch und trocken und vor allem sehr schief am Strand. Sie hatten zu knapp unter Land geankert. Acht Meter Tidenhub und eine unerwartete Winddrehung ließen ihre Yacht stranden. Für den GFK-Rumpf der Hanseat Commodore kein Problem. Das Niedrigwasser sitzen sie bei uns an Bord ab. Wir nützen

San Julian (oben); Reffen vor dem Sturm

Trocken gefallen in San Julian; Ausgraben des Zweitankers nach einem Sturm

den enormen Tidenunterschied und lassen *Nomad* bewusst trocken fallen, um eine Schicht Antifouling aufs Unterwasserschiff zu pinseln.

„... fünf Monate bleibt die Flotte Magellans in diesem tristen Hafen des Unglücks vom Winter eingeschlossen. .... Er lässt die Schiffe, die fast ein Jahr unterwegs sind, vom Kiel bis zum Mast gründlich überholen, ...“

Mit auslaufender Tide gleiten wir im ersten Morgengrauen aus der Bucht von San Julian, vorbei an der winzigen Insel Justitia, wo Magellan Anfang April 1520 einen seiner Kapitäne wegen Anstiftung zur Meuterei hinrichten ließ. Draußen auf See spielen schwarz-weiße Tonina Overa übermütig vor unserem Bug, Delphine vom Ende der Welt. Die Nächte werden immer kälter, aber nie stockfinster, um diese Jahreszeit leuchtet immer ein heller Streifen am australen Horizont. Am 26. Jänner 2003 haben wir Cabo Virgenes steuerbord querab – die Einfahrt zur Magellanstraße. Immer tiefer taucht der Bug beim Am-Wind-Segeln in die See. Plötzlich sprudelt aus dem halb offen stehenden Ankerkasten Wasser. Schock! Hektisch beginnen wir mit der Pütz zu schöpfen. Ein langwieriges Unterfangen, da immer wieder Wellen das Vordeck überspülen. Die Abläufe sind mit Schlamm verstopft. Also Kette raus. Wolf hängt kopfüber im Ankerkasten und stochert mit Draht und Schraubenzieher die winzigen Lenzlöcher frei. Längst hat das Seewasser durch die Kabeldurchbrüche der Ankerwinsch seinen Weg ins Schiffsinnere gefunden, die Bilge ist fast voll. Wir pumpen, schöpfen und wischen so schnell wir können, denn die Küste verschwindet bereits in einer schwarzen Wolkenwalze. Im Wettlauf mit der Kaltfront binden wir drei Reffs ins Groß, bergen die Genua und setzen unser knallrotes Stagsegel. Der Tanz kann beginnen.

„Am 21. Oktober 1520 erhebt sich endlich ein Kap mit weißen Klippen vor einem merkwürdig zerrissenen Strand, und siehe, hinter diesem von Magellan zu Ehren der Kalenderheiligen „Cabo de las Virgenes“ benannten Vorsprung eröffnet sich eine tiefe Bucht mit schwarzem Gewässer. .... Und mit allen vier Schiffen steuert Magellan mutig in diesen Kanal, ... die Nachwelt wird ihn dankbar die Magellanstraße nennen.“

* Alle kursiv gesetzten Zitate stammen aus dem Buch „Magellan. Der Mann und seine Tat“ des österreichischen Schriftstellers Stefan Zweig, der auf einer Passagierdampfer-Reise nach Südamerika Aufzeichnungen des Portugiesen entdeckte und sich davon inspirieren ließ.

AM ENDE DER WELT

Staateninsel, Argentinien

Dienstag, 28. Jänner 2003, dritter Tag auf See. Im ersten Morgenlicht schälen sich gespenstisch wild gezackte, schneebedeckte Berge aus dem Regenvorhang. Die Staateninsel, letzte Auffaltung der Anden im Südatlantik und Ziel unserer Träume. Jetzt sind wir wirklich am Fin del Mundo, denn am Nordost-Zipfel der heute unbewohnten Insel steht der fast vergessene „Leuchtturm am Ende der Welt" aus Jules Vernes gleichnamigem Roman.

Auflandiger Wind und Seegang drücken uns durch die äußere Einfahrt von Puerto Hoppner. Schnell verliert sich der Schwell in dieser großen Bucht, an deren Ende ein nur sieben Meter breites Nadelöhr Zufahrt zum völlig geschützten Ankerplatz gewährt. Mit erhöhtem Adrenalinspiegel schießen wir durch dieses klippengespickte Wildwassertor. Wie zwei Spinnen liegen wir gemeinsam mit *Comodo* zwischen einem Inselchen und dem Ufer. Je sechs Landleinen, an Krüppelbuchen vertäut, machen einen Anker überflüssig; wieder eine neue Erfahrung.

Über feuchte Moosteppiche und dichtes Gestrüpp erklimmen wir einen steilen Berghang und besteigen den Gipfel über unserem Ankerplatz. Unser Blick schweift über eine unberührte, naturbelassene Insellandschaft, über schroffe, unbestiegene Grate, Wasserfälle und Süßwasserteiche. Wäre da nicht das Meer am Horizont, könnte man glauben, *Nomad* schwebe auf einem Gebirgssee in den heimischen Alpen.

Eine Woche lang hält uns dieser magische Platz gefangen. Tage wie Balsam auf unserer Seele. Erholen uns von den letzten Wochen und genießen es, keine Sorge ums Boot zu haben, denn der Ankerplatz ist absolut sicher. Verbringen viel Zeit mit Peter und Gisela, laden uns gegenseitig zum Essen ein, hören Musik und plaudern bis spät in die Nacht. Seit uns die Mitsegler verlassen haben, sind wir ausgeglichener, gelassener. Das Revier ist nicht einfacher geworden, aber wir ruhen wieder in uns selbst.

Seit über einem Jahr sind wir unterwegs; manchmal kommt es uns vor, als wären wir auf der Flucht. Dabei wollen wir gar nicht weg, wir wollen nur immer irgendwo hin. Was suchen wir in Patagonien, in dieser rauen Ecke, in der die Angst ständiger Begleiter ist? Abenteuer. Und unberührte, gewaltige Natur. Bange Momente sind schnell vergessen, wenn wir bei Sonnenschein im Cockpit sitzen, während Pinguine und Seelöwen um das Boot spielen oder riesige Albatrosse mühelos und ohne einen Flügelschlag *Nomad* begleiten.

Vor uns liegt die Le Maire Strasse, eine der gefährlichsten Meerengen der Welt. Bedingt durch die große Differenz der Tiden – im Südatlantik bis zu zwölf Meter, im Südmeer nur mehr ein Meter – können bei Sturm gegen Strom verheerende, brechende Seen entstehen. Deshalb planen wir unseren Aufbruch minutiös mit Hilfe des Tidenkalenders. Im letzten Tageslicht kreuzen wir gegen eine steiler werdende See um das Nordwestkap der Staateninsel. Steifer Nordwind und starker, mitlaufender Tidenstrom drücken uns in die berüchtigte Durchfahrt zwischen Staateninsel und Feuerland. In nur fünf Stunden haben wir die 40 Seemeilen bis zum Cabo Buen Suceso geschafft, dann verlässt uns der Wind. Wir werfen die Maschine an und tuckern dem Beagle Kanal und einem fantastischen Sonnenaufgang entgegen.

Die letzten 40 Seemeilen bis Ushuaia kreuzen wir gegen 30 Knoten Westwind. Schon von weitem erkennt man die in den letzten Jahren schnell gewachsene Stadt. Mit anderen Charter- und Fahrtenyachten liegen wir längsseits im Yachtclub Afasyn. Aus der einstigen Strafkolonie hat sich die „südlichste Stadt der Welt" entwickelt. Ushuaia ist eine nette, lebhafte Kleinstadt mit vielen Touristen und Tor für Antarktis-Kreuzfahrtschiffe. Antarktis, das magische Wort. Junge Rucksackreisende klappern die Yachten am Steg ab und fragen unbedarft, ob sie vielleicht auf einen „ride" in die Antarktis mitkommen können. Wir schütteln über soviel Naivität den Kopf.

Am 10. Februar 2003 heuert unser steirischer Freund Gerald auf *Nomad* an. Er hat uns den Floh ins Ohr gesetzt nach Patagonien zu segeln, obwohl er hier in den 80er Jahren mit seinem Schoner *La Nera* Schiffbruch erlitt. Gerald will mit uns ums Kap Hoorn. Für ihn das dritte Mal, für uns Premiere.

Puerto Hoppner, Staateninsel;
Zickzack-Kurs im Beagle Kanal;
Estancia Haberton

ZWEI MAL ZUM KAP HOORN

Chile

Wo Atlantik und Pazifik zusammenstoßen, liegt das Kap der Flüche. So nannten die alten Seeleute die Südspitze Amerikas, wenn sie wochen- manchmal monatelang gegen gnadenlosen Sturm und haushohe Brecher kämpften. Viele Schiffe verschwanden hier spurlos. Der größte Schiffsfriedhof der Welt mit 800 Wracks und mehr als 10.000 Toten liegt vor dem Südende Feuerlands. Über 300 Jahre lang war er Prüfstein für die Frachtsegler, die Massengüter und Koks nach Chile, Salpeter oder Guano nach Europa beförderten. Mit der Eröffnung des Panamakanals im Jahre 1914 begann das Ende einer Ära, 1949 nahm das letzte Vollschiff den Handelsweg über Kap Hoorn. Was blieb, ist der Mythos – eine Metapher am Ende der Welt.

Mit halb ausgerollter Genua fetzen wir mit acht Knoten Speed über holprige Wellenkämme die 25 Seemeilen nach Puerto Williams auf der chilenischen Insel Navarino. Nach eineinhalb Stunden Rauschefahrt verengt sich der Beagle Kanal zu einem zwei Seemeilen schmalen Flaschenhals. Der Windmesser zeigt 50 Knoten und die Wasseroberfläche legt sich in weiße Streifen. Mit angehaltenem Atem schießen wir über die flache Banco Herradura. In den Wellentälern misst das Echolot unter vier Meter Wassertiefe. Einem Insidertipp folgend runden wir Punta Gusano mit 50 Meter Abstand und kratzen die Kurve zum Hafen.

Puerto Williams ist ein chilenischer Marinestützpunkt mit einigen Zivilisten und dem südlichsten Yachtclub der Welt: Einem auf Grund gelaufenen deutschen Munitionsschiff aus dem Ersten Weltkrieg. Im Bauch des schräg liegenden Wracks befinden sich eine gemütliche Bar und eine grindige, aber heiß prasselnde Dusche. An den rostigen, mit Muscheln bewachsenen Bordwänden liegen knapp 15 Fahrten- und Charteryachten längsseits im Päckchen. Es herrscht ein ständiges Kommen und Gehen. Die *Santa Maria*, gerade aus der Antarktis zurück, mit unserem Segelfreund Wolf Kloss und Chartercrew macht neben uns fest. Das muss gefeiert werden, denn wir haben ihn und seine Frau das letzte Mal vor acht Jahren in der Karibik gesehen. Am Abend sitzen wir vor dem knisternden Kamin in der Bar und stoßen mit Pisco Sour, dem chilenischen Nationalgetränk, an. Bunte Flaggen, Wimpeln und Fotos von durchreisenden Yachten aus aller Welt schmücken die Wände. Fasziniert blättern wir im dicken Gästebuch des Clubs.

Gegenüber vom lärmenden Inselgenerator steht ein hübsches Blockhaus aus Zypressenholz, in dem sich das Martin Gusinde Museum befindet. Der deutsche Ethnologe und Missionar hielt vor 80 Jahren mit seinen rund tausend Fotografien quasi im letzten Moment die Kultur eines aussterbenden Volkes fest – der Ureinwohner Feuerlands. Die Yamana-Indianer waren Wassernomaden. Mit ihren leichten Rindenkanus befuhren sie bereits vor 6.000 Jahren die rauen Gewässer südlich des Beagle Kanals, tauchten vor Kap Hoorn nach Muscheln und rieben ihre nackten Körper mit Seehundfett als Schutz vor der Kälte ein.

Von der Armada erhalten wir unser „Zarpe", sprich die Fahrgenehmigung, sowie die Aufforderung, uns täglich über UKW zu melden. Die knapp 100 Seemeilen lange Route zum Kap ist vorgegeben, etwa zehn gut geschützte Ankerplätze können angelaufen werden. Draußen im Beagle Kanal empfängt uns eine leichte Brise aus Südwest, Neuschnee liegt auf Feuerlands Bergen. Mit klammen, kalten Fingern steuert Wolf durch den knapp eine halbe Seemeile schmalen Paso Mackinlay. Auf einer Felsinsel der Islotes Gemelos suhlt sich eine Seelöwenkolonie, wir segeln ganz nahe ran, um sie zu beobachten. Die riesigen Männchen stützen sich erhobenen Hauptes auf die Spitzen ihrer Vorderflossen und röhren uns mit weit geöffnetem Maul drohend entgegen. Währenddessen rutschen die Weibchen samt Jungtieren über die glitschigen Felsen ins Wasser um uns zu begutachten.

Durch den Paso Picton steuern wir unser Tagesziel Puerto Toro an und machen längsseits an der morschen Pier fest. Oben am Hang ein Dutzend Wellblechhäuser und eine Schule für die elf Kinder des Ortes, allerdings derzeit ohne Lehrer. Plötzlich kommt Leben ins Dorf, knatternd landet ein Militärhubschrauber, alle Bewohner sind auf den Beinen, Pakete werden ein- und ausgeladen. Bei den Fischern tauschen wir Wein im Tetrapack gegen ein paar stachelige Centollas (rote Riesenkrabben), die wir am Abend mit Hammer und Zange knacken. Das Wetterfax verspricht für die kommenden 24 Stunden Starkwind mit über 40 Knoten, also legen wir einen Ruhetag ein.

Starten im Morgengrauen. Riesige Bündel Blasentang, Kelp genannt, haben sich in Kette und Anker verheddert, mit Bootshaken und Machete rücken wir den zähen, klebrigen Pflanzen zu Leibe. Rasmus ist uns gnädig, bei Flaute mogeln wir uns über die Bahia Nassau nach Süden. Zu Mittag wird es so warm, dass wir mit T-Shirt im Cockpit sitzen. Dann schiebt sich eine dunkle Wolkenwand über die kahlen Wollaston Inseln und die Stimmung ändert sich. Unheimlich, als würden wir eine andere Welt betreten. Wenig später weht uns eine eisige Brise entgegen.

Am nächsten Tag bedecken tief hängende Regenwolken den Himmel. Ein riesiges Tief mit 960 Millibar nähert sich. Heute wollen wir das Kap runden. Mulmiges Gefühl. Mein Herz hämmert. Sollen wir wirklich? Ja! Rein ins Ölzeug, Motor an. Lange Dünung lässt *Nomad* rollen, als wir den Schutz der Isla Hermite hinter uns lassen. Gespannte Stimmung an Bord, unsere Nerven vibrieren: Ist es das Kap oder das Tief?

Dann taucht sie auf, düster und wolkenverhangen, die Isla Hornos. Haushohe Gischt bricht sich an den gefährlichen, vorgelagerten Klippen. Wenn jetzt nur das Wetter hält! Ist doch diese Region für Segler die gefährlichste Ecke der Welt, mit einer Wahrscheinlichkeit von 40 % hat es hier sieben Beaufort und mehr. Unablässiger Westwind baut über die Weite des Pazifiks eine riesige Dünung auf, die auf das flache Schelf des Kontinentalsockels stößt. Diese Bremswirkung lässt monströse, brechende Wellen entstehen.

Plötzlich reißt der Regenvorhang auf und aus dem Nebel schält sich das Kap Hoorn. Dunkelgrün, mit steilen, blaugrauen Felsen durchsetzt, ragt es 425 Meter hoch über die schäumende Brandung, dort, wo sich die beiden größten Ozeane der Welt ein ewiges Duell liefern. Wir sind überwältigt. Langsam runden wir bei einer leichten Brise aus Ost unter Maschine die beiden Leuchtfeuer und nehmen Kurs Nord auf den Paso Mar del Sur. Das Kreuzfahrtschiff Bremen liegt hinter der Hoorn-Insel auf Reede, unzählige rote Pünktchen, Passagiere in roten Anoraks, krabbeln wie Ameisen über den Berghang. Ein absurdes Bild.

Zwei Stunden später ankern wir im Norden der Insel Herschel vor einem goldgelben Sandstrand. Delphine springen um unser Boot, als wollten sie uns beglückwünschen. Der Traum Kap Hoorn ist gelebt. Jetzt fällt die Anspannung ab. Wir köpfen eine Flasche Champagner und prosten uns zu. Ein schwieriger Meilenstein unserer Reise liegt hinter uns.

Der nächste Morgen begrüßt uns in Grau, Regen prasselt aufs Deck. Doch als wir uns durch den Kanal Bravo schlängeln, dringen bereits erste Sonnenstrahlen durch die Wolken. Da reißt Wolfgang das Steuer herum und hält *Nomads* Bug in den Süden. „Wir fahren noch mal zum Kap. Ich möchte den berühmten Felsen auch betreten." „Wie bitte?" Ich bin entsetzt. Gerald hingegen grinst von einem Ohr zum anderen. Bin quasi überstimmt. Wir nehmen die Schoten dicht und segeln bei leichtem Südwest zurück. Mittags fällt unser Anker in der leidlich geschützten Caleta Leon an der Ostspitze der Isla Hornos. Mit dem Dingi surfen wir durch die Brandung und landen pitschnass am steinigen Strand. Von hier führt eine Treppe hinauf zur Kap-Hoorn-Station. Hector und Ingrid erwarten uns schon, haben uns über UKW angekündigt. Im kleinen Haus ist es angenehm warm, eine weiße Katze mit blauen Augen schnurrt am Sofa. Ingrid serviert Nescafe und Kuchen, wir haben Obst, Gemüse und eine Flasche Wein mitgebracht. „Ihr habt Glück, letzte Woche fegte es mit über 100 Knoten", erzählt Hector. In der kleinen Holzkirche halten wir kurz inne, denken an die alten Kap Hoorniers. Über eine schmale Wendeltreppe klettern wir den alten Leuchtturm hoch. Die Aussicht ist großartig. Wir sind seltsam berührt und spüren die starke Energie, die von diesem Felsen ausgeht.

Der Wind kommt aus dem Nichts, im Nu bläst es mit 25 Knoten aus Südwest. Nervös denke ich an *Nomad*, die sicher schon wild an der Ankerkette zerrt. Schnell laufen wir noch mit Hector zum sieben Meter hohen Kap-Hoorn-Denkmal, eine moderne Skulptur aus glänzendem Stahl, die einen Albatros zeigt. Dieser Sturmvogel war und ist immer noch Begleiter der Seeleute auf ihrer langen Reise um das Ende der Welt.

Caleta Maxwell (links); Kap Hoorn zu Wasser und zu Land

Durch die Fjorde Feuerlands und Patagoniens, Chile

Mitte März 2003, Herbstbeginn auf der Südhalbkugel. Vor uns liegt die längste und wildeste Fjordlandschaft der Erde. Die nächsten 2.000 Seemeilen werden uns abseits der Zivilisation gegen sturmstarke Winde durch das Labyrinth der weit verzweigten Kanäle Feuerlands und Patagoniens bis 40° Süd führen. Wir wollen uns einige Monate Zeit nehmen und sind froh, dass wir unseren ursprünglichen Plan, noch in dieser Saison in die Südsee zu segeln, um ein Jahr verschoben haben. Unsere Stauräume sind randvoll mit Lebensmitteln. 15 zusätzliche Dieselkanister peppen unseren lächerlichen 180-Liter-Tank auf 550 Liter Sprit auf. Somit können wir rund 800 Seemeilen motoren und sparsam heizen. Der kleine Refleks-Dieselofen benötigt nur 20 Liter pro Woche. Ein halber Kilometer Festmacherleinen liegt griffbereit. Der Törn in die große Einsamkeit kann beginnen.

Um sechs Uhr früh legen wir ab, halten raus in den Beagle Kanal und stecken den Bug Richtung Westen. Ein Traumtag! Die Morgensonne wärmt uns ein wenig, die Bäume verfärben sich bereits orangerot, schneebedeckte Berge leuchten glasklar; es herbstelt. *Nomad* näht das enge Fahrwasser mit endlosen Schlägen zu. Mittags peitscht uns eisiger Wind Schneeregen, Hagelschauer und Gischt ins Gesicht. Wolf steht pitschnass am Steuer, seine Finger sind trotz der Handschuhe steif gefroren. Mit Maschinenhilfe und dreifach gerefftem Groß schaffen wir es gerade noch bis zur Caleta Ferrari und ankern vor der aufgelassenen Estancia Yendegaia.

Es gibt Plätze, die wir, ebenso wie bestimmte Augenblicke, nie vergessen werden. Dieser gehört dazu. Vor unseren staunenden Augen öffnet sich ein ebener, wunderbarer Talboden, den einst ein gewaltiger Gletscher gegraben haben muss. Ein Fluss schlängelt sich durch saftiges Weideland und in der Ferne erblicken wir die zerklüfteten Gletscher der Darwin-Kordilleren. Zaghaft beleuchten Sonnenstrahlen ein paar pastellfarbene Gebäude. In den verfallenen Ställen liegen geflochtene Lassos, altes Zaumzeug, Hufeisen, getrocknete Rinderhäute, geschorene Schafwolle und antiquierte Pferdewägen. Aus dem Schornstein einer Hütte qualmt Rauch, davor weiden zwei gesattelte Pferde. Ein Rudel ausgemergelter Hunde umringt uns kläffend. Aus der Tür tritt ein Gaucho wie aus dem Bilderbuch: Lange, schwarze Haare, Vollbart, Halstuch. Ledergürtel, in dem ein langes Messer steckt. Mit einer sparsamen Geste bittet uns José hinein. Im Vorraum liegt eine riesige, blutige Rinderhälfte. Setzen uns zum warmen Küchenofen und José beginnt zu erzählen. Kroatische Einwanderer gründeten 1919 die Estancia, in ihrer Glanzzeit waren bis zu 40 Leute beschäftigt. Vor zehn Jahren verstarb der alte Besitzer, sein Sohn zeigte wenig Interesse für die Farm, hielt es mit Drogen und verkaufte das riesige Stück Land um zweieinhalb Millionen US Dollar. Seitdem arbeitet José für den neuen Besitzer, passt auf die aufgelassene Estancia auf und genießt seine selbst gewählte Einsamkeit. Er wacht über zwölf Hunde, 50 Katzen, 150 Pferde (davon 15 gezähmte Reittiere) und 600 verwilderte Rinder. Einmal im Monat stoppt ein Versorgungsschiff in Yendegaia und bringt Nahrungsmittel für den Einsiedler. Was für ein Leben.

Jeder Tag, jede Meile bringt neue, eindrucksvolle Bilder. Als wir in den westlichen Teil der Magellanstraße biegen, empfängt uns eine herrliche Brise aus Ost, eine für diese Breiten seltene Windrichtung, die wir natürlich nicht ungenützt lassen können. So segeln wir in nur drei Tagesetappen durch die Magellanstraße, bewundern fantastische Gletscher und unbestiegene Berge. Wo wir Gelegenheit finden, unternehmen wir Wanderungen in die unberührte Natur. Jeder Landgang hat Expeditionscharakter. Mit Gummistiefeln, Überhose und Goretex-Jacke wandern wir zwischen knorrigen Krüppelbuchen über weiche Moospolster und sumpfige Wiesen, kraxeln über Baumstämme, klettern über rutschige Felsplatten und durchqueren Bäche.

Ein Hochkeil beschert uns stabiles, klares Herbstwetter. Wir tuckern über spiegelglattes Wasser Richtung Norden, kommen schnell voran, verbrauchen aber viel Treibstoff. Deshalb schieben wir einen 60 Meilen langen Abstecher nach Puerto Natales ein. Schmale, imposante Meerengen führen quer durch die Anden in die patagonische Steppe. In der kleinen Hafenstadt bunkern wir 200 Liter Diesel und versorgen uns mit frischem Grünzeug und saftigen Steaks. Der Ankerplatz vor Puerto Natales ist nicht das Gelbe vom Ei, deshalb verholen wir uns zehn Seemeilen weiter in den flachen Estero Eberhard. Bleiben flugs im Schlamm stecken und verfluchen unsere nicht funktionierende Schwerthydraulik. Seit Griechenland schlagen wir uns mit zweieinhalb Meter Tiefgang rum, statt mit nur einem Meter bei hochgeholtem Schwert. Ein Fischer weist uns am nächsten Morgen den Weg durch den nur zwei bis drei Meter seichten Fjord.

Die Gegend hier war bis 1896 unbesiedelt, dann kam der deutsche Kapitän und Abenteurer Hermann Eberhard, nahm diesen Streifen Land für Chile in Besitz und gründete die Estancia Puerto Consuelo. Eberhard entdeckte hinter seinem Weideland auch die riesige Milodon-Höhle sowie jenen Hautfetzen, der damals für große Aufregung unter den Naturwissenschaftlern sorgte. Das borstige Stückchen stammte nämlich von einem vor 10.000 Jahren ausgestorbenen Riesenfaultier – dem Milodon. *Nomad* liegt vor der Estancia auf zweieinhalb Meter Wassertiefe mit 50 Metern Kette und Tandemanker (zwei Anker hintereinander gesetzt und verbunden mit zehn Metern Kette).

So können wir beruhigt unsere schweren Rucksäcke schultern. Tagelang wandern wir durch den Nationalpark Torres del Paine. Dann reisen wir nach Argentinien, steigen in der Nacht zum Moränenrand der Gletscherlagune direkt unter den fast 2.000 Meter hohen Wänden des Fitz Roy und bestaunen den König der patagonischen Berge in einem feuerroten Sonnenaufgang.

Nur schwer können wir uns von Puerto Consuelo trennen. Mit Rudi Eberhard, dem Urenkel des deutschen Kapitäns, und seiner Frau Gladys haben wir Freundschaft geschlossen. Am Abend sitzen wir oft in ihrem gemütlichen Haus, stöbern durch alte Familienfotoalben und vergilbte Briefe und stückeln gemeinsam die alten Geschichten zusammen. In ihrem Gästebuch stoßen wir auf eine Eintragung unseres literarischen Patagonien-Begleiters Bruce Chatwin vom März 1975.

Anfang Mai treibt uns ein nördlich ziehendes Tief mit 40 Knoten Ostwind zurück in die australe Wildnis der Fjorde. Die Stille hat uns wieder. Außer dem Heulen des Windes, dem Schnaufen der Seelöwen, dem Flügelschlag der Kormorane und dem Schnattern der Enten und Gänse ist nichts zu hören. Der Südwinter sitzt uns im Nacken. Die Tage werden immer kürzer, 15 Stunden Dunkelheit stehen neun Stunden Tageslicht gegenüber. Am Morgen finden wir oft Raureif und Eis an Deck, mehr als einmal rutschen wir im Cockpit auf den vereisten Teakleisten aus. Die Festmacherleinen frieren an den Klampen an, der zugefrorene Ankerdeckel lässt sich nur mit Gewalt öffnen.

Unendlich kommen uns diese Fjorde vor. Täglich schlüpfen wir durch „esteros", „senos", „pasos" und „canales", jede Nacht ankern wir in einer anderen „caleta" oder einem anderen „puerto". Bis auf ein paar einsame Fischer, die uns Fisch, Centollas oder Seeigel anbieten, treffen wir keine Menschenseele. Eine Handvoll einsamer Yachten ist noch unterwegs, alle melden sich täglich auf dem „Patagonian Cruisers Net" auf 8.164 kHz um 9 Uhr Ortszeit. Wetterberichte, Standorte und Tipps werden weitergegeben und seltene Zusammentreffen arrangiert. So freuen wir uns, in der Caleta Moonlight Shadow die Crew der *Zephyrus* kennen zu lernen, deren Stimmen wir bis jetzt nur von der Funke kannten. Edith und Ken, beide Biologen, kommen aus Kanada und sind uns auf Anhieb sympathisch. Einen langen Abend verbringen wir auf der kleinen Stahlbetonyacht, plaudern über Bergsteigen, Klettern, Segeln, Tauchen, Fischfallen und über das Abenteuer, in Patagonien zu reisen. Leider trennen sich unsere Wege am nächsten Tag. *Zephyrus* fährt Richtung Süden weiter, wir in den Norden.

Wir versuchen zum Amalia-Gletscher zu gelangen, werden aber von Nebel und dichtem Eis daran gehindert. Mehr Glück haben wir 100 Seemeilen weiter im Norden, wo der größte patagonische Gletscher, Pio XI, ins Meer fließt. Eine glitzernde Flotte von Eisbergen schwimmt uns entgegen, der eiskalte Atem des Gletschers weht uns ins Gesicht, die Wassertemperatur sinkt drastisch auf zwei Grad Celsius. Im Zickzack bahnen wir uns einen Weg durch das knisternde Treibeis, bis uns große Eisberge endgültig am Weiterkommen hindern. Wir stehen eineinhalb Seemeilen vor der 60 Meter hohen, blau schillernden Abbruchkante. Alle paar Minuten brechen tonnenschwere Eistürme ab und kalben donnernd ins Meer, um als Eisberge auf Reise zu gehen. Bis zu zwei Meter hoch sind die Wellen, die dadurch aufgeworfen werden.

Das 200-Seelen-Dorf Puerto Eden ist der abgeschiedenste Ort Patagoniens. Wir ankern in einer Bucht, an deren Ufer sich verwahrloste, bunte Wellblech- und Holzbuden aneinander reihen. Kaum angekommen, machen wir uns sogleich auf die Suche nach Diesel. Da in den beiden Läden der kostbare Sprit bereits ausverkauft ist, bekommen wir den Tipp, bei der Polizei nachzufragen. Wir finden Senor Soto, den Gesetzeshüter, kopfüber im Motorraum eines vergammelten Fischerbootes hängend. Mit ölverschmierten Händen begrüßt er uns freundlich und deutet viel versprechend auf die kreuz und quer im Laderaum liegenden rostigen Fässer. Röchelnd würgt der Unglücksrabe einen kräftigen Schluck Diesel hinunter, um nach bewährter „Saugmethode" mittels Schlauchstück unsere Kanister zu füllen.

Regen und Sturm halten uns eine knappe Woche fest und so bekommen wir einen Einblick in die keinesfalls paradiesische Welt Puerto Edens. Ein langer, unglaublich rutschiger Holzsteg führt durch das kleine Dorf, ohne ihn würde man im Matsch versinken. Neben der Kirche wohnen zwei Sozialarbeiter aus Santiago, die ihren Job erst vor zwei Wochen angetreten haben. Wir erfahren von ihnen, dass die Dorfbewohner großteils von Sozialhilfe leben und vom Alkohol gezeichnet sind. Draußen im Garten hackt Patricio, einer der letzten Alacalufe-Indianer, Feuerholz, um sich ein paar Pesos zu verdienen. Vor einem windschiefen, blau gestrichenen Holzhaus winkt uns eine kleine, dicke Frau zu sich. Sie möchte uns winzige Modell-Kanus andrehen und bittet uns in die Stube. Im Halbdunkel sitzt die gesamte Familie um den großen Küchenofen, der mitten im überhitzten Raum steht. Maria reicht uns Nescafé sowie ein paar Scheiben selbst gebackenes Brot und entschuldigt sich, dass sie keine Butter hat. „Mein Mann und ich kamen vor über 20 Jahren aus Chiloé hier her, es gefiel uns gut und mit der Fischerei

Trekkingtour zum Fitz Roy

Vor Anker in Puerto Consuelo

Seno Iceberg

Lieblingsplatz beim Ofen

hatten wir auch ein Einkommen. Aber seit dem Auftreten von marea roja (giftige Mikroalgen, die sich in Muscheln anreichern, der Verzehr betroffener Muscheln kann tödlich sein) ist alles anders geworden. Muscheln sind tabu und Fische gibt es immer weniger.“ Wir kaufen Maria drei Kanus ab, werfen sie allerdings ein paar Wochen später weg. Sie stinken entsetzlich ...

Das Ende des Messier Kanals öffnet sich zu einem Trichter in den gefürchteten Golfo de Penas, der das geschützte patagonische Kanalsystem unterbricht. Dem „Golf der Leiden“ eilt ein schlechter Ruf voraus. Laut Hal Roth zählt er zu einer der gefährlichsten Legerwallküsten der Erde. Ungehindert rollt die riesige Pazifikdünung, aufgeworfen von den ständig stürmenden Westwinden, in die 50 Seemeilen breite Einbuchtung. Die abrupt abnehmenden Wassertiefen von über 1.000 Meter auf unter 100 Meter plus starke Gezeitenströme verursachen einen verheerenden Seegang. Bei leichter südwestlicher Brise wagen wir uns hinaus in den Golf. Kaum aus dem Lee, empfangen uns unglaublich giftige Schauerböen mit über 30 Knoten und ein elendig ruppiger Seegang. Ich werde sofort seekrank, mein Magen reagiert nach den langen Wochen in den geschützten Kanälen empfindlich. Unser Ofen rebelliert ebenfalls und verqualmt die Kajüte. Wolf dreht die Dieselzufuhr sofort ab und steht hustend mit dem Feuerlöscher bereit. Der Wind legt immer mehr zu und dreht auf West, so dass wir hart am Wind in eine düstere, kalte Neumondnacht stampfen. Die abendliche Wetterfax-Vorausschau verspricht für morgen Sturm aus Nordwest. Uns bleibt nur ein Ausweg, nämlich abzufallen und Kurs auf den Golfo Tres Montes zu nehmen, der die nördliche Fortsetzung des Golfo de Penas bildet. Genau dort wollen wir eigentlich nicht hin. Ahnen, dass es schwierig sein wird, diese Mausefalle wieder zu verlassen. Mit dem Radar tasten wir uns gegen halb zwei Uhr morgens in den Schutz der Halbinsel Tres Montes und ankern in Puerto Barroso.

Seit Tagen schüttet es, morgens, mittags, abends und nachts. Ein dunkles Wolkenmeer folgt dem anderen. Bei der morgendlichen Funkrunde erfahren wir, dass es einige Meilen weiter im Norden heiße Thermalquellen gibt. Ein paar Stunden später aalen wir uns in einem kleinen, herrlich dampfenden Becken. Der natürliche Pool befindet sich direkt am Strand, und die sich im Wind biegenden Bäume des Dschungels formen ein grünes Regendach über unseren Köpfen. So lässt sich dieses Mistwetter leichter ertragen.

Nach einer Woche glauben wir an ein Wetterfenster. Gegen starken Südwest motorsegeln wir raus in den Golfo de Penas und stampfen gegen eine schwere Dünung. Wir sind viel zu knapp unter Land. Nur zwei bis drei Seemeilen trennen uns von der mörderischen Brandung. Es ist ein Nerven aufreibendes russisches Roulette. Südlich vom Cabo Tres Montes nehmen wir die Schoten dicht, schalten die gequälte Maschine aus und kämpfen Meter für Meter gegen die Gewalt der

See. Am Cabo Ráper können wir endlich abfallen und schießen nach Norden. Eine 45-Knoten-Böe verhilft *Nomad* zu einem neuen Geschwindigkeitsrekord von zwölf Knoten. Im Morgengrauen segeln wir bei abflauendem Wind zurück in das geschützte Labyrinth der Meerwasserkanäle. Nur langsam fällt die Anspannung von uns ab. Nie zuvor hat uns eine kurze Etappe derartig gefordert. Der Südwinter hat uns endgültig überholt und versperrt uns mit seinen Stürmen den Weg. Von Westen her ziehen ununterbrochen Tiefdrucksysteme gegen die südchilenische Pazifikküste und produzieren sintflutartige Niederschläge sowie ständigen Starkwind. Aus Nord – unserer Fahrtrichtung. Nur selten öffnen sich die Isobaren ein wenig und wir können ein paar lächerliche Meilen gut machen.

Anfang Juli 2003, über drei Monate nach unserer Abfahrt von Puerto Williams, erreichen wir das nördliche Ende der chilenischen Fjord- und Inselwelt. Wir vertäuen *Nomad* am einzigen Schwimmsteg der winzigen Marina Oxxean in Puerto Montt. Unsere Gesichter sind von den Strapazen der Reise gezeichnet. Wolfs Haar und Bart sind grauer geworden, und ich habe dunkle Ringe unter den Augen. Die ersten Nächte schlafen wir erschöpft mindestens zwölf Stunden. Das Wetterfax hat seine Bedeutung verloren, ein riesiger Schmutzwäscheberg wartet. Die Zivilisation hat uns wieder, Stadtlärm dröhnt in unseren Köpfen. Ein großes Abenteuer gehört der Vergangenheit an. Wir sind glücklich, diese schwierige Strecke ohne Havarien und Probleme geschafft zu haben. Aber wir fühlen uns auch verloren und sehnen uns zurück in die Wildnis.

Seno Iceberg

VERSCHNAUFPAUSE

Puerto Montt, Chile

Puerto Montt wirkt modrig, armselig und deprimierend, die Chilenen sind zurückhaltend und schwermütig. Liegt es an den dunklen, kaltfeuchten Wintertagen? Eigenartig, dass man immer wieder an trübseligen Orten hängen bleibt. Die Marina Oxxean liegt gut fünf Kilometer vom Stadtzentrum entfernt im geschützten Kanal Tenglo. Tidenhub bis zu sieben Meter. Der Liegeplatz am Schwimmsteg kostet fünf US Dollar pro Tag, inklusive gratis Internetzugang im Büro von Alejandro. Unsere Webmailbox ist randvoll, über 200 Mails warten auf Antwort. Alle fragen, was wir so lange in der Wildnis machen. Gute Frage, irgendwie.

Wir verstauen Segel, Kanister, Windfahne, Biminigestänge und Gasflaschen im Wellblechlager der Marina. Stellen das Schiffsinnere auf den Kopf, reinigen von Bug bis Heck und rücken dem Schimmel mit Essig und Chlor zu Leibe. Bei möglichst offenen Luken, Elektro- und Dieselheizung voll aufgedreht, versuchen wir *Nomad* trocken zu legen. Da Kleidung und Bettzeug ebenfalls schimmeln, bringen wir gut 50 Kilo davon in die nächste Wäscherei.

An den langen Winterabenden sitzen wir oft mit der kleinen Seglergemeinde zusammen und bekochen uns gegenseitig. Menschen. Was denken sie vom Leben? Worin besteht ihr Glück? Mani zum Beispiel. Der melancholische 60-jährige Finne, der vor zehn Jahren mit seiner karottenroten *Biribi B* nach Patagonien kam und hier wohl bleiben wird. Geduldig und selbstlos steht er bei kniffeligen, technischen Bootsproblemen mit Rat und Tat zur Seite. Selten zuvor begegneten wir einem hilfsbereiteren und gütigeren Menschen. Oder Clive und Laila, die immer lustige australisch-dänische Connection von der *Amolé*. Die beiden verdienen sich ihren Lebensunterhalt auf großen Charteryachten in der Karibik, um dann wieder ein paar Jahre zu reisen. Begeistert erzählen sie von Grönland und Neufundland und entzünden damit neue Visionen in uns. Dazu gesellt sich der immer mürrisch dreinblickende Chilene Alan, der mit seiner knapp neun Meter langen *Bebinka* bereits zweimal den Erdball umrundet hat. Wild gestikulierend hat er unzählige humoristische Geschichten aus seinem 25-jährigen Bordleben auf Lager. Alan gehört noch zu den abenteuerlichen „Low-budget"-Seglern der alten Garde, die man heute kaum mehr trifft. In seiner Kajüte, die mehr einer Rumpelkammer gleicht, brütet er stundenlang über seinem Laptop und erstellt nützliche Computerprogramme für Fahrtensegler. Mit seinem genialen „Ez-Wind"-Programm können wir nun die Windstärken auf Wetterfax-Bodendruckkarten genauer bestimmen.

Ende Juli lassen wir *Nomad* nach 13.000 zurückgelegten Seemeilen im Club Nautico aus dem Wasser heben. Ein Alptraum. Der kleine Zehn-Tonnen-Kran pfeift aus dem letzten Loch, die Kreuzrahmen sind zu schmal für unser breites Boot, so dass die Gurten *Nomads* Scheuerleiste und Reling eindrücken. Wenig Vertrauen flößt uns auch der rostige, fahrbare Lagerbock ein, aber „you get what you pay for." Und das sind 25 US Dollar für Raus- und Reinheben plus 100 US Dollar für den LKW, der das wackelige Fahrgestell fast zum Umstürzen bringt. Parken *Nomad* für zwei Monate an Land und fliegen nach Wien. Unsere Familien, vor allem meine schwer kranke Mutter, haben Sehnsucht nach uns.

Statt eines erholsamen Heimaturlaubs erwartet uns Stress. Rasen von Termin zu Termin, besuchen Familie und Freunde, besorgen Ersatzteile, durchforsten kritisch 10.000 Dias am Leuchtpult. Und müssen mit Entsetzen feststellen, dass eine Kamera die Feuchtigkeit nicht überlebt hat. Nach zwei Monaten geht es zurück, landen am Abend nach 30 Stunden Flug und dreimaligem Umsteigen mit 100 Kilogramm Gepäck in Puerto Montt. Jetlag entfällt, schlafen, egal wann, Hauptsache lange.

Endlich zuhause, auch wenn *Nomads* Deck nur über eine lange, wackelige Holzleiter zu erreichen ist. Bauen den frisch reparierten Hydraulikzylinder ein. Ergebnis: Das Schwert fällt zischend nach unten und Hydrauliköl spritzt durch die Kajüte. Ursachenforschung ergibt, dass der Zylinder vermutlich im Flugzeugladeraum zerquetscht wurde. Der ganze Aufwand, unser Problemkind in Europa reparieren zu lassen, für die Katz!

Der Regen, der seit zwei Wochen sintflutartig fließt, stoppt unvermutet. Bei zaghaftem Sonnenschein pinseln und rollen wir hektisch Lack und Antifouling auf unser Schiff. Plötzlich ein Floh im Hirn: Sollten unbedingt den schönsten Vulkan Chiles besteigen! Rattern zeitig mit Mietauto auf der Schotterpiste bis auf knappe 1.200 Meter Seehöhe. Mit Seil, Steigeisen und Pickel kämpfen wir uns auf den eisgepanzerten, perfekten Kegel des Osorno, dessen unsichtbarer Krater wie ein Stanitzl mit Gletschereis gefüllt ist. Von seinem 2.652 Meter hohen Schlagobershauberl blicken wir über die endlose Kette der Anden. Adrenalinstoß beim Abstieg: Knapp unter der Gipfelwächte rutsche ich aus und hänge in Sekundenschnelle im Seil – weit unter mir der Gletscherbruch mit blaugrün schimmernden Spalten. Wolfs Pickel hält mich eisern!

Probieren nagelneu angefertigten Hydraulikzylinder aus, die Anschlussnippel sind jedoch zu lang. Also wieder retour zur Werkstatt. Zum patagonischen Dauerregen gesellt sich stürmischer Nordwestwind und die bekannte Werftdepression. Sehnsucht nach Boot im Wasser und trockeneren geographischen Gefilden wächst und wächst.

Vulkankegel des Osorno; Landliegeplatz im Yachtclub von Puerto Montt

DREHARBEITEN

Laguna San Rafael, Chile

Aber noch einmal zieht es uns retour in die patagonische Wildnis. Grund dafür sind Dreharbeiten für eine Doku über uns, über unsere Art zu leben. Kameramann Christian Berger und seine Frau Marika Green steigen in Puerto Chacabuco an Bord. „Versucht nicht zu schauspielern, das könnt ihr nicht. Seid so natürlich wie möglich!" will uns Christian helfen. Unangenehm, ständig die laufende Kamera auf sich gerichtet zu wissen. Höhepunkt des dreiwöchigen Törns (und später auch des Films) ist die Laguna San Rafael. Gewaltige Gletschermassen wälzen sich vom über 4.000 Meter hohen Cerro San Valentin ins Meer. Vor der bis zu 50 Meter hohen und knapp zwei Seemeilen breiten Abbruchkante schieben Wind und Strömungen die Eisberge wie Kulissen auf einer Bühne hin und her. Krachend brechen haushohe Eistürme aus der Gletscherwand und tauchen tief in die eisigen Fluten. Die Eisberge zeigen sich in bizarrsten Formen mit Farben von hell- bis dunkelblau, von flaschengrün bis transparent, sie knistern und knacken, bersten auseinander und kentern. Mit Herzklopfen tasten wir uns vorsichtig bis auf 200 Meter an den Gletscherrand und lassen uns stundenlang inmitten dieser Wunderwelt treiben.

„Good morning, good morning, this is Anihue base opening the Patagonian cruisers net ...", dröhnt pünktlich um 9 Uhr Ortszeit auf 8.164 kHz J.C.'s heitere Stimme über den Äther. Seit einem Jahr quatschen wir fast jeden Morgen mit J.C. (= Juan Carlos Szydlowski) via SSB-Radio. Jetzt wollen wir ihn endlich persönlich kennen lernen. Eingebettet zwischen Rio Buta Palena, dem gewaltigen, Eis gepanzerten Vulkan Melimoyo und der rauen Küste des Golfo Corcovado liegt eine der zauberhaftesten Landschaften Patagoniens. 10.000 Hektar Wildnis gehören der amerikanisch-chilenischen Familie Szydlowski, deren Paradies nur auf dem Wasserweg zu erreichen ist. Hinter den Inseln der Bahia Islas schlüpft *Nomad* zwischen Klippen in eine schmale Durchfahrt, die nach Anihue führt. Mit Buganker und drei Landleinen vertäuen wir unser Schiff in einer versteckten Bucht. Gegenüber im Dschungel steht auf einer Lichtung ein großzügiges Holzhaus. Darin wohnt alleine und abgeschieden J.C.'s 30-jähriger Sohn Alan, wegen seiner unbändigen Kraft auch „the Bear" genannt. Sommer wie Winter läuft er barfuß herum, lebt vornehmlich von selbst gefangenen Fischen, Meeresfrüchten und einem kleinen Gemüsegarten. Heute schlachtet er für uns ein Schaf. Wir sind zum Asado (Grillen) eingeladen. Mit leuchtenden Augen erzählt der „Bär" von der Besteigung seines Hausberges, des Melimoyo. In den vergangenen zehn Jahren hackte er durch den undurchdringlichen Regenwald einen Pfad zum Fuß des Vulkans. Letzten Februar gelang ihm mit der kanadischen Crew der *Zephyrus* in zwölf Tagen der Gipfelsturm.

Wir wollen unbedingt seinen Vater J.C. besuchen. Der wohnt aber am anderen Ende des Landbesitzes und dorthin gibt es weder Straße noch Weg. Also rasen wir mit Bears riesigem roten Zodiac, angetrieben von einem 40 PS starken Außenbordmotor, sieben Seemeilen vor der offenen Küste zur Mündung des Rio Buta Palena. Auflandiger Starkwind und hohe, brechende Seen verwandeln die Spritztour in ein halsbrecherisches Unternehmen. Ich will gar nicht daran denken, was passiert, wenn der Motor streikt. Umdrehen, zurück! Aber Wolf reitet der Teufel. Wir springen von Welle zu Welle und schlottern vor Kälte. Nach einer Stunde preschen wir durch die schäumende Brandung der Barre, bis wir den geschützten Flusslauf erreichen. Stromaufwärts erspähen wir eine Antenne und ein kleines Fischerboot. Vom Ufer winkt ein drahtiger Mann, ein Schäferhund schwimmt uns entgegen. Pitschnass und durchgefroren umarmen wir J.C., drücken ihn lange. Endlich das Gesicht zur vertrauten Stimme! „You guys are crazy to come in this weather!"

Vorbei an Küchenhaus und Lagerschuppen schlendern wir auf einem hübsch angelegten Dschungelpfad zu seinem Wohnhaus auf einer Düne am Meer. Im einzigen Raum viele Bücher, CDs, Zeitschriften, alte indianische Schüsseln, erhöht auf einem Podest ein riesiges Bett. Überall der beherrschende Blick durch die breite Glasfront zum kilometerlangen, feinen Sandstrand und zum Pazifischen Ozean. Was für ein Platz! Was für ein charismatischer Mensch! Mit seinen 60 Jahren strahlt J.C. unbändige Energie und Lebensfreude aus. Er erzählt, dass er beim Morgenspaziergang vom Strand aus Delphine ruft, die bis ins seichte Wasser schwimmen. Schäferhund Yaghan springt dann durch die Brandung, um mit ihnen zu spielen. Wir sitzen um den klobigen Küchentisch und philosophieren über das Glück des Augenblicks. J.C. filetiert frisch gefangenen Lachs, schneidet hauchdünne Scheiben und mariniert sie mit Sojasauce, Olivenöl und frisch gepflückten Salatblättern. Immer wieder sind es die Menschen, die uns unterwegs faszinieren. Sehen, wie andere ihr Leben meistern, über den Tellerrand schauen, begreifen – das ist Reisen.

Zurück in der Marina Oxxean, Mittwoch, 14. Jänner 2004. Geben *Nomad* den letzten Schliff für den größten Ozean unserer Erde. Plötzlich leises Tuckern und zischender Kühlwasserausstoß. Draußen zieht eine kleine, hellblaue Yacht suchend

Kreise. Wolf und ich sprinten zum Ende des Steges, winken und deuten auf einen freien Liegeplatz. Zögernd nähert sich der Bug. Ein Festmacher versinkt platschend im schmutzigen Hafenwasser. Helfende Hände halten den Aluminiumrumpf vom Eisenponton ab, Leinen fliegen, dann liegt *Theleme* fest. „Welcome to Chile!" Die gelbe Quarantäneflagge und die beiden strahlenden, salzverkrusteten Gesichter verraten eine lange Reise. „Oh boy, we are tired, it took us 36 days from Tahiti!"

Richard lebt seit 25 Jahren auf den Weltmeeren, sogar Segelguru Bernard Moitessier zählte zu seinen Freunden. In Hongkong traf der blonde, blauäugige Franzose die aus Südafrika stammende Einhandseglerin Michele. Einige Jahre reisten die beiden Solisten Boot an Boot, bis ihnen das zu teuer wurde und Michele samt Bordkatze auf die *Theleme* übersiedelte. Begeistert erzählen sie Neuigkeiten aus der Südsee, vertrauen uns ihre Lieblingsankerplätze an und nehmen uns das Versprechen ab, unbedingt bei Bertrand in Akamaru auf den Gambier Inseln vorbeizuschauen.

Plötzlich weht der Duft des Ozeans wieder durch *Nomads* Kajüte. Der frische Südwind, der die beiden nach Puerto Montt blies, wird uns demnächst in die unendliche Weite des Pazifiks hinaustragen.

Am 3. Februar 2004 nehmen wir nach über einem Jahr Abschied von Südamerika. Wir ahnen, dass Patagonien und Feuerland die Höhepunkte unserer Reise sein werden, zumindest was menschliche Begegnungen und unberührte Natur anlangt. Umarmungen, Küsse, gute Wünsche. Richard und Michele stehen winkend am Steg und hupen mit dem Nebelhorn einen letzten Gruß.

Eisberg in der Laguna San Rafael

TEIL II

Inseln aus Kinderträumen

2004 bis 2006

DIE ROUTE

MARSHALL IN.
Kosrae
KIRIBATI
Gilbert In.
SALOMONEN
Tikopia
TUVALU
Wallis
Penrhyn
Marquesas In.
Äquator
Panama
Galapagos In.
SÜDAMERIKA
FRZ. POLYNESIEN
VANUATU
FIJI
Suwarrow
Tuamotus
TONGA
Tahiti
Gambier
NEU-KALEDONIEN
COOK IN.
Pitcairn
Osterinsel
Rio
Opua
Robinson Crusoe In.
NEUSEELAND
PAZIFISCHER Ozean
P. Montt
ATLANTIK
PATAGONIEN
Stewart. Is.
Kap Hoorn

ROBINSONS INSEL

Juan Fernandez Archipel, Chile

Starker, mitlaufender Ebbstrom spült uns durch den Kanal Chacao, der das chilenische Festland von der Insel Chiloé trennt. Zwölf Knoten Geschwindigkeit über Grund katapultieren *Nomad* hinaus in den offenen Pazifik. Als ob sie es nicht mehr erwarten könnte! Abgesehen von unserem winterlichen „Golfo de Penas"-Abenteuer sind wir seit gut einem Jahr keine Offshore-Strecke mehr gesegelt. Nervös stecken wir deshalb den Kurs ab: 333°, 550 Seemeilen zum Juan Fernandez Archipel, dem ersten Trittstein Richtung Südsee. Vor uns liegen entlegene Inseln, die seit der Kindheit unsere Phantasie beflügeln.

Freitag, 6. Februar 2004. Voller Mond. Zweiter Tag auf See, liege seekrank aufgebahrt in der Koje. Wolf flucht im Cockpit: „Südsüdwest, 25 bis 30 Knoten, aber die Kiste läuft nicht!" Erklärung: Eineinhalb Tonnen Zuladung (Wasser, Diesel, Lebensmittel fürs nächste halbe Jahr) wirken wie gezogene Handbremse. Dazu zwei neue, zitronengelbe Kajaks, eins steckt im Vorschiff, das andere blockiert die Backbord-Achterkajüte. Noch 406 Seemeilen bis Wegpunkt Robinson.

Montag, 23.00 Uhr, das Ostkap der Juan Fernandez Insel liegt schemenhaft eine Meile querab. In Lee werfen wir den Jockel an. Bei gleich bleibender Motordrehzahl reduziert sich die Geschwindigkeit plötzlich von fünf auf zwei Knoten. Unser Handscheinwerfer bringt Licht ins Dunkel: *Nomad* schleppt einen Langustenkorb im Kielwasser. Mit einem scharfen Messer gleitet Wolf ins nachtschwarze Meer und säbelt das Leinenknäuel vom Propeller. Wenig später landen wir in der Cumberland-Bucht, dem Hauptankerplatz im Norden jener Insel, die 1966 in Isla Robinson Crusoe umbenannt wurde. Denn vor genau dreihundert Jahren ließ sich hier, im Juan Fernandez Archipel, der schottische Seemann Alexander Selkirk nach heftigem Streit mit seinem Kapitän freiwillig aussetzen. Seine abenteuerlichen Erlebnisse inspirierten den englischen Schriftsteller Daniel Defoe zum Weltbestseller „Robinson Crusoe".

Weiches Morgenlicht taucht die bunten Holzhäuser des 500-Seelen-Dorfes San Juan Bautista in zarte Pastelltöne. Noch verhüllen gespenstische Wolken den 915

Meter hohen Gipfel des mächtigen Cerro el Yunque, auch „Amboss“ genannt. Unser kleiner Außenborder erwacht stotternd zum Leben, langsam und vorsichtig bahnen wir uns den Weg zwischen schaukelnden Fischerbooten. An unzähligen Muringleinen schwimmen hölzerne Langustenkörbe, aus denen rote Fühler ragen. Seit über hundert Jahren Haupteinnahmequelle der Bewohner, werden jährlich unglaubliche vierzig Tonnen dieser Krustentiere gefangen. Einst bis zu 1,20 Meter groß, erreichen sie heute nur mehr eine Länge von maximal 60 Zentimeter. Die ewig schäumende Brandung vereitelt das Anlanden am Strand. Verspannen unser Dingi mit mehreren Leinen unter der eisernen Landebrücke. Der Sog ist manchmal so stark, dass Ein- und Aussteigen zur akrobatischen Zirkusnummer werden.

Chiles Nationalheld Arturo Prats bronzene Einheitsbüste schaut kühn über die winzige Grünanlage der Plaza. Dahinter, parallel zum Ufer, die sandige Hauptstraße Calle Larrain Alcalde mit Postamt, einem halben Dutzend Gemischtwarenläden, einer Bäckerei und ein paar Pensionen. Im kleinen Museum mit angeschlossener Bibliothek gibt es seit neuestem gratis Internetzugang. Ein Geschenk von Billy Gates an die entlegensten Inseln von Mutter Erde. Als wir von dort einen Bericht an die österreichische Yachtrevue mailen, antwortet der Chefredakteur entsetzt: „Internet auf Robinsons Insel? Ihr zerstört meine Träume!“

Jost Otto lebt seit vier Jahren mit seiner Familie im Valle Anson. Die rot bemalte Mülltonne mit weißem Kreuz vor seinem Haus verrät seine Wurzeln. Der gebürtige Schweizer, ehemaliger Forstwirt, Infanteriehauptmann, Privatpilot, Unternehmer und zuletzt Milchbauer in den Anden hat auf Nationalparkführer und Schriftsteller umgesattelt und ist außerdem noch Stützpunkt für die Blauwassersegler des Trans Ocean Clubs. Mit hochgelagertem Gipshaxen sitzt er im Lehnstuhl vor seiner Bibliothek, die über 200 Ausgaben des Robinson-Themas umfasst. „Vor vier Wochen brach ich mir bei einer geführten Wanderung das Wadenbein“, erzählt er zerknirscht. „Gott sei Dank lag ein Armada-Schiff mit Arzt in der Cumberland-Bucht, sonst hätte ich ans Festland zum nächsten Krankenhaus fliegen müssen.“ Marie Elena, seine chilenische Frau, listet auf, was noch auf der Insel fehlt: gute Schulbildung, Arbeitsplätze, Kino, Theater … „Falta shopping“, ergänzt die 14-jährige Tochter Natascha vehement, die liebend gerne durch ein Einkaufszentrum bummeln würde.

Am langen Anlegesteg herrscht heute lebhaftes Treiben. Das 250-Tonnen-Versorgungsschiff *Navarino*, das einmal im Monat von Valparaiso herüber kommt, hat festgemacht. Fässer mit Treibstoff, Baumaterialien und Lebensmittel werden ausgeladen und abgeholt. Wild schaukelnd wartet die hölzerne Schaluppe *Blanca Luz* an der Landetreppe auf Passagiere, die sie zwei Mal die Woche zum Flugfeld auf der anderen Inselseite bringt. Fischer verpacken zappelnde Langusten in

Pappschachteln, die noch lebend nach Santiago geflogen werden, um fangfrisch und teuer auf den Restauranttischen zu landen. Wir ergattern die letzten zwei Plätze auf der *Blanca Luz* und schippern eingezwängt zwischen Reisegepäck, Paketen und munter schwatzendem Volk um die halbe Insel. Nach eineinhalb Stunden steuern wir zwischen bizarren, dunklen Felsklippen in einen zur See hin offenen Krater. Die kreisrunde Bahia Padre mutet utopisch an. Der rostige, halb verfallene Anleger passt zur unwirklichen Szenerie. Am Ufer röhren Seelöwen, als wollten sie uns Eindringlinge vertreiben. Eine Piste führt über Kraterhänge hinauf zum einzig halbwegs ebenen Plateau der Insel, wo sich die 800 Meter kurze Landebahn befindet. Die Passagiere keuchen zu Fuß eine Dreiviertelstunde zu den beiden Propellermaschinen, einzig Gepäck und Langusten werden mit einem ramponierten Landrover transportiert. Wir wollen nicht weg fliegen, für uns beginnt hier eine sechsstündige Wanderung zurück ins Dorf. Der Trail führt durch verschiedene Vegetationszonen, von wüstenartiger Grassteppe im Westen zu farngrünen Urwäldern im Inselzentrum. Seit 1935 Nationalpark und 1977 von der UNESCO zum Welt-Biosphären-Reservat erklärt, beherbergt der Juan Fernandez Archipel mehr endemische Pflanzen als irgendeine andere ozeanische Insel. Nach steilem Anstieg erreichen wir einen 565 Meter hohen Gebirgssattel – jenen Aussichtspunkt, von dem aus Alexander Selkirk angeblich Tag für Tag den

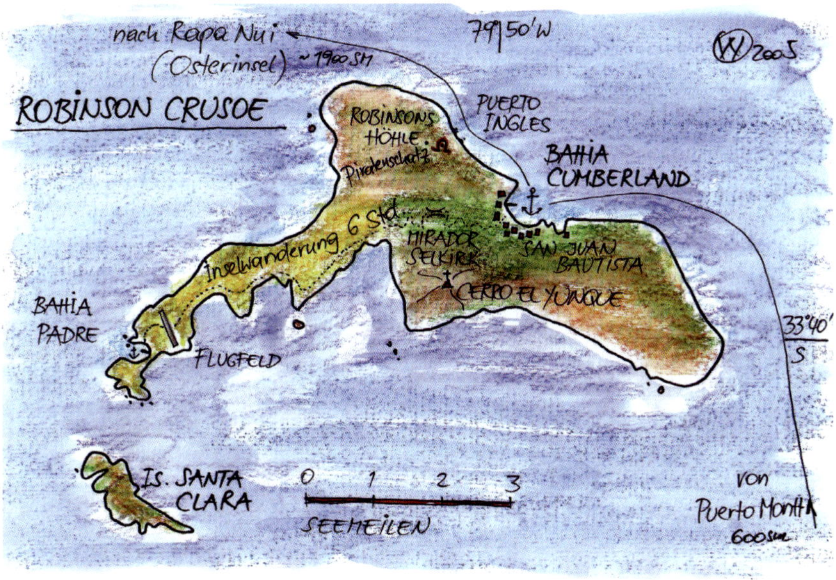

Ankerplatz Bahia Cumberland (oben); Hauptstraße von San Juan Bautista auf der Robinson Crusoe Insel

Horizont nach Schiffen absuchte. Unwillkürlich spähen auch wir nach *Nomad*, die tief unter unseren geschundenen Seglerbeinen vor Anker liegt.

Zu unserer Verwunderung startet der Außenborder auf den ersten Zug und schnurrt zwei Seemeilen zur Bucht von Puerto Ingles. Fünfzig Meter hinter dem Strand befindet sich jene Höhle, in der Selkirk gehaust haben soll. Daneben buddelt der Amerikaner Bernard Keiser nach Lord Ansons verstecktem Piratenschatz aus dem 18. Jahrhundert. Seit fünf Jahren beschäftigt er zehn Einheimische für Ausgrabungsarbeiten, dazu Archäologen, Geophysiker und eine Historikerin, die weltweit recherchiert. Enthusiastisch erzählt er von drei alten Briefen, in denen die Lage des Schatzes verschlüsselt beschrieben wird, und verrät uns mit leuchtenden Augen die Indizien, die für Puerto Ingles sprechen. Das klingt alles so plausibel, dass ich Wolf kaum davon abhalten kann, ebenfalls nach dem versteckten Gold zu suchen.

Plötzlich tritt ein in Ziegenfell gekleideter Mann aus der Höhle, blinzelt gegen die Morgensonne übers Meer und beginnt zu laufen. Am Strand reißt er die Hände in die Höhe und brüllt lauthals: „Ein Schiff, ich bin gerettet!" Kameraverschlüsse klicken, Filmkameras surren. Marco Errazuriz spielt Robinson Crusoe, wie immer wenn hier ein Filmteam oder eine Handvoll Touristen aufkreuzen. Nach abgezogener Show kommt der zottelige Robinson strahlend auf mich zu. „Habe die Ehre, wie geht's dir, Mädel?" fragt er in astreinem Wienerisch. Marco war mit einer Österreicherin verheiratet und lebte sieben Jahre in Hernals! Er stammt aus gutem Haus, seine Familie keltert einen der besten chilenischen Weine. Wieder ein Spinner, der hier seine Sehnsucht zu stillen versucht, denke ich.

Bevor wir der Robinson-Insel gänzlich verfallen, vertreiben uns auflandiger Nordostwind und einsetzender Schwell nach über zwei Wochen aus der Cumberland-Bucht. Unsere Segel ziehen *Nomad* knapp an Puerto Ingles vorbei. Vom Ufer winkt Bernard Keiser. Wird er den Schatz jemals finden? Wir hoffen und träumen mit ihm. Marco ruft auf UKW Kanal 16 und wünscht uns eine gute Reise in die Südsee. Doch wir sind erst am Saum des Pazifiks und noch weit von den Tropen entfernt.

NABEL DER WELT

Osterinsel, Chile

Vor unserem Bug liegen knapp 2.000 unbequeme Seemeilen zum östlichsten Punkt des polynesischen Dreiecks: Rapa Nui, eher bekannt unter dem Namen Osterinsel. Gegen Mitternacht wird die frische Brise immer schwächer und kräftige Regenschauer spülen den roten Staub der Robinson-Insel vom Deck.

Die nächsten Tage quälen wir uns im Schneckentempo bei böigen, umlaufenden Winden nach Nordwesten und sind froh, wenn die Segel gerade noch voll stehen. Mit unzähligen Manövern kämpfen wir um jede Meile, bis wir bei völliger Flaute die schlagenden Segel bergen und uns treiben lassen. Wir stecken mitten im Hoch. Durchatmen.

Dienstag, 2. März 2004, 6. Tag auf See. Es ist zum Kotzen. Kaum Wind, dafür zwei Meter Dünung aus Südwest. Bergen die torkelnde, grüne Blase, sprich den asymmetrischen Spi, die durch das Gerolle bereits Auflösungserscheinungen zeigt und ersetzen sie durch die „eiserne Genua“. Starten die Maschine auch zum Batterieladen. Kühlschrank, Computer/Wetterfax, tägliches Funken auf Kurzwelle und elektrischer Autopilot fordern ihre Amperestunden. Mittagsbesteck: 30° 08' S + 87° 10' W, Log: 551 Seemeilen. Noch 1.176 Seemeilen bis Rapa Nui. Etmal: 69 Seemeilen. Ost fünf Knoten. Außentemperatur 30° C, Wassertemperatur 22° C. Der erste richtige Sommertag! Flicken zwei Löcher im Spi, wahrscheinlich ist er im Flaggenblock unter der Saling hängen geblieben.

Langsam geraten wir außer Reichweite des Patagonian Cruisers Net, immer sporadischer wird die Verständigung mit J.C. und unseren Freunden in Patagonien, bis die Funkverbindung eines Tages ganz abreißt. So checken wir im Pacific Islands Net ein. „Hotel Panama One Xray Xray, schon jemand auf Frequenz?“ ertönt eine dunkle Stimme mit Kölner Akzent aus dem Äther. Täglich außer sonntags um 0200 UTC auf der Frequenz 14.135 kHz trommelt Günter, der auf der Insel Contadora im Golf von Panama lebt, seine Schäfchen oder besser gesagt Schiffchen zusammen. Der über 70-jährige Amateurfunker betreut seit zwei Jahrzehnten vor allem Deutsch sprechende Segler in der Südsee. Jede Yacht, die eincheckt, erhält von Günter eine Nummer, unter welcher man fortan gerufen wird. Wir haben 433. Draußen am Ozean ist das Funkgerät unsere einzige Verbindung zur Außenwelt. So erfahren wir Position, Ziel und Wetterbedingungen von anderen Seglern; Neuigkeiten, Infos, Geheimtipps und Gerüchte verbreiten sich wie ein Lauffeuer. Unterwegs ist das Funken Bestandteil des Bordalltags, vor Anker wird es schnell zur lästigen Verpflichtung. Deshalb klinken wir uns nach dem Landfall gerne aus und melden uns erst wieder, wenn wir weitersegeln.

Donnerstag, 4. März 2004, 8. Tag auf See: 07.00 Uhr. NW 25 – 30 Knoten, Schauerböen, 8/8 bewölkt, 1008 Millibar, Baro um über zehn Millibar gefallen. Wolf, unausgeschlafen, mit rot geränderten Augen und grantig wie Captain Bligh nippt an seinem Morgenkaffee. Seit Mitternacht stündlich ein Auftritt an Deck zum Reffen und Segelkorrigieren, die Kaltfront hält uns ordentlich auf Trab.

Um 14 Uhr bringt eine schwarze Wolkenwand die ersehnte Winddrehung über West auf Süd mit 30 Knoten. Gehen auf Halbwindkurs, binden drittes Reff ins Groß, als sich der Expandergummi der Schleppangel auf doppelte Länge dehnt. „Biss, Biss!“ brüllt Wolf, stürzt ins Cockpit und rollt die Genua weg, um *Nomads* Geschwindigkeit zu drosseln. 50 Meter hinter dem Heck schnellt ein riesiger, blaugolden glänzender Fisch aus dem Wasser – ein Mahi Mahi oder Goldmakrele, der beste Speisefisch, den wir kennen, aber auch ein Kämpfer. Schnell hole ich Gaff, Messer, Bändsel und ein altes Handtuch. Wolf bindet sich ein Schotende um den Bauch, zieht Handschuhe über und holt von der Plattform aus Meter für Meter die stark unter Zug stehende Leine ein. Ich wickle im Cockpit die Angelschnur auf die Spule und ziehe mit so gut es geht. Immer wieder bricht der Fisch zur Seite aus und wirbelt durch die Luft, um den heimtückischen Doppelhaken loszuwerden. Endlich hat ihn Wolf knapp zum Heck gezogen. Jetzt folgt der kritische Moment, bei dem die Beute am leichtesten verloren geht. Noch haben Jäger und Gejagter gleiche Chancen. Wolf greift zum Gaff mit acht Millimeter starkem, spitzem Nirohaken, hievt blitzschnell den eineinhalb Meter langen, 15 Kilo schweren Fang auf die Plattform, wirft sich auf den wild zappelnden, glitschigen Fisch und sticht mit scharfem Messer präzise hinter die Kiemen in den Kopf. Der Fisch stirbt – und verliert seine prächtig blaue Farbe. Eine Entschuldigung liegt uns auf den Lippen, ein Dankeschön an die Natur sprechen wir aus. Obwohl wir bereits hunderte Fische gefangen haben, sind wir immer wieder traurig, wenn wir diese schönen Tiere töten.

Zwischen Tee Trinken, Wetterfax und Funken schneidet Wolf Filets ohne Gräten auf der schaukelnden Heckplattform. Bei zwei bis drei Meter Seegang eine akrobatische Einlage, Dusche inklusive. Zwei Stunden später lassen wir uns superfrisches Sashimi mit Soja- und Wasabisauce auf der Zunge zergehen. Morgen gibt es Filets in Butter gebraten, übermorgen Goldmakrelenschnitzel, den Tag darauf leckere Fischspaghetti. Der Kühlschrank macht's möglich. Falls noch etwas übrig bleibt, kochen wir Konserven ein.

Erst auf halber Strecke, ab 29° südlicher Breite, stellen sich zögernd östliche Winde ein, Vorboten des Passats. Langsam wird die Größenordnung des Pazifiks klar: Die Strecke Robinson Crusoe–Osterinsel entspricht in etwa einer Atlantiküberquerung von den Kap Verde Inseln nach Brasilien. Am Morgen des 12. März 2004, nach knapp drei Wochen auf See, tauchen die kahlen, gelbbraunen Kuppen der entlegensten Insel der Welt auf. Nur wer mit der Segelyacht anreist, kann die wahre Abgeschiedenheit der Osterinsel erahnen.

Vorbei an düsteren Lavafelsen, gegen die tosende Brandung rollt, segeln wir vorsichtig in die Anakena-Bucht. Da stehen sie, sieben in einer Reihe: Moai, mysteriöse Giganten aus Stein. Ignorant drehen sie uns den Rücken zu. Trotz ablandiger Brise rollt *Nomad* schwer in der Ozeandünung.

Wir sehnen uns nach festem Boden unter den Füßen und rudern an Land. Ehrfürchtig nähern wir uns der Steinplattform, auf der die meterhohen Statuen thronen. Von Angesicht zu Angesicht wirken ihre mächtigen Nasen und zusammengekniffenen Lippen arrogant. Verführerischer Duft lockt uns zur Imbissbude im Schatten des Palmenhains. Eine unglaublich dicke Polynesierin grillt Fleischspieße am Feuer. „Iorana", begrüßt sie uns strahlend. „Nehmt euch Getränke aus der Eisbox, das Essen ist gleich fertig!" Wir sind die einzigen Gäste. Am Abend wirken die Moai unheimlich. Sie sollen mit Geistern in Verbindung stehen, deshalb wagt sich bei Dunkelheit niemand in ihre Nähe.

Penetrantes Hupen reißt uns am nächsten Morgen aus dem Tiefschlaf. Am Ufer steht ein weißer Pick-up der Armada de Chile. Schlechtes Gewissen regt sich, wir haben noch nicht einklariert. Wir wollen den Obrigkeiten nicht auf der Nase herumtanzen und verholen uns zwölf Seemeilen weiter an die Westküste zu Hanga Roas offener Reede, um den Behördenkram zu erledigen. Der Anker fällt auf 20 Meter Wassertiefe außerhalb des donnernden Tobens, eine halbe Meile von der Küste entfernt. Ein eindeutig schlechtes Vorzeichen für sicheres Anlanden mit dem Dingi sind die Jungs von Rapa Nui, die auf großen Brechern zum Ufer reiten. Surfen ist hier seit frühesten Zeiten Volkssport. Etwas ratlos kreisen wir mit dem Beiboot im tiefen Wasser, bis uns ein Fischerboot zwischen den gischtumtosten Klippen den Weg weist.

Hanga Roa hat nicht viel Konkurrenz – es gibt keine andere Stadt auf der Osterinsel. Ihretwegen muss man wahrlich nicht um die halbe Welt segeln. Hier leben die meisten der nicht mal 4.000 Einwohner. Rapa Nui nennen die Einheimischen die Insel, Isla de Pascua sagen die herrschenden Chilenen. Es gibt ein paar Bars und Restaurants, ein Museum, kleine Hotels, bescheidenen Tourismus. Keine hohen Gebäude. Keinen Lärm. Petra ist hier hängen geblieben, in ihrem Café Raa mit Internetzugang und Büchertausch bekommt man frisch gepresste Fruchtsäfte und den besten Inselkaffee. Zu Fuß erkunden wir das südliche Ortsende und inspizieren den Miniatur-Hafen Hanga Piko. Fischer würden uns für 100 US Dollar in das felsige, enge Becken lotsen, doch es bedarf wenig Phantasie, sich diesen Hexenkessel bei auflandigem Starkwind auszumalen: Schwell und Sog würden den Liegeplatz in eine Mausefalle verwandeln. Das Fehlen geschützter Häfen und Ankerplätze ist und bleibt der Haken an der Osterinsel.

Mit der Hoffnung auf beständiges Wetter mieten wir für drei Tage einen Jeep. Auch ohne die etwa 900 langohrigen Moai wäre die Insel eine Reise wert. Es genügten die Vulkane und ihre schilfbewachsenen Kraterseen, die sanften Hügel mit silbrigem Gras und die grünen Wiesen, auf denen unzählige Pferde weiden. Schussfahrt hinaus zum Steinbruch des Vulkans Rano Raraku. Hier befand sich quasi die Werkstatt, mittels Steinaxt wurden die Riesenstatuen aus weichem Tuffstein herausgeschlagen. Überall unvollendete Kolosse, der größte misst etwa 21 Meter. Ohne jede Ordnung stehen die Figuren wie im Erdreich versunken, einige nachdenklich vor sich hinblickend, andere dem Nachbarn zugewandt, als würden sie auf ein Zeichen warten um loszumarschieren. Wir sind völlig allein hier. Gut, die Osterinsel liegt weiter weg als alles, was sonst weit weg liegt. Aber gehörte sie zu den USA oder Australien, sie wäre gewiss längst ein Vergnügungspark mit Rangern und Hinweisschildern wie „Watch your step" oder „Don't leave the track". Die riesigen Steinfiguren animieren die Phantasie. Warum wurden sie errichtet, wen stellen sie dar? Laut Wissenschaftlern dürften sie Ahnen symbolisieren, die Familienclans je nach Wohlstand und Macht

Kratersee im Vulkan Rano Kao

Ankerplatz in der Anakena-Bucht (ganz oben); Moai Statuen in Anakena (Mitte);
Moai mit Augen aus weißen Korallen

bauen ließen. Ökologischer Wahnsinn: Ihretwegen wurde alles abgeholzt. Man brauchte die Baumstämme, um die Figuren auf einer Art Rutschbahn an die Küste zu schleifen. Es kam zum Desaster. Nahrungsmittel wurden knapp, der letzte Baum war gefällt. Somit fehlte auch Holz, um seetüchtige Kanus zu bauen. Die Migration zu anderen Inseln war nicht mehr möglich, die Isolation endgültig. Stammesfehden folgten, die meisten Moai wurden umgestoßen und zerstört.

Über eine Staubpiste rattern wir auf den Vulkan Rano Kau zum ehemaligen Zeremoniendorf Orongo, wo einst jedes Jahr im Frühling der Wettstreit des Vogelmann-Kultes ausgetragen wurde. Junge Männer kletterten die steilen Klippen hinab, schwammen eineinhalb Kilometer zum vorgelagerten Inselchen Motu Nui, suchten dort ein Ei der schwarzen Seeschwalbe, legten es in ein Schilfkörbchen, das sie am Kopf befestigten, und schwammen wieder zurück. Es ging um viel: Wer als Erster mit dem Ei zurückkehrte, dessen Clanchef wurde Vogelmann und König für ein Jahr. Mehr als 1.000 Jahre lang gab es keine Einflüsse von außen. Wie viele Generationen sind das? Geboren werden, leben und sterben auf einer Vulkaninsel und diese für das Universum halten. Bis zu 20.000 Menschen sollen hier gelebt haben, fünf Mal so viele wie heute.

Ostern 1722 kamen die Europäer. Der Holländer Jacob Roggeveen sichtete das Eiland und nannte es aus gegebenem Anlass Osterinsel. Als er an Land ging, fand er lediglich eine unfruchtbare Steppe vor, etwa 2.000 Menschen lebten hier in ärmlichen Verhältnissen. Doch es sollte noch schlimmer kommen. 1862 kidnappten peruanische Sklavenschiffe 1.500 Eingeborene, eingeschleppte Infektionskrankheiten dezimierten in Folge die Urbevölkerung auf nur noch 110 Menschen. 1888 wurde die Osterinsel von Chile annektiert.

Im letzten Abendlicht beobachten wir bei der alten Kanurampe des Ahu Tahai, wie die Sonne hinter den unbewegten Mienen der Moai ins Meer plumpst. Hier steht auch jener steinerne Riese, der seine Augen wieder eingesetzt bekommen hat, der Augapfel aus weißen Korallen, die Iris aus rotem Schlackenstein. So, wie es früher gewesen sein muss. Ein Sonnenuntergang zum Heulen schön, wir bleiben so lange, bis man nichts mehr erkennen kann. Unterm Sternenhimmel spazieren wir Hand in Hand zurück nach Hanga Roa. Der Ort schläft. In der verwaisten Gartenbar des Hotels Manavai bestellen wir das chilenische Nationalgetränk Pisco Sour und schauen uns auf großer Leinwand Kevin Costners Hollywoodstreifen „Rapa Nui" an, der hier zwei Mal die Woche läuft. Am Ort des Geschehens wirkt er seltsam berührend.

Eines Morgens dreht der Wind auf Nordwest und brist immer stärker auf, bis *Nomad* hoffnungslos im auflandigen Seegang des offenen Ozeans schaukelt. Unser Aufenthalt auf der entlegensten Insel der Welt ist zu Ende, wir lichten Anker. Über tausend Seemeilen bis zur nächsten Festung liegen vor uns.

URURENKEL DER BOUNTY MEUTERER

Pitcairn

Samstag, 27. März 2004, 9. Tag auf See. Viele Böen in der Nacht, West bis Nordwest 10 bis 30 Knoten. Sind wieder mal voll beschäftigt. Am Nachmittag drehen wir bei, trinken gemütlich Kaffee und genießen selbstgebackenen Apfelkuchen. Später schüttet es. Am Abend misslungene Eiernockerln, der „Gatsch" passt zum heutigen Segeltag. Das scheußliche Wetter ist der Preis für die abseits gelegene Route in einer Zone umlaufender Winde.

Donnerstag, 1. April, 14. Tag auf See. Beigedreht. In meiner Nachtwache verschlinge ich das letzte Kapitel der „Meuterei auf der Bounty". Phantasie und Realität verschwimmen. Nur zehn Seemeilen vor uns jene Insel, auf der sich die Meuterer vor 214 Jahren niederließen, ihr gekapertes Schiff auf Grund setzten, es verbrannten und sich dann bis auf zwei Männer und vier Frauen niedermetzelten.

Pitcairns Außenwelt ist das Meer, wer ankommen oder wegfahren will, muss Wochen auf dem Ozean verbringen. So auch wir. Knapp zwei Monate sowie 3.500 Seemeilen bei widrigen Winden liegen seit dem südamerikanischen Festland hinter uns.

Tief gerefft nähern wir uns im ersten Morgenlicht diesem grünen, schroffen Landkrümel mitten im Südpazifik. Bei 25 Knoten aus Ostnordost und auflandiger Pazifikdünung ist an ein Ankern in der Bounty Bay nicht zu denken. So stecken wir unsere Nase ums Eck und versuchen unser Glück im kaum vorhandenen Lee der nur eine Meile kurzen Nordwestküste von Tedside. Was wir erblicken, ermutigt uns keineswegs. Überall meterhoher Seegang und schäumende Brandung an den steil aufragenden Klippen und Felswänden. Genervt lassen wir dennoch den Anker auf 15 Meter Tiefe fallen, frei nach dem Motto „No risk, no fun!" Ob das wohl gut gehen wird? Gut nicht, aber es geht.

„Pitcairn Island, this is sailingyacht *Nomad*!" ruft Wolf über UKW. „Hi *Nomad*, this is Carol!" antwortet eine freundliche Stimme. Sobald die See ruhiger wird, verspricht sie, kommt uns jemand abholen.

„Hold on!“ brüllt Steve in den heulenden Wind. Wir hocken zusammengekauert am Süll des verbeulten Aluminiumbootes und hypnotisieren die haushohe Gischt der viel zu nahen Klippen. Unsere Finger umklammern Leinen und Handgriffe, um nicht aus dem kleinen Boot geschleudert zu werden. Steve Christian, Nachfahre von Obermeuterer Fletcher Christian, steuert lässig den 25-PS-Außenbordmotor. Ein letzter Blick zurück auf die vor Anker wild stampfende *Nomad*, ein letztes Stoßgebet, auf dass wir sie je wiedersehen. Über brechende Wellenkämme rasen wir der Bounty Bay entgegen. Nach zehn Minuten drosselt Steve die Geschwindigkeit, wirft einen prüfenden Blick auf die heranbrausenden Wellen und gibt im nächsten Moment Vollgas. In Höllentempo brettern wir direkt aufs Land und die tosende Brandung zu. Ein meterhoher Brecher packt uns und wir surfen ins Wellental. Plötzlich taucht eine kleine Betonmole auf, und Steve schlägt souverän einen Haken ins Lee des kleinen Anlegers. Mit zitternden Knien springen wir an Land. In Sekundenschnelle hebt ein rostiger Kran das Boot aus dem Wasser, bevor es das wütende Meer zermalmt.

„Welcome to Pitcairn!“ steht in handgemalten Buchstaben am Giebel des Bootshauses. Pitcairn ist eine der abgelegensten Inseln der Welt, 25° 04’ Süd, 130° 06’ West. Alle paar Monate kommt ein Schiff vorbei, doch gibt es weder Hafen noch geschützte Bucht oder Landebahn für Flugzeuge.

Endlich können wir Fuß auf dieses legendäre, abweisende Stück Land setzen. Beeindruckt stehen wir auf dem verwitterten Betonanleger der Bounty Bay. Knappe 50 Meter davor und nur zehn Meter unter dem Meeresspiegel liegen die Überreste der berühmten *Bounty*. Viele wissen nicht, dass die Meuterei tatsächlich stattgefunden hat. Die 54 Männer, Frauen und Kinder, die heute auf Pitcairn wohnen, sind der lebende Beweis. Fast alle sind, gut 200 Jahre nach der Freveltat, direkte Nachfahren der Schiffsrebellen.

Steve und Randy fahren uns mit ihren geländegängigen Quad-Bikes den steilen Weg hinauf nach Adamstown. Die einzige Siedlung der Insel liegt weitläufig auf einem fruchtbaren Plateau, gut hundert Meter über dem Meer. Im riesigen Haus der Christians, das an eine Lagerhalle erinnert, empfängt uns Olive, Steves Frau, mit Kaffee und frischen Muffins. Entschlossen stempelt sie unsere Pässe und kassiert pro Person 25 US Dollar Landegebühr. Somit sind wir offiziell eingereist.

Die Zeit ist auch in Pitcairn nicht stehen geblieben: Waschmaschine, Tiefkühltruhe, Fernseher und Computer, Internetanschluss in jedem Haushalt. Eine nagelneue Satellitentelefonanlage sorgt für Kommunikation mit Übersee, Ortsgespräche werden kostenlos über UKW-Funkgeräte geführt. Der Inselgenerator produziert Strom. Das Inselvolk geht barfuss, aber nicht weit. Denn fast jeder besitzt ein modernes Vierradbike. Mit dem knattert man über die Staubpisten, die kreuz und quer über die nur fünf mal zwei Kilometer kleine, gebirgige Insel führen.

Mindestens viermal im Jahr stoppt ein Versorgungsschiff aus Neuseeland oder den USA vor Pitcairn. Wenn es die Wetterlage zulässt, wird die Ladung mit drei Longboats mühsam gelöscht. Bei stürmischer See kann es vorkommen, dass der dringend benötigte Nachschub ausbleibt, denn nach drei Tagen Wartezeit müssen die Schiffe weiterfahren. Die Longboats, früher aus Holz gefertigt und mit Segel und Ruder versehen, sind heute aus Aluminium. 12 bis 14 Meter lang, mit Einbaudiesel und breitem Steven, können sie bis zu zehn Tonnen Cargo aufnehmen. Mit diesen offenen Booten fahren die Pitcairner auch zu den anderen unbewohnten Inseln des Archipels: zum Oeno-Atoll auf Sommerurlaub, nach Henderson, um Holz für die Schnitzarbeiten zu holen, und zum knapp 300 Seemeilen entfernten Ducie-Atoll, wenn es ein neues Wrack gibt – was im GPS-Zeitalter immer seltener passiert.

Hinter dem belebten „General Store“, dem einzigen Laden der Insel, wohnt Carol Warren, die uns über UKW begrüßt hat. Ihr Haus steht inmitten eines üppigen, tropischen Gartens. Überdachte Veranda und Vorraum gleichen einer Rumpelkammer. In einem heillosen Durcheinander türmt sich ein Sammelsurium an Motorersatzteilen, alten Haushaltsgeräten, rostigen Werkzeugen, Maschinen und unzähligen Schachteln – hier wird nichts weggeschmissen. Fröhliche Unbefangenheit statt formeller Ordnung. Carol schneidet eine riesige Wassermelone auf, wischt mit kühnem Ärmelschwung alte Brotkrümel vom Tisch und plaudert über ihre Familie. „Meine zwei erwachsenen Söhne leben nicht mehr auf Pitcairn. Der Älteste

Ansteuerung von Pitcairn

skippert eine Superyacht in den USA, der andere arbeitet in Neuseeland. Kontakt halten wir über Internet", erzählt sie. „Meine beiden Töchter sind Gott sei Dank noch hier." Auf Pitcairn gibt es eine Grundschule mit neuseeländischem Lehrer. Zur weiterführenden Ausbildung müssen die Kinder nach Neuseeland, viele kehren von dort nicht mehr in die Enge der Inselgemeinschaft zurück.

Aus einer zweckentfremdeten Tiefkühltruhe holt Carol einen Sack bunter T-Shirts heraus, die sie selbst mit Pitcairn-Motiven bedruckt hat. Wir kaufen ihr sechs davon ab sowie drei Schirmmützen. „Ich bringe euch noch frisches Obst und Gemüse zum Anleger!" verspricht sie beim Abschied.

Ein Blick übers mit weißen Schaumkronen bedeckte Meer lässt unsere verdrängte Sorge um *Nomad* neu aufflammen. Die Brise hat ordentlich zugelegt. In Windeseile absolvieren wir unser Sightseeing-Programm: Die Höhle von Fletcher Christian betrachten wir nur aus der Ferne, John Adams Grab statten wir einen kurzen Besuch ab. Schließlich landen wir am Square, dem Hauptplatz. Vor dem Gerichtsgebäude liegt der vier Meter lange Anker der *Bounty*, der erst 1957 geborgen wurde. Die vergilbte Bounty-Bibel wird in einer Glasvitrine in der kleinen Kirche aufbewahrt. Ehrfürchtig betrachten wir das gute Stück, das bereits Kapitän Bligh in Händen hielt. Jeden Samstag findet ein Gottesdienst für die gläubige Gemeinschaft der „Sieben Tage Adventisten" statt. Die Religion verbietet Alkohol, deshalb war Pitcairn lange eine „trockene" Insel. Doch dann kamen zu viele Schäfchen vom

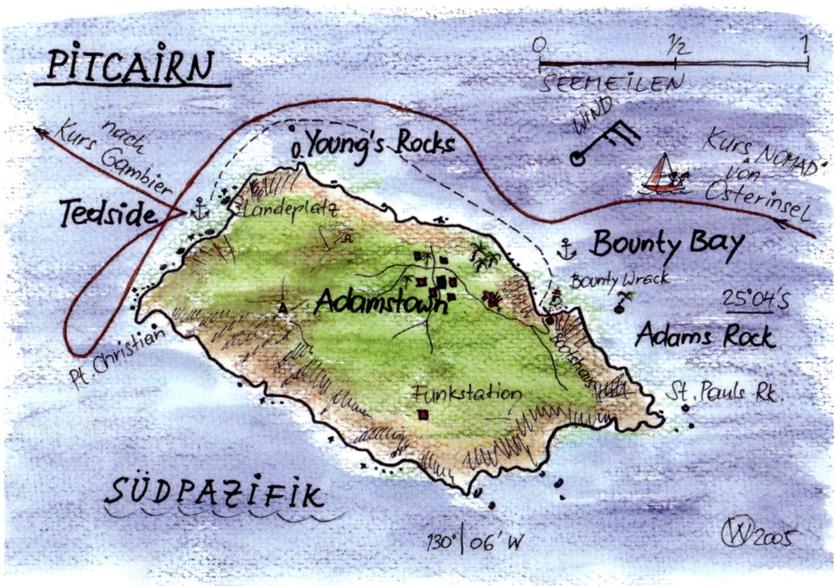

rechten Weg ab, jetzt gibt es als Kompromiss eine Lizenz zum Trinken von Alkohol, die man sich halbjährlich um zehn Dollar kaufen kann.

Die Haupteinnahmequelle in Pitcairn ist der Verkauf von Briefmarken, die Sammler weltweit begeistern. Im Postamt erstehen wir einige Exemplare und kleben sie auf Ansichtskarten, die vermutlich monatelang unterwegs sein werden. Shirley Young verwaltet die Biblio- und Videothek der Insel sowie das kleine Museum am Square. Ihr haben wir einen Brief von Jost Otto Schnyder von der Robinson Crusoe Insel mitgebracht, die Sensation schlechthin. Die gebürtige Amerikanerin lernte ihren Mann in Australien kennen. Die beiden wollten sich in Neuseeland niederlassen, blieben aber nach einem Besuch bei seiner Familie in Pitcairn hängen. Wir blättern im Gästebuch des winzigen Museums und wundern uns über die zahlreichen Eintragungen. Eine Handvoll Kreuzfahrtschiffe, erklärt Shirley, besucht Pitcairn Jahr für Jahr. Für ein paar Stunden strömen dann Touristen auf die Insel und kaufen traditionell hergestelltes Kunsthandwerk wie geflochtene Körbe, Hüte, Fächer und Schnitzarbeiten. „Von diesen Einnahmen können wir recht gut leben", versichert Shirley. Uns interessiert, wie sie mit dem einfachen Inselleben zu Recht kommt. „Großartig", antwortet sie strahlend. „Hier kann ich endlich das tun, wofür ich früher nie Zeit fand."

Plötzlich kommt Randy mit dem Motorbike angerast: „Wenn ihr nicht die nächsten Tage auf der Insel verbringen wollt, müssen wir sofort los!" Mit einem Sprung landen wir auf den Beifahrersitzen und rattern hinunter zur Bounty Bay. Der Anblick des Hexenkessels beim Anleger beschleunigt unseren Puls. Steve wartet bereits ungeduldig. Das Aluboot wird blitzschnell zu Wasser gelassen, wir klettern hinein, Steve startet den Außenborder und blickt gebannt zu Randy, der mit erhobener Hand in der Gischt des Molenkopfes steht und die hereinrollenden Brecher beobachtet. „When we go now, we have to go full speed", entschuldigt sich Steve im Voraus. Im nächsten Moment gibt Randy das erlösende Zeichen. Der Motor heult auf, und wir schießen in die tosende Brandung. Seewasser ergießt sich über uns. Das offene Boot stellt sich auf, kippt fast nach hinten, knallt ins nächste Wellental, schert aus, schüttelt den nächsten Brecher ab und prescht dem offenen Meer entgegen. Hinter den Young's Rocks taucht *Nomad* auf. Schwer rollend zerrt sie an der Ankerkette. Erleichtert atmen wir auf.

Der Versuch hinter einer schützenden Felsbarriere, die uns Steve gestern zeigte, nochmals an Land zu kommen, scheitert. Zu groß ist unser Respekt vor den tobenden Elementen, sprich, wir haben einfach Schiss zermalmt zu werden. Mittags verschwindet Pitcairn bereits achteraus im Dunst, wieder gehört ein Traum der Vergangenheit an. 20 bis 25 Knoten aus Ostnordost schieben uns den knapp 300 Seemeilen entfernten Gambier Inseln rasant entgegen, dem südöstlichesten Archipel von Französisch Polynesien.

Ein halbes Jahr später hörten wir übrigens, dass in einem Prozess sechs Männer von Pitcairn wegen Kindesmissbrauch und Vergewaltigung schuldig gesprochen wurden; alle legten Revision ein. Wie die Geschichte ausging, haben wir nicht verfolgt.

Bounty Bay; Steve und Randy, Nachfahren des Obermeuterers Fletcher Christian

KRANKENSTAND IM PARADIES

Gambier Inseln, Französisch Polynesien

Der erste sichere Ankerplatz seit Südamerika", sagt Wolf und lässt vierzig Meter Ankerkette durch die Klüse rauschen. *Nomad* liegt wie angenagelt im spiegelglatten Wasser vor dem verschlafenen Rikitea, dem einzigen Ort weit und breit. Ein kleiner Anleger, Boote am Ufer, flache, unter Brotfruchtbäumen und Palmen versteckte Häuser, gackernde Hühner und eine riesige Kathedrale. Dahinter die steil aufragenden grünen Hänge des Mount Duff. Die erste Südsee-Lagune dieser Reise.

Statt leuchtendem Türkis grauschwarze Regenwände, das Barometer fällt um zehn Millibar, kein gutes Zeichen in diesen Breiten. Mit Einbruch der Dunkelheit peitscht immer stärker werdender Nordwestwind sintflutartigen Regen vor sich her. Wir klappen das Bimini weg, verzurren die Kajaks an der Reling, klarieren das Deck, verstauen Außenbordmotor und Dingi-Ruder. Beim Ausbringen des zweiten Ankers fegen uns Orkanböen beinahe vom Vordeck. Am Bauch liegend klammern wir uns an die Reling während *Nomad* um 45 Grad überholt. Fassungslos starren wir ins Inferno und nehmen nur am Rande wahr, dass unser 50 kg schweres Dingi wie ein Drache hoch fliegt und in der Windfahne hängen bleibt. Machtlos verkriechen wir uns in der Kajüte und hoffen, dass unsere beiden Anker im schlammigen Grund halten.

Chaos am nächsten Morgen: Häuser abgedeckt, Bäume geknickt und entwurzelt, Gärten verwüstet. Die Pfahlbauten der Perlfarmen liegen zerstört in der Lagune. „Ich trinke heute schon mein drittes Bier", sagt Fritz. Er hebt die Hinano-Flasche und nimmt einen kräftigen Schluck zum Trost. Beim nächtlichen Sturm ist sein Dach weggeflogen, Möbel und Hausrat sind verwüstet. Gemeinsam mit seinen Töchtern und Schwiegersöhnen bergen wir Wellblechplatten und Dachstuhltrümmer aus der Lagune. „Glück gehabt, niemand wurde verletzt", meint der 65-Jährige gelassen. „Ich übersiedle für eine Weile in meinen Yachtclub." Wir schleppen Fernseher, Stereoanlage und Hausrat in die kleine Hütte am Ufer, die er als Gesellschaftsraum für durchreisende Segler gebaut hat. Um zu fotografieren, balanciert Wolf am Dachsims des abgedeckten Hauses. Dann ein falscher Schritt – und er stürzt samt Plafondverkleidung dreieinhalb Meter ins ehemalige Schlafzimmer. Dabei schlägt er das Bett in Stücke, denn die Matratzen liegen zum Trocknen im Garten. Lädiert rappelt er sich auf: ein paar angeknackste Rippen, Prellungen am Knie und ein verstauchtes Handgelenk. Krankenstand für die nächsten Wochen.

„Mein Paradies", sagt Bernard und deutet mit weit ausholender Handbewegung über seine Insel. Sich wiegende, überhängende Palmen, weißer Sandstrand, an dem sanft die Wellen auslaufen, eine einfache, palmblattgedeckte Hütte – das perfekte Südsee-Klischee. Eine kleine Limonenplantage sowie eine Hühner- und Schweinezucht sichern ihm und seiner Familie ein bescheidenes Auskommen. Papayas und Guaven wuchern wie Unkraut. Ein üppiger Gemüsegarten und das Riff vor der Haustür ermöglichen ein autarkes Leben. „Ein Vermögen hat man mir geboten, um hier ein Hotel zu bauen. Ich habe abgelehnt, denn das ist mein Land und mein Paradies." Aukena, eine der zehn hohen, vulkanischen Inseln des Archipels, liegt nur vier Seemeilen südöstlich, quasi vis-à-vis von der Hauptinsel Mangareva. Der Ankerplatz vor Bernards Haus ist wegen seiner einfachen Ansteuerung bei durchreisenden Yachten erste Wahl. Bernard ist ein Nachfahre des letzten Königs der Gambier Inseln. Dieser schenkte dem katholischen Missionar Honoré Laval ein kleines Grundstück für die erste Kirche des Archipels. Der besessene Laval unterwarf zwischen 1834 und 1871 die Insulaner einem verheerenden, starren Moral-Kodex und behandelte sie wie Sklaven, um zahlreiche Gotteshäuser bauen zu lassen. Die Folge war, dass die einst blühende Kultur der Einheimischen unterging und die Menschen fast ausgerottet wurden.

„Hier gibt es die schönsten Perlen der Südsee", sagt Bertrand und präsentiert bescheiden eine Handvoll dieser Glanzstücke, deren Schimmer von grün über violett, von goldgelb bis anthrazit reicht. Bertrand kam mit seinem Sohn Remy vor acht Jahren per Segelyacht hierher, heiratete ein polynesisches Mädchen mit langen, schwarzen Haaren und ließ sich auf dem damals unbewohnten Akamaru nieder. Von einem Freund borgte er Geld, verkaufte seine Yacht und begann mit einer Perlfarm. „Eine lange Durststrecke liegt hinter mir", erzählt der fesche Elsässer auf Deutsch. „In den ersten Jahren nagten die aufwändigen Investitionen an meiner Existenz, noch dazu purzelten die Perlenpreise in den Keller." Er sucht zwei Prachtexemplare aus, eines tropfenförmig, eines ebenmäßig rund, und legt sie mir in die Hand: „Die sind für dich, heuer werfen die Perlen zum ersten Mal Gewinn ab."Tutana, seine sechsjährige, Energie geladene Tochter, zerrt schon ungeduldig an meinem Pareo. Sie möchte uns unbedingt die Insel zeigen und führt uns zuerst zum Schweinekobel, danach zur Kirche. Gut erhalten und riesengroß für ganze zehn Inselbewohner. Zurück auf der Veranda präsentiert uns das aufgeweckte Mädchen einen traditionellen Tanz. Den wirbelnden Hüftschwung kann sie aus dem Effeff.

Ihr Halbbruder Remy ist eher der schüchterne Typ. „Hier finde ich meine Freiheit“, sagt er. „Aber keine Vahine, die dieses Leben mit mir teilen will.“ Er verstaut Schnorchelausrüstung und Harpunen in seinem schnittigen Auslegerboot. „Die jungen Mädchen träumen von Papeete und den schönen Dingen, die man dort kaufen kann“, sinniert der 22-Jährige. „Aber ich habe kein Geld und ich brauche auch keines.“ Er dreht den Gashebel des 15-PS-Außenborders auf Anschlag und wir brausen über die Lagune zum Riffabhang. Fischen liegt dem langhaarigen Jüngling im Blut, wuchs er doch auf einem Segelboot auf und ging von Kindesbeinen an mit seinem Vater harpunieren. Wie ein Torpedo schießt er in die Tiefe und speert innerhalb kürzester Zeit ein halbes Dutzend prächtiger Fische. Als ein Zitronenhai vorbeizieht, beendet er respektvoll die Jagd. Auffallend die riesigen Zackenbarsche, die uns selbstsicher beim Schnorcheln aus nächster Nähe anglotzen, als wüssten sie, dass sie für uns Menschen tabu sind. Große Zackenbarsche sind die gefährlichsten Überträger von Ciguatera, jener heimtückischen Fischvergiftung, die hier vor kurzem einen Segler dahinraffte. Wir haben vollstes Vertrauen zu Remy, er weiß genau, welche Fische sich zum abendlichen Grillen eignen. Bertrand steht dem Lebensstil seines Sohnes kritisch gegenüber. Ihm wäre lieber, Remy würde einen Beruf erlernen. Doch Remy ist wie die Polynesier. Er lebt den Tag und denkt weder an gestern noch morgen.

„Auf den Gambier Inseln“, sagt Yves, „findet ihr die buntesten Korallen von Polynesien. Er kreuzte mit seiner Yacht in zwei Wochen gegen den Wind von Tahiti

nonstop zu den Gambiers und verrät uns seinen Lieblingsankerplatz vor Tauna, einem winzigen, unbewohnten Motu am östlichen Außenriff. Der frische Westwind, vor dem wir hinter Mekiro Schutz suchten, hat ausgeblasen und ist dem unzuverlässigen Südostpassat gewichen. So segeln wir Yves' Tipp folgend Richtung Tauna. Die größten Hindernisse in der Lagune sind nicht die Korallenköpfe, sondern die unzähligen Bojen der Perlfarmen, die oft knapp unter der Wasseroberfläche treiben. Nach einer guten Stunde schwojt *Nomad* vor Anker. Ein Palmeninselchen für uns allein, barfuß treten wir auf schneeweißen, knirschenden Muschelsand. In nur zehn Minuten umrunden wir das Eiland. Wir vertrödeln die Tage am Strand oder paddeln in den Kajaks zum Nachbarmotu. Universum live: Mit Flossen und Taucherbrille lassen wir uns ins kühle, glasklare Wasser gleiten und schweben über den farbenreichen Korallengärten.

Unter den fadenscheinigsten Vorwänden verschieben wir immer wieder unsere Abfahrt. Zuerst passt der Wind nicht, dann schmerzen Wolfs Rippen. Auch Bernard und Johnny auf Kamaka wollten wir noch besuchen, und Taravai, die zweitgrößte Insel des Archipels, lockt mit ihrer Silhouette. Wir zögern, würden gerne noch bleiben, gerade jetzt, wo wir beginnen, im Rhythmus der Inseln zu leben. Nach knapp zwei Monaten Aufenthalt nimmt uns schließlich stark einsetzender Passat die Entscheidung ab. Wir setzen Segel und steuern auf die Lücke im Riff zu. Dann werden wir von der Dünung hochgehoben und mit der Strömung aufs Meer hinausgespült.

Bernard auf Aukena; Lagerfeuer am Motu Tauna; Südseeperlen

IM REICH DER RINGE

Tuamotu Atolle, Französisch Polynesien

Wenn die Freiheit irgendwo grenzenlos ist, dann auf den Atollen der Tuamotus, die sich 1.000 Meilen quer über den Südpazifik erstrecken. Es gab Tage in Wien, an denen wir uns so sehr nach dem Zauberreich dieser Ringe sehnten, dass es schmerzte. Jetzt sind wir hier.

Montag, 24. Mai 2004. Unser Bügelanker platscht in drei Meter türkises Wasser. 732 rasende Passatmeilen in vier Tagen und sechs Stunden ergeben einen Etmal-Schnitt von 172 Seemeilen. Zwei Gründe zum Feiern: *Nomads* schnellste Reise und ihr erstes Atoll! Auf unserer Heckplattform liegen zwei frisch gefangene, über einen Meter lange Goldmakrelen. Verpflegung für die kommende Woche somit gesichert. Wolf setzt zum heiß ersehnten Köpfler an, erstarrt jedoch in der Absprungbewegung. Ein Dutzend Riffhaie kreist um unser Boot. Atypisches Verhalten der sonst recht scheuen Tiere. Vermutlich angelockt vom Blut der beiden Fische lauern sie auf ihren Anteil. Bad vorerst gestrichen. Wolf filetiert unseren Fang und füttert mit den Überresten die blutrünstige Meute. Fasziniert starre ich auf das Spektakel. Das Wasser brodelt, braungraue Mäuler schnellen in die Höhe, schnappen und reißen an Eingeweiden und Fischköpfen.

Wegen getrübter Badefreuden verholen wir uns zum anderen Ende der unvermessenen Lagune. Immer wieder steigt Wolf in den Mast und hält Ausschau nach den Korallenköpfen, die wie Schwammerln aus der Tiefe wachsen. Vorsichtig tasten wir uns vor ein Palmeninselchen. Keiner der flachen, kargen Landringe scheint bewohnt. Land gibt's wenig, Meer überall. Ich schließe die Augen und lausche der Musik des Atolls: dem Plätschern der Wellen am Rumpf, dem Flüstern des Windes, dem Kreischen der Seevögel, dem entfernten Grollen der Brandung. Wir sind allein.

Mit den ersten Sonnenstrahlen sitzen wir in den Kajaks. Kräftige Paddelschläge bringen uns zur Nachbarinsel, von der uns der schwere Duft reifer Pandanusfrüchte entgegenweht. Im Korallensand entdecke ich eine fast unversehrte Tigerkauri. Wolf erklimmt eine Palme, holt zwei grüne Trinknüsse und öffnet sie mit gezielten Machetenschlägen. Das Kokoswasser schmeckt süßlich, prickelnd und erfrischend. Mit Taucherbrille und Schnorchel lassen wir uns ins Wasser gleiten und von der Strömung durch den Riffkanal treiben, der an den Rändern reich an Korallen, Grotten und Vorsprüngen ist. Wie eine Kulisse zieht die schweigende Unterwasserwelt vorbei: grün-blaue Papageienfische, Doktorfische, braungefleckte Zackenbarsche, ein Schwarm gelber Schnapper, hier und da ein riesiger Napoleonfisch, der uns mit rollenden Augen skeptisch betrachtet.

Am späten Vormittag brodelt die Espresso-Maschine am Herd und herber Duft zieht durch die Kajüte. Beim Frühstück im schattigen Cockpit schiele ich ratlos auf die vom Bimini baumelnde Bananenstaude. Mindestens 60 Stück müssen wir in den nächsten drei Tagen vor dem Verderb retten. Das macht zehn Bananen pro Tag und Person …

Tage, von schmerzlicher Schönheit erfüllt. Sanfter Wind, der die Kronen der Palmen umspielt, leise Wellen, die an die Bordwand klatschen. Morgensonne, die samtig weich unsere Haut wärmt und das Türkis der Lagune in unwirklichem Licht erstrahlen lässt. An manchen dieser vom Glück erfüllten, schwerelosen Tage haben wir vergessen, dass es ein anderes Leben gibt.

Drei Wochen lang kein Plan. Keine Pflicht. Wir machen Urlaub vom Reisen. Grandiose Idee. Nach knapp vier Monaten auf Achse seit Puerto Montt tut uns die Ruhepause gut. Weniger ist mehr. Stunden vertrödeln. Sich Zeit lassen. Erlebnisse sickern lassen. Ernähren uns von Fisch, Reis und Kokosnüssen; Lagerfeuer am Strand inklusive. Ein simples Leben, schonend im Umgang mit Energie und Natur. Ein Leben zum Anfassen, fern von E-Mails, Internet, TV-Berieselung, Fast Food und Rastlosigkeit. Sind wir jemals glücklicher gewesen?

Mit der Rückkehr nach Fakarava lösen wir ein Versprechen ein. Ich bin ein Anhänger von Comebacks, halte sie für romantisch. Chance, dem Früher nachzuspüren, Erinnerungen und gespeicherte Gefühle abzugleichen mit der Gegenwart. *Nomads* Kurslinie kreuzt jene von *Susi Q*. Wie im Juni 1995 fällt unser Anker im Süden des Atolls vor dem Motu Aito. Neun Jahre ist es her, dass wir Manihi und Patricia kennen lernten. Sie wohnten auf einem kahlen Riffinselchen umgeben vom Meer. Es war eine weiche Landung mitten ins polynesische Leben. Manihi, weithin bekannt als „l'homme poisson" (Fischmann), hatte beim lagunenseitigen Ende des Passes eine geniale Fischfalle errichtet. Jeden Sonntag scheuchten wir die Fische in die letzte Kammer und schöpften sie mit einem riesigen Drahtkorb ins Motorboot. Mit dem gut 300 Kilogramm schweren Fang düsten wir zum überdachten Anleger vor dem Haus und fädelten die Beute zu fünf Kilogramm in Bündeln auf Schnüre. Mittags ertönte das Horn des Versorgungsschiffes. Manihi verkaufte seine Fische um umgerechnet 300 Dollar, also einen Dollar pro Kilo. Der Marktpreis in Tahiti betrug das Zehnfache. Wolf erschien die Handelsspanne ziemlich groß und er gab

Manihi Ezzes, wie er mehr Geld verdienen könnte. Der schüttelte lächelnd den Kopf und meinte: „Wozu? Für 100 Dollar habe ich Grundnahrungsmittel gekauft, 100 schicke ich meiner Familie nach Tahiti. Bleiben immer noch 100 übrig, die ich eigentlich gar nicht zum Leben brauche!" Wolf war damals ziemlich beschämt … Wir verinnerlichten Manihis Philosophie – Sein und Leben zählten mehr als Haben und Besitz. Heute weiß ich, dass die Begegnung mit Manihi ein Schlüsselerlebnis unserer ersten Reise war. Eine alte Weisheit sagt, dass uns Menschen, denen wir begegnen, verändern. Manchmal verändern sie uns so sehr, dass wir nachher nicht mehr dieselben sind.

Jetzt lösen wir den Schwur ein, hier wieder vorbeizuschauen, nervös fiebern wir dem Wiedersehen mit unserem Freund Manihi entgegen. Plötzlich braust eine vertraute Gestalt in einem alten Motorboot heran, wir winken. Manihis strahlendes Lachen ist unverändert, sein ehemals schwarzes, langes Haar allerdings kurz und grau. Da wir wissen, dass nirgendwo so schnell vergessen wird wie in Polynesien – man lebt hier für den Augenblick – helfen wir ihm auf die Sprünge: „Wir waren schon mal hier, mit einem kleinen, hellblauen Stahlschiff!" „Oh Suzy Q", fängt Manihi zu singen an. Wenig später sitzen wir auf der schattigen Veranda seines großzügigen Hauses auf Motu Aito. Die letzten Jahre brachten Veränderung.

Ein blauer Traum: Atoll Toau

„Die Fischfalle liegt brach, denn der Fischbestand wurde immer geringer. Und das Versorgungsschiff stoppt nicht mehr vor dem Tumakohua-Pass“, erzählt Manihi in perfektem Englisch. „Aus der Perlzucht ist ebenfalls nichts geworden, habe dabei viel Geld verloren.“ Mit Patricia, seiner damaligen Geliebten, hat er eine Tochter, die ihrer Mutter wie aus dem Gesicht geschnitten ähnlich sieht. Die beiden haben sich getrennt, Patricia lebt in Tahiti. Manihi setzt seit kurzem auf Tourismus und betreibt mit seiner Frau Tila eine kleine Pension auf dem Motu Aito. Er hat viel zu tun. Der Generator muss repariert werden, die Holzböden gehören lackiert, das Heck vom Motorboot soll für den neuen, 200 PS starken Außenbordmotor umgebaut und laminiert werden. Und in drei Tagen kommen italienische Touristen. Am späten Nachmittag schauen wir mit zwei frisch gefangenen Stachelmakrelen bei ihm vorbei. Zu unserer Verwunderung fragt der einstige Starfischer schüchtern, ob wir ihm einen Fisch abgeben könnten. Kein Problem. Lebendig die Erinnerung, als wir vor neun Jahren täglich herrliche Großaugenbarsche und Nasendoktorfische einfach aus der Fischfalle speerten.

Man kann nichts wiederholen, alles ist im Fluss und verändert sich. Das Leben wandelt sich unter dem Anprall der Zeit. Und es liegt an uns, die Kostbarkeit des Augenblicks zu bewahren.

Einer der unberührtesten Plätze in der Südsee

STURM IN TAHITI

Gesellschaftsinseln, Französisch Polynesien

Tahiti, Moorea, Bora Bora. Sich im Passat wiegende Palmen, Strohhütten am Korallenstrand, exotische Melodien, die sich mit dem Rauschen der Brandung mischen, ungetrübte Lebensfreude und freie Liebe. Frühe Entdecker und die Tourismusbranche malen gemeinsam den Garten Eden, lassen Traumbilder in den Farben Gaugins an unserem geistigen Auge vorbeiziehen. Mythos Südsee. Segler, die in Tahiti ankommen, sind nicht selten ernüchtert. Zu überzogen und romantisch verklärt sind die Erwartungen. Das Willkommensfest mit dröhnenden Trommeln, fliegenden Baströckchen, barbusigen Tamurémädchen und einem fetten Häuptling, der seinen weißen Freunden duftende Blumenkränze um den Hals legt – dieses Zeremoniell gibt es nicht mehr.

Papeete ist keine Stadt, die verführt. Tuckern zeitig früh durch die Riffpassage von Tahitis Metropole und biegen in den Faaa-Kanal ein. Da am Kai von Papeete Bauarbeiten im Gange sind und die wenigen dort liegenden Yachten seit Neuestem nächtens ausgeraubt werden, ankern wir weiter südlich vor der Marina Taina.

Volles Programm in den nächsten Tagen: Einkaufswahnsinn im Carrefour, dem besten Supermarkt der Südsee. Tahiti ist ein ausgesprochen teures Pflaster, eines der teuersten der Welt. Kein Wunder, schließlich muss vom Teebeutel bis zum französischem Rotwein alles um die halbe Welt transportiert werden. Machen auf *Nomad* klar Schiff, putzen, räumen, schlichten, stauen Dinge weg. Machen Platz, denn in den kommenden Monaten werden wir mit Freunden und Bekannten in den Gesellschaftsinseln segeln. Das planlose Herumbummeln hat ein Ende, wir schlüpfen wieder in die Rolle der Charterskipper.

Gleich in der ersten Nacht mit Gästen an Bord fegt ein Tropensturm über Tahiti. So haben wir uns den Auftakt der Chartersaison nicht vorgestellt.

Sonntag, 27. Juni 2004. Gegen 2 Uhr 30 schrecken uns zuckende Blitze auf. Ein Blick auf den Barograph genügt. Die Linie zieht senkrecht nach unten. Seit einer Stunde ist der Luftdruck um acht Millibar gefallen, eine Katastrophe in den Tropen! Innerhalb von Minuten rasen Sturmböen über das gut hundert Boote zählende Ankerfeld.

Hektisch starten wir die Maschine, stoppen aufheulenden Windgenerator, klappen die Reste vom zerfetzten Bimini weg, reißen Reserveanker aus der Backskiste, springen ins Ölzeug, legen Schwimmwesten an. Wir treiben! Anker einholen und wieder fallen lassen, tausendfach geübtes Routinemanöver, scheitert. Der Anker verklemmt sich mit quer liegendem Schaft in der Klüse. Es ist zum verrückt werden! Mit dem Fuß dresche ich wie eine Wahnsinnige auf den Bügel ein, aber er steckt. Brülle nach hinten, doch das Kreischen des Windes verhindert jegliche Kommunikation. Wertvolle Zeit verrinnt. Freund Roland eilt zur Hilfe, tritt den Anker los. Driften bereits an einem Riff mit Bake vorbei, hinein in einen Pulk treibender und ankernder Yachten. Der Sturm dreht von Nordwest auf Süd mit über 60 Knoten. Sicht 20 Meter. Waagrechter, peitschender Regen. Unter Deck beruhigt Veronika ihre beiden Töchter. Wolf leuchtet mit dem Halogenscheinwerfer durch die rabenschwarze Nacht, um sich zu orientieren. *Nomads* aufgeholtes Schwert steckt im Rumpf und lässt sich nur schwer runterpumpen. Wegen der dadurch eingeschränkten Manövriereigenschaften können wir unser Boot kaum gegen den rasenden Wind halten. Im Tumult bleibt unser am Heck vertäutes Beiboot im Bugkorb einer anderen Yacht hängen. Mit einem Ruck reißt die Windfahnensteuerung aus der Plattform und verschwindet samt Dingi in der finsteren Sturmnacht. Mit Maschine auf Vollgas versuchen wir verzweifelt unter Land nochmals zu ankern. Plötzlich lässt die Maschinenkraft nach, die Welle schlägt wie verrückt. Jetzt oder nie. Lassen beide Anker auf 17 Meter Wassertiefe ausrauschen – sie halten. Noch einmal davon gekommen, Glück gehabt! Auf UKW ruft die *Seabride* Mayday. Zwei andere Yachten stranden am Riff. Schock.

Der Schreck sitzt uns lange in den Knochen. Seit dieser Horrornacht passen wir noch besser auf. Wenige Ankerplätze im Pazifik bieten rundum Schutz. Mir kommt das Wetter in den Tropen viel unberechenbarer vor als in den hohen Breiten. Interessant, dass wir bei unserer Reise durch den Pazifik 1995/1996 kaum Wetterinfos aber auch keinen Sturm hatten. Das Glück der ersten Reise?

The show must go on. Am Morgen nach dem Sturm stehen wir um Punkt acht Uhr vor dem „Nautisport“ in Papeete, um ein neues Dingi zu erstehen. Wir nehmen das billigste Zodiac mit weichem Boden, den wir schon bei der zweiten Fahrt auf einem Korallenkopf aufschlitzen. Ansonsten hat sich das PVC-Boot allen Unkenrufen zum Trotz bis in die Adria bestens bewährt. Der größte Vorteil: Wir können es zusammenrollen und im Schiffsinneren verstauen, was unserer Philosophie vom klaren Deck entgegen kommt.

Bis Mitte Oktober schippern wir mit wechselnden Crews durch die Lagunen von Moorea, Huahine, Raiatea, Tahaa und Bora Bora, zweimal kreuzen wir zurück zu den Tuamotus. Die Urlaubstörns, intensiv und kurzweilig, rücken die Heimat, von der wir uns auch gefühlsmäßig entfernt haben, wieder näher. Dennoch ein anstrengender Job.

So sparsam wir auch leben, die Bordkassa blinkt auf Reserve. *Nomad* braucht dringend eine neue Steuersäule und die Blessuren vom Sturm in Tahiti waren kostspielig. Im November 2004 parken wir unsere Lady in einer Werft, fliegen nach Wien um Geld zu verdienen. Langsam wird es an der Zeit, eine neue Multivisionsschau zu produzieren, ehe die Seenomaden in Vergessenheit geraten. So entsteht die Show „Um Kap Hoorn in die Südsee", mit der wir durch Österreich tingeln. Kameramann Christian Berger stellt seine Doku über uns fertig, die wir als DVD „Leben mit dem Wind" vertreiben. Wir fühlen uns nicht unwohl daheim, sind keine einsamen Wölfe oder Zivilisationshasser. Aber ein dauerhaftes Leben an Land können wir uns nicht mehr vorstellen. Karriere ist uns egal, wir wollen selbst bestimmen, wie viel Freiheit wir wofür aufgeben. Geld hat für uns nur den Zweck das Reisen zu finanzieren. Geld anhäufen interessiert uns gar nicht.

Zweimal pendeln wir zwischen *Nomad* in Tahiti und Wien hin und her. Im Mai 2006 ist es soweit: Die Reise um die Welt soll weiter gehen.

Fautaua Wasserfall
in Tahiti

DIE SCHÖNSTE INSEL DER WELT?

Bora Bora, Französisch Polynesien

Gedämpfte Wiedersehensfreude. *Nomad* hat sich grün gekleidet. In dem halben Jahr ist die Palme neben dem Boot zum Ungetüm gewachsen, Palmwedel hängen ins Cockpit. Das Deck gesprenkelt mit Vogelmist, dazwischen Moos. Schimmel im Schiffsinneren. Willkommen in den Tropen. *Nomad* steht in einer riesigen Schlammpfütze inmitten von Werftgerümpel, die Luft feuchtheiß und drückend, in der Nacht kühlt es auf jämmerliche 30 Grad ab. Die Insekten fallen erbarmungslos über uns her. Ich wühle in unserer Apotheke nach dem „Dschungel-Öl"-Insektenschutz und lese das Kleingedruckte; das Zeug tötet Elefanten. Nur nicht die polynesische Höllenbrut. Egal, wie oft wir uns einschmieren, die Dinger lassen sich nicht abwimmeln. Wir können kaum schlafen, erwachen ausgelaugt vom Blutverlust und ohne Energie.

Nichts wie weg hier. Wir haben keine Lust, die endlose Projektliste in Angriff zu nehmen, beschränken uns auf zwei Antifouling-Anstriche und vertagen weitere Arbeiten auf unbestimmte Zeit. Wir wollen nur eins: Weiter Richtung Westen.

Sonntag, 25. Juni 2006. Vor *Nomads* Bug die angeblich schönste Insel der Welt. Bora Bora. Der Blick auf die beiden aus dem Ozean ragenden Zinnen aus üppigem Grün haut jeden um. Bizarre Reste jenes Vulkans, der vor sieben Millionen Jahren aus dem Meer brach. Mit letztem Tageslicht schummeln wir uns durch den Passe Teavanui in die Lagune. Dank C-Map und perfekter Befeuerung fällt unser Anker ins dunkle Wasser vor der Insel Topua. Zum Fang des Tages köpfen wir eine Flasche Chardonnay und machen es uns im Salon bei Kerzenschein bequem. Plötzlich überirdisches Röhren, *Nomad* wird von unsichtbarer Kraft auf die Seite geschleudert. Die Weißweingläser rutschen vom Tisch, gefolgt von den in Butter gebrutzelten Goldmakrelenfilets. „Tsunami!" brüllt Wolf und stürzt ins Cockpit. Falsch gedacht. Vielmehr brausen PS-starke Motorboote als Shuttledienst für Touristen zwischen den Hotels auf den vorgelagerten Inseln und dem Hauptort hin und her.

Um acht Uhr Früh paddeln wir mit den Kajaks hinüber zum unbewohnten Motu Tapu. Beim Rückweg geraten wir in eine Horde Wetbiker, die uns beinahe versenkt. Lachend deuten sie den Surfergruß Hang Loose, Daumen und kleiner Finger abgespreizt, das Handgelenk drehend. Also bleiben wir locker und verholen uns zum Hauptort Vaitape.

Um die dicht besiedelten Ufer von Bora Bora zieht sich ein Streifen von Hotels, Bungalows und Wellblechhütten. Vor den meisten Grundstücken hängen Schilder mit der Aufschrift „Tabu" oder „Privé", die keine Übersetzung brauchen, dazu Warnungen vor bissigen Hunden. Unser Strandspaziergang wird zum Hürdenlauf zwischen Hundstrümmerln (Erinnerungen an Wien kommen auf!), Glasscherben, Korallenbrocken und Verbotstafeln und endet vor dem perfekt aufgeschütteten Sandstrand des legendären Hotels Bora Bora. „Private beach! No trespassing!" Nur widerwillig registrieren wir, was uns die vielen Schilder sagen wollen.

Im Morgengrauen sind wir auf den Beinen. Die kleinen Rucksäcke geschultert, samt Verpflegung und Trinkwasser. Je höher wir den steilen, finsteren Urwald hochsteigen, desto weniger Lärm. Schweiß schießt aus allen Poren. Wir kraxeln über umgestürzte Bäume, hanteln uns an Wurzeln abschüssige Gatschrinnen hinauf und klettern über mit Fixseilen versicherte Felsabbrüche. Die Anstrengung zahlt sich aus. Nach dreieinhalb Stunden hocken wir dreckverschmiert und glücklich am Gipfel des 661 Meter hohen Mont Pahia. Es ist so still, wie schon lange nicht. Wir schauen hinunter und beobachten fasziniert das Farbenspiel der Lagune, die je nach Wassertiefe und Lichteinfall von farbloser Transparenz über alle Nuancen von Türkis und strahlendem Kobalt bis zu tiefstem Tintenblau leuchtet. Hotelanlagen, Kreuzfahrtschiffe, rasende Motorboote wirken von hier oben wie winziges Spielzeug und verlieren an Bedeutung. Bora Bora die schönste Insel der Welt? Alles eine Frage der Perspektive.

Bora Bora von Tahaa aus gesehen

Mittwoch, 5. Juli 2006. Gleiten am Morgen mit leichter Brise aus dem Passe Teavanui von Bora Bora. Zur Nachbarinsel Maupiti sind es kaum 30 Seemeilen, quasi ein Klacks, wie von Pula nach Mali Losinj. Das Dingi liegt provisorisch verzurrt am Vordeck, das Frühstücksgeschirr noch in der Spüle. In Gedanken paddeln wir bereits durch die türkise Lagune von Maupiti. Doch die Wirklichkeit entspricht selten der Vorstellung. Auf halber Strecke fällt die erste Regenböe aus Süd ein. Binden Reff ins Groß, rollen die Genua etwas weg und schießen mit Rumpfgeschwindigkeit nach Westen. Mittags stehen wir vier Seemeilen vor Maupiti, ohne die Insel zu sehen. Schwere Schauer, 25 bis 30 Knoten Wind aus Südsüdost und hoch gehende See zerstören die Illusion eines Landfalls. Die kniffelige Riffeinfahrt wäre bei diesen Bedingungen Harakiri mit Anlauf. Die Stimmung sinkt auf den Nullpunkt, als ein Brecher übers Deck fegt und sich durch die kleine, offene Luke unter dem Sprayhood ungehindert in unsere Koje ergießt. Unschlüssig und grantig wägen wir unsere Möglichkeiten ab: Beidrehen und warten? Kann Tage dauern! Hart am Wind zurück nach Bora Bora? Null Bock! Das nächstgelegene Ausweichziel, das Mopelia Atoll, liegt 100 Seemeilen gen Westen. Im scheußlich engen Riffpass ist schon Graf Luckner mit seiner *Seeadler* gestrandet. Die Entscheidung fällt nach dem Blick auf das Wetterfax. Von Südwesten schiebt sich eine Störung heran. Konsultieren den Übersegler und suchen uns das Penrhyn Atoll in den nördlichen Cook Islands aus, abseits vom Schuss und vom schlechten Wetter. Neuer Kurs: 320°, 540 Seemeilen. Statt sechs Stunden werden wir nun sechs Tage unterwegs sein. Schwierig, sich im Kopf darauf einzustellen. Auf See muss man Ungewissheit und Unerwartetes akzeptieren. Unsere Enttäuschung über die „verpasste" Insel weicht der Neugier auf die nächste. Das Leben kann man nur rückwärts verstehen, aber man muss es vorwärts leben.

Aufstieg zum Mont Pahia, Bora Bora

WIE IM HIMMEL

Penrhyn, Cook Inseln

Dem schlechten Wetter entronnen. Südlich von uns sitzt ein hartnäckiger Trog, an dessen Nordseite wir mit leichten Winden dahingleiten. Der fast volle Mond steht hinter unserem Heck und spielt mit den Schäfchenwolken Verstecken.

Mittwoch, 12. Juli 2006. Unser Ankunftstag in Penrhyn gleicht unserem Abreisetag von Bora Bora. Zumindest was das Wetter betrifft. Tief hängende Wolken, Regenböen und null Sicht. Ideal, um durch eine enge, unbekannte Riffpassage zu segeln. Mit Adrenalinschub und Vollgas quälen wir uns durch den überraschend engen Pass, bis zu fünf Knoten Gegenstrom und Stromwirbel lassen *Nomad* immer wieder ausbrechen; viel zu nah die scharfe Riffkante und die rollenden Brecher. Vor dem Hauptort Omoka ziehen wir unschlüssig Kreise, der Wind bläst mit auflandigen 20 Knoten quer über die Lagune. Der Anker fällt in zehn Meter tiefes, trübes Wasser. Die Kette ruckelt und reißt am unregelmäßigen Korallenboden. Angekommen – nach 740 Seemeilen und einer Woche auf See.

Rumms! Der Aluminiumbug eines Motorbootes rammt unser Heck, Farbe splittert. Krampfhaft hält Wolf das auf und ab tanzende Boot auf Distanz, um weiteren Schaden zu verhindern, und hilft der Crew überzusteigen. „Kia Orana! Willkommen! Ihr seid heuer die vierte Yacht in Penrhyn!" Pa, Beamter für Customs, Immigration und Quarantäne, wühlt am Salontisch in einem Stapel Papier, um die richtigen Formulare herauszufischen. Seine achtjährige Tochter hält die Aktentasche und bestaunt die Kajüte. „Wie viel Bargeld habt ihr an Bord?" fragt Pa und erklärt trocken, dass Yachties, die zu wenig Geld für die offiziellen Gebühren mitführen, nicht bleiben können. Zu berappen sind: 30 Neuseeland Dollar pro Person, zehn für Quarantäne und eine tägliche Hafengebühr von zwei NZ Dollar pro Tag, letztere gilt auch vor Anker in der Lagune. Pa erzählt, wie abgeschieden man hier lebe. Er träumt von einem Job in Rarotonga, der Hauptinsel der Cook Islands. „Touristen kommen nie, da die Flüge hierher unregelmäßig und sündhaft teuer sind. Morgen reise ich zu einem Treffen der Zöllner nach Raro.

Ich hätte bereits vor zwei Wochen fliegen sollen, aber der Flug wurde wegen zu geringer Auslastung storniert." Dabei passen in die kleine Propellermaschine nur sieben Passagiere.

Nachdem der Schreibkram erledigt ist, beginnt Pa unser Boot zu inspizieren, wobei wir nicht sicher sind, ob sein Interesse offizieller oder privater Natur ist. Dabei stößt er auf einen in Tahiti teuer erworbenen Plastikvorratsbehälter. „Genau so eine Lunchbox bräuchte meine Tochter!" Ich versuche seine Aufmerksamkeit auf eine andere Tupperware-Box zu lenken, die für unseren Kühlschrank zu sperrig ist. Keine Chance. Da wir seinen Wünschen nach DVDs, CDs mit Country Musik, Werkzeug, Obst und Modezeitschriften nicht nachkommen können, müssen wir uns wohl oder übel von unserer Lieblingsbox trennen.

Bei miserabler Sicht und bedecktem Himmel verholen wir uns über die riffgespickte Lagune. Die Korallenköpfe sind teilweise mit Stangen markiert, an deren oberen Enden Lattendreiecke in Richtung Riff weisen. Penrhyn, das nördlichste Atoll der Cook Inseln, hat eine Lagune von acht mal dreizehn Seemeilen. Knapp zehn Quadratkilometer Landfläche verteilen sich auf unzählige karge Motus (Riffinseln). Nachdem in den letzten Jahren fast alle Perlfarmen Pleite gingen, leben heute nur mehr 200 Menschen in zwei Dörfern: 150 in Omoka, dem Hauptort, und 50 in Tetautua, an der Ostseite des Atolls. Allgegenwärtig die Landflucht, 14.000 Menschen bewohnen heute den kleinen Inselstaat, Tendenz fallend. Da Cook Insulaner auch die neuseeländische Staatsbürgerschaft besitzen, wanderten bereits über 70.000 nach Neuseeland und Australien aus.

Geschützt vom Passat ankern wir in Lee von Tetautua. Der Ort wirkt seltsam verlassen. Viele Häuser stehen leer. Eine staubige Straße, kein Auto, kein Lärm, nur ein paar Mopeds. Das Dorfleben ist unheimlich träge. Die Hitze lässt vor allem gegen Mittag alles erstarren. Auch wir fallen in eine tiefe Lethargie. Fühlen uns matt, eine Art fauler Langeweile hat von unserer Seele Besitz ergriffen, die ozeanische Krankheit. Alles ist Müßiggang. Manchmal sieht man Frauen beim Flechten von Hüten, Fächern und Matten, die sie nach Rarotonga verkaufen. Ein Generator versorgt das Dorf täglich von 5 bis 14 Uhr und von 18 bis 23 Uhr mit Strom. Dann sitzen viele vor der Glotze und ziehen sich Actionfilme rein.

Die Dorfbewohner buhlen um unsere Gunst, viele besuchen uns an Bord und üben sich im Tauschhandel. Aroa Taia, eine ältere Polynesierin, bietet winzige, gelbliche Perlen gegen alles was wir so haben. Neugierig stöbert sie durch die Kajüte, natürlich sind unsere Plastikbehälter wieder Objekt der Begierde. Eigentlich kann sie alles brauchen: Ein Leintuch, ein Packerl Kaffee, Zwiebel und Knoblauch, eine Festmacherleine und Luftballons verschwinden in ihrem Palmwedelkorb. Wir helfen soweit wir können. Fischhaken für Dorfpfarrer Rohi, Musik-CDs, Zahnbürste und -paste für seine zwölfjährige Tochter, eine 12 Volt

Halogenlampe für Rio, Lippenstift und Parfum für seine Frau. Staunend versammelt sich die halbe Dorfgemeinschaft, als Wolf zwei ihrer leckenden Aluminiumboote mit Sikaflex, Nieten und Nirobolzen abdichtet.

Am Sonntag predigt Pastor Rohi von der vier Meter hohen Kanzel der überdimensionalen Kirche zu seinen etwa 25 Schäfchen. Sein Tonfall lässt erkennen, dass er ihnen ordentlich die Leviten liest. Die wunderschön gesungenen Choräle der fein herausgeputzten Kirchgänger klingen hingegen nach Vergebung. In der letzten Reihe steht Rohis behinderte Tochter und starrt immerzu an die Wand. Außer vom Kirchgang ist sie vom sozialen Leben ausgeschlossen und wird von der Pfarrersfamilie ignoriert. Manchmal sitzt sie wippend am Balkon und singt. Sie tut uns leid. Wo bleibt die christliche Nächstenliebe? Ihre Schwester, die zwölfjährige, hübsche Pua, bekommt alle Zuneigung und wird nach Strich und Faden verwöhnt.

Nach der Messe nebenan in die Sonntagsschule, wo weiter gesungen wird. Die Männer diskutieren dörfliche Belange sowie die Vorbereitungen für eine anstehende Reise. 40 der 50 Dorfbewohner sollen für drei Monate nach Neuseeland und Australien reisen, um Fund Raising Parties bei ihren im Ausland lebenden Familien abzuhalten. Die Insulaner führen dabei traditionelle Tänze und Gesänge vor, pro Zuschauer werden 100 bis 200 NZ Dollar kassiert. Der Druck auf die

fern der Heimat lebenden Polynesier ist groß. Erwartet wird, dass sie mit ihrem hart erarbeiteten Geld das Leben der daheim Gebliebenen finanzieren. Diesmal will man für Tetautua einen Traktor sowie eine Barge kaufen. Letztere soll Güter vom Versorgungsschiff, das einmal im Monat im Hauptort Omoka stoppt, quer über die Lagune transportieren. In Omoka gibt es zwar eine Barge, aber die beiden Dörfer sind verfeindet. Als Draufgabe hatte Rohi unlängst mit seinem Pastorkollegen von Omoka eine Schlägerei. Feines Südseeparadies.

Zu Mittag sind wir bei der Pfarrersfamilie zum Essen eingeladen. Kathi, Rohis Frau, hängt uns zur Begrüßung Muschelketten um den Hals. Das Menü besteht aus winzigen Soldatenfischen mit tausend Gräten und Reis, dazu nach Fisch miefendes Wasser und Trinknüsse. Fische werden einfach in die nie gereinigte Kühltruhe geworfen, deshalb stinkt alles nach Fisch. Rohi ist froh, dass er nur mehr ein Jahr hier Pastor sein muss, denn eine kleine Gemeinde bedeutet wenig Einkommen, in seinem Fall 700 NZ Dollar (ca. 350 Euro) im Monat, das ist nicht üppig. Außerdem ist er Kettenraucher, wie viele Leute im Dorf, und isst lieber Corned Beef als Fisch.

Die 15-Uhr-Messe lassen wir aus, gegen 17 Uhr sitzen wir wieder in der Sonntagsschule. Jetzt wird nur noch gesungen. Die mehrstimmigen Choräle gehen bald in atonales Kreischen über, mit der Zeit steigern sich die Leute in

Dorf Tetautua, Penrhyn

Ekstase. Das Singen hat therapeutische Wirkung, Aggressionen, Sorgen und Ängste werden herausgeschrieen. Zum Abendbrot werden Corned-Beef-Sandwiches und Doughnuts serviert, dazu picksüßer Tee mit Milch. Bis spät in die Nacht hinein dringen die Gesänge bis zu uns in die Koje.

Mit Dingi und Kajaks erforschen wir die geschützte Ostseite der Lagune und ziehen dabei immer die Schleppangel nach. Stachelmakrelen, Zackenbarsche und Schnapper sind leichte Beute. Bei einlaufendem Flutstrom und glasklarem Wasser schnorcheln wir durch die Takuua Passage. Plötzlich schreit Wolf: „Raus aus dem Wasser!" Im Schlauchboot, das wir beim Schnorcheln immer hinter uns herziehen, sehe ich sofort die roten Striemen an Wolfs Hals und Brust. „Es brennt höllisch", jammert mein Skipper. Die Tentakel einer Feuerqualle dürften ihn gestreift haben. Innerhalb von Minuten wird er kreidebleich, sein Kreislauf fällt in den Keller. Brettern mit Vollgas zurück zum Boot, befragen unsere schlauen Bücher und lesen entsetzt, dass bei schweren Fällen sogar der Tod eintreten kann. Völlig aufgelöst verabreiche ich zwei antiallergische Mittel und gebe Antihistaminsalbe auf die verletzten Stellen, als Beilage gibt es Schmerzmittel. Guter Mix, am nächsten Tag sind die Verbrennungen verschwunden. Gott sei Dank, Penrhyn wäre ein denkbar schlechter Ort für einen raschen Krankenhausbesuch.

Nach zwei Wochen wollen wir weiter. Verewigen uns im Gästebuch des Dorfes, in dem wir eine Eintragung von *Taboo III* finden, datiert vom 25. Oktober 1987, Wolfgang Hausner mit Gerti, Tochter Vaiatea – 3 Monate alt – und Bordkatze Mimi. Zum Abschied schütteln uns alle Dorfbewohner die Hand und wir tauschen Geschenke. „I will never forget you!" ruft uns der lustige Pastor nach.

Pastor Rohi und seine Tochter Pua

AUF TOM NEALES SPUREN

Suwarrow, Cook Inseln

Wir brüten über dem nächsten Reiseziel: Canton, 900 Seemeilen? Puka Puka, 500 Seemeilen? Oder Suwarrow, 400 Seemeilen? Entscheiden uns für Suwarrow, wo der Neuseeländer Tom Neale insgesamt 15 Jahre als Einsiedler lebte. Seine Erzählung „An Island to Oneself" traf in den 1960er Jahren den Sehnsuchtsnerv unserer zivilisationsmüden Gesellschaft und avancierte zum Südsee-Klassiker. Fahrtensegler der ersten Generation wie Rollo Gebhard oder Bernard Moitessier besuchten Tom Neale auf seiner Insel. Heute ist dieses karge Atoll Wallfahrtsort für „Robinsöhne". Pro Jahr legen hier gut hundert Fahrtenyachten einen Stopp ein, der die 1.200 Seemeilen lange Strecke zwischen Bora Bora und Samoa in zwei handliche Etappen teilt.

Der Passat, der uns mit 25 Knoten aus Penrhyn trieb, stirbt in der Nacht. Knappe 400 Seemeilen bis Suwarrow. Schnappe mir zum x-ten Male Tom Neales Schmöker und habe ihn längst ausgelesen, als wir vier Tage später durch die breite Riffpassage segeln. Von der Saling aus sucht Wolf einen guten Spot inmitten der zehn vor Anker liegenden Yachten. Der Ankerplatz vor Anchorage Island ist nicht das Gelbe vom Ei. Unzählige Korallenköpfe, tief und nur bei Nord- bis Ostwinden geschützt.

Vertäuen das Dingi am ramponierten Anleger, dahinter ein weißer Sandstrand, von dem uns vier polynesische Buben lachend entgegen laufen. Im Schatten der überhängenden Palmen ein verrosteter Anker und ein schiefes Holzschild: „Take but nothing, leave but footprints." Wir werden es beherzigen. Ein Pfad führt an Tom Neales Büste vorbei zu den einzigen Gebäuden von Suwarrow. Eine niedrige, windschiefe Hütte, heute Geräteschuppen und Funkstation, stammt noch aus Tom Neales Zeiten. Gegenüber ein modernes Pfahlhaus aus Holz, auf dem wir „Suwarrow Shelter 2001" lesen.

„Kia Orana! Willkommen in Suwarrow!" sagt John und legt seine Gitarre beiseite, auf der er eben noch Claptons „Tears in Heaven" zupfte. Seine Frau Veronica reicht uns zwei aufgeschlagene Trinknüsse. Die beiden betreuen von Mai bis Oktober den einzigen Nationalpark der Cook Inseln. John checkt Pässe und Schiffspapiere, kassiert 50 Dollar Aufenthaltsgebühr für maximal zwei Wochen und drückt uns vier Seiten „Suwarrow National Park Rules" in die Hand. Nicht harpunieren, keine Langusten und Kokoskrabben fangen, keine Fischabfälle ins Wasser werfen. Ankern ist nur vor Anchorage Island erlaubt, andere Inselchen dürfen nur in Begleitung des Nationalparkwarts besucht werden, da sie Nistplatz tausender Seevögel sind. Die vielen Vorschriften schockieren uns. Inselfreiheit fernab der Zivilisation? Hmm.

In der Lagune wimmelt es von Leckerbissen. Da Ciguatera, die tropische Fischvergiftung, hier unbekannt ist, leben wir in den nächsten Wochen ausschließlich von Fisch in allen Variationen. In der Dämmerung düsen wir oft mit dem Dingi Richtung Pass, einmal ums East Reef, dann ums South Reef. Innerhalb einer Viertelstunde fangen wir einen halben Meter langen Zackenbarsch, eine Regenbogenmakrele und als Draufgabe einen riesigen Barrakuda. Kreische wie am Spieß, als Wolf den Barrakuda ins Dingi schleudert. Das Monstrum schlägt wild um sich und schnappt mit seinen riesigen Fangzähnen. Zum Glück beißt er weder in unsere Beine noch ins Schlauchboot. Im Nachhinein ärgern wir uns über diese idiotische Aktion. Besser wäre es gewesen, ihn auf kurz geholter Angelleine bis zum Strand oder zur Yacht zu schleppen.

Hinter unserem Heck patrouillieren ständig neugierige Haie. Springen wir ins Wasser, hauen sie meistens ab. Nur das Unterwasserschiff-Schrubben scheint sie anzulocken. Beim Anblick eines dicken Grauhais kommt uns plötzlich der Gedanke, dass wir hier nicht die Letzten der Nahrungskette sein könnten. Verständlich, warum John uns eindringlich davor warnte, Abfälle über Bord zu werfen oder zu harpunieren. Jörg, der Letzteres trotzdem probierte, wurde unter seinem Boot von einem Hai attackiert, glücklicherweise mit unblutigem Ausgang. Trotzdem steht täglich Schnorcheln am Plan. Höhepunkt: Die Begegnung mit einem Mantarochen. Wolf taucht ab, schwimmt dem Manta auf gleicher Höhe entgegen, dann drehen sich beide zur Seite und gleiten auf Tuchfühlung schwerelos aneinander vorbei.

Tom Neale saß nach vollbrachter Arbeit jeden Abend am Strand, trank Tee und genoss den Sonnenuntergang. Heute gedenken die Yachties seiner, wenn sie sich zu Tagesende auf der Veranda des Pfahlhauses zur „Potluck Party" einfinden. Jede Crew nimmt Beilagen (gefürchtet: amerikanische Bohnensalate), Nachspeisen und Getränke mit. John grillt die frisch gefangenen Fische, Veronica verwöhnt mit herrlichen Uto-Pancakes. Sie raspelt den gelben, schwammigen Kokoskeimling, vermischt ihn mit Mehl und Wasser und brät daraus Palatschinken in der Pfanne.

Eines Nachts dreht der Wind über Nord auf West und bläst später mit kräftigen 30 Knoten aus Süd. Gewarnt durchs Wetterfax hatten wir rechtzeitig einen zweiten Anker ausgebracht, der *Nomad* vor den nahen, scharfen Korallen abhält. Durch die Dunkelheit dringen Schreie, blitzen Scheinwerfer und heulen Motoren. Die Ankerketten einiger Yachten hängen wegen der Winddrehung kurzstag in den Korallen-

Anchorage Island vom Masttopp fotografiert (ganz oben); Caretakerfamilie von Suwarrow; Buben mit Wahoo köpfen. Innerhalb kurzer Zeit baut sich in der zehn Seemeilen breiten Lagune beachtlicher Seegang auf. Die Boote tauchen mit dem Bug in die aufgewühlte See und vollführen Bocksprünge. Wir werden in *Nomads* Bugkoje derart durchgeschüttelt, dass wir in die ruhigere Achterkajüte übersiedeln. Nach diesem Intermezzo leert sich das Ankerfeld. *Nomad* bleibt. Jetzt, wo weniger los ist, kommen wir John, Veronica und ihren vier Buben zwischen 5 und 11 Jahren näher und verbringen viel Zeit miteinander. John und Veronica führte keine Vision nach Suwarrow, sondern ihr Job. Hier können sie in einem halben Jahr recht gut Geld verdienen, aber keines ausgeben. Den europäischen Traum – zehn Palmen, kein Mensch – träumen Südsee-Insulaner nicht. Nur in der Gemeinschaft lässt sich die isolierende Weite des Pazifiks ertragen. Kein Wunder, dass sich John und Veronica über Besuch freuen. „Letztes Jahr hat das Regierungsschiff vergessen uns am Ende der Saison abzuholen", erzählt John. „Erst einen Monat später kam eine Yacht vorbei, die uns nach Penrhyn mitnahm, von dort ging's mit dem Versorgungsschiff nach Rarotonga. Veronica unterrichtet ihre Söhne in schulischen Belangen, den praktischen Teil lernen sie vom Vater. Fasziniert beobachten wir, wie die Buben im knietiefen Wasser Papageienfische speeren und mühelos auf Palmen klettern, um uns mit Trinknüssen zu versorgen. Abends sitzen wir lange bei flackerndem Kerzenschein auf der Veranda, philosophieren über das Leben und die Mythen, die sich immer noch um Suwarrow ranken.

Bei unseren Spaziergängen um Anchorage Island fragen wir uns immer wieder, wie Tom Neale auf dieser kargen Insel als Selbstversorger überleben konnte. Die Realität, bestehend aus Mühsal und dem täglichen Kampf ums Überleben, muss hart gewesen sein. Als Rollo Gebhard Tom Neale 1976 fragte, ob er sich noch einmal für dieses Leben entscheiden würde, fing dieser an zu grübeln: „Noch einmal eine so harte Zeit? So viele Enttäuschungen? Lieber nicht."

HEUTE IST SCHON MORGEN

Insel Wallis

220 Seemeilen trennen uns von Puka Puka, einem winzigen Atoll ohne Ankerplatz, angeblich mit kleinem Bootspass. Das macht uns neugierig. Stecken mitten in der Konvergenzzone, als zwei Tage später tatsächlich Puka Puka hinter grauen Regenvorhängen auftaucht. Nach der ersten Freude die bittere Erkenntnis, dass man hier nicht ankern kann. Am weißen Korallenstrand hinter den riesigen Brechern des Außenriffs verstecken sich traditionelle Hütten unter Palmen. Sieht malerisch aus. Weniger einladend die schmale, knietiefe Riffeinfahrt. 30 Meter vor dem steil abfallenden Außenriff loten wir noch immer 100 Meter Wassertiefe. Unser Inseltraum schmilzt dahin. Also weiter. Nehmen Kurs auf Wallis, 625 Seemeilen, 245°. Am 14. August 2006 kreuzen wir alte Pfade – mit *Susi Q* segelten wir vor elf Jahren von Samoa nach Tuvalu. Auf unserer etwas vergilbten und mit Kaffeeflecken verzierten Seekarte Nr. 4605 entdecken wir die alte Kurslinie von 1995, mit Notizen wie „Konvergenzzone“ und „Horrorböen“. Fühlen uns dankbar, noch einmal hier sein zu dürfen.

Erreichen Wallis natürlich mitten in der Nacht. Drehen bei und fahren mit dem ersten Morgenlicht durch den für seine Tidenströme berüchtigten Honikulu Pass. Große Verwirrung beim Einklarieren in Mata Utu wegen des Ankunftsdatums. Unser Schulfranzösisch ist nicht besonders flüssig, eher mühsame Suche nach jedem Wort. Endlich kapieren wir, dass wir bereits die Datumsgrenze überschritten haben. Also ist heute schon morgen. Frage mich, wo der eine Tag geblieben ist und welche Pille ich am Abend schlucken soll …

Das weitläufige Mata Utu, wiewohl Hauptstadt der 10.000 Einwohner zählenden Insel, wirkt verschlafen. Gleich hinter dem Anleger eine monumentale Kathedrale aus Vulkanstein, daneben der schlichte Königspalast. Nach langem Suchen finden wir den Supermarkt und staunen, dass die Preise jene von Französisch Polynesien noch übertreffen. Bora Boras „Chin Lee“ Supermarkt wäre im Vergleich quasi Hofer. Können dennoch Camembert, frischen Croissants, Baguette sowie einer Flasche Bordeaux nicht widerstehen. Die Franzosen haben es einfach raus. Wallis und die Nachbarinsel Futuna sind das kleinste und isolierteste französische Übersee-Territorium im Pazifik. Die plateauartige Hauptinsel Uvea verhüttelt wie eine Schrebergartensiedlung. Für einen Tag leisten wir uns den billigsten Mietwagen, den wir auftreiben können. 55 Euro, ufff. Wolf vergisst seine Sandalen im Dingi und erlebt Wallis barfuß. Die Insel fühlt sich weich an, behauptet er. Vom Mont Lulu, mit 145 Metern der höchste Hügel von Wallis, erblicken wir das Barriere-Riff mit über 20 kleinen, unbewohnten Motus. Letztere sind das Ziel unserer Begierde. In der Lagune ankern wir erste Reihe fußfrei. Mit aufgeholtem Schwert und Ruder haben wir nur mehr eine Handbreit Wasser unter der Bodenplatte. Stille Tage in Einsamkeit. *Nomad* schwebt auf gläsernem Wasser. Kopfsprung in die unberührte, türkise Lagune. Badewannenwarm. Ein Traum.

Bei Kaffee im Cockpit reden wir plötzlich über zuhause, über die Zeit in Österreich, die noch nahe ist und doch zu verschwimmen beginnt. Nach drei Monaten an Bord befreien wir uns langsam von der rastlosen Unruhe der westlichen Zivilisation. Gewinnen Abstand allein durch die immer größer werdende Entfernung. Auf einmal ist für alle Gedanken genügend Raum. Die Welt sehr groß, die Sorgen sehr klein. Ein Gefühl aus der Kindheit.

Wolf holt frische Trinknüsse, Wallis

FIJI BITTER

Vanua Levu, Savusavu, Fidschi

Doppelt gerefft verlassen wir Wallis. Steile, brechende Tiderips im Honikulu Pass spucken uns zurück in den Pazifischen Ozean, in die größte Wasserwüste der Welt. 250 Seemeilen bis zur Nanuku Passage im Südwesten. Pfauchender Passat aus Südsüdost diktiert einen magenunfreundlichen Am-Wind-Kurs. Seekrank, nach langer Zeit mal wieder. Wolf kennt dieses Übel nicht, kann im wildesten Seegang kochen und navigieren. Knapp zwei Tage später kreuzen wir durch die Nanuku Passage in die Koro See und können auf bequemeren Kurs abfallen. Vorbei an der Insel Laucala, die einst US-Tycoon Malcom Forbes gehörte und 2003 vom Red-Bull-Chef Didi Mateschitz um 10 Millionen US Dollar erstanden wurde. Wie so oft drehen wir die Nacht vor dem Landfall bei und steuern am regnerischen Morgen Savusavu auf Fidschis zweitgrößter Insel Vanua Levu an.

Hängen an einer Muringboje der Copra Shed Marina im gut geschützten Nakama Creek. Promptes, relaxtes Einklarieren. Behörden kommen an Bord. „Entschuldigt den aufwändigen Papierkram, der stammt noch von den Briten", meint die nette Dame vom Zoll. Dolly, eine hübsche, junge Inderin, empfängt uns mit herzlichem Lächeln im Marina Office und erklärt, wo es was in Savusavu gibt. Nachdem wir vom Bankomat Fidschi Dollar behoben haben, steuern wir das Restaurant „Bula Re" an. Gönnen uns eine Fischsuppe, leckeres Palusami und ein kühles „Fiji Bitter" Bier. Nach alter Tradition feiern wir jede Ankunft in einem neuen Land mit einem Essen auswärts. Immerhin befinden wir uns jetzt in Melanesien, obwohl es eher nach Asien aussieht. 50 Prozent der Fidschi-Bewohner sind Nachkommen der von den Briten vor hundert Jahren ins Land geholten indischen Plantagenarbeiter. Dieses kontrastreiche Bevölkerungsgemisch sorgt natürlich für Sprengstoff. Da die Inder kaum Recht auf Landbesitz haben, etablierten sie sich als Handwerker und Händler. Das Ortsbild des 5.000 Einwohner zählenden Savusavu ist bunt. Auf der staubigen, von Läden und Imbissbuden gesäumten Hauptstrasse tummeln sich riesige Melanesier mit kurzem Kraushaar, viele Männer tragen Wickelrock, der hier Sulu heißt. Daneben eilen geschäftige Inder in Hemd und Bundfaltenhosen, grazile Inderinnen in farbenfrohen Saris.

Das Sozialleben hält uns auf Trab, denn von den 20 Fahrtenyachten, die im Muringfeld liegen, kennen wir fast die Hälfte. Am Abend trifft man sich auf der Terrasse des Copra Shed Yachtclubs zur Happy Hour. Ein Platz, an dem man leicht Wurzeln schlägt. Deshalb erkundigen wir uns nach einer Möglichkeit, zu den „verbotenen Inseln" der Lau Gruppe zu segeln. Aus absurden Gründen dürfen Yachten die Lau Inseln seit 20 Jahren nicht mehr besuchen – außer man hat eine persönliche, schriftliche Einladung, die allerdings nur für genau die Insel gilt, von der die Einladung stammt. Kompliziert? So ist es. Also: Curly Carswell, selbst ernannter Hafenmeister Savusavus à la Paul Hollinger, gibt uns den Freibrief von Joe und Helene in Vanua Balavu. Liegt in den Exploring Islands, die wiederum Teil der nördlichen Lau Gruppe sind. Curly, ein Original aus dem Kiwi-Land mit weißem Haar und Rauschebart, lebt seit 35 Jahren in Fidschi und bietet Seminare über „Benimm-Regeln" auf traditionellen Inseln an. Das lassen wir uns nicht entgehen. Wir lernen, dass man in Fidschi nicht so mir nix dir nix in einer Bucht ankern darf. Jeder Strand, jede noch so kleine Insel, jeder Quadratmeter Land gehört zu einem Dorf, das eifersüchtig über seinen Besitz wacht. Deswegen muss man sofort nach Ankunft dem Dorfchef das „Sevusevu" bringen und darum bitten bleiben zu dürfen. „Sevusevu" heißt Geschenk und besteht traditionell aus einem Bündel Yaqona-Wurzeln, die zerstampft und zu Kava gebraut werden, einem Trunk, der wichtiger Bestandteil des sozialen Lebens in Fidschi ist. Außerdem gilt es Bekleidungsvorschriften zu beachten: keine Badekleidung, kein Sonnenhut, keine Sonnenbrillen, kein Rucksack, keine Shorts, keine kurzen Kleider, keine ärmellosen T-Shirts … Am besten züchtig verhüllt: Frauen mit langem Rock, Männer mit langer Hose oder Sulu. Und viele Geschenke sollen wir mitnehmen, denn die Leute können alles brauchen, sagt Curley.

Um uns bei den Häuptlingen einzuschmeicheln, decken wir uns am Markt mit vier Kilo Yaqona-Wurzeln ein. Sie werden in acht Halbe-Kilo-Bündel geteilt und kunstvoll mit blauen Bändern umwickelt. Stolzer Preis: 35 Fidschi Dollar pro Kilo. Verkosten aus Testgründen ein paar Schälchen Kava. Die braune, erdige Brühe schmeckt widerlich. Bleiben „Fiji Bitter" treu.

Savusavu: Ankerplatz im Nakama Creek (oben); Copra Shed Marina, Insel Vanua Levu

KEREKERE

Exploring Islands, Fidschi

8. September 2006. Gegen leichten Passat kreuzen wir 100 Seemeilen „zurück" nach Osten zu den Exploring Islands. Zwischenstopp bei den unbewohnten Malima Inseln, Landsplitter in einer scheinbar geschützten Lagune. Mangels erkennbarer Einfahrt halten wir Ausschau nach einer tiefen Stelle über dem teilweise versunkenen Ringriff. Die Korallenköpfe sind trotz hoch stehender Sonne im trüben Wasser schwer erkennbar. Die Lagune schimmert grünlich. Als unser Anker ins vier Meter tiefe Wasser platscht, wähnen wir uns im Paradies. Ein wilder, herrlicher Platz mit vielen Nautilusschnecken und Mördermuscheln am unberührten Strand. Doch ab halber Tide (Tidenhub eineinhalb Meter) vollführt *Nomad* wilde Bocksprünge und bei Hochwasser wird das Geschaukle unerträglich. Der Seegang rollt ungehindert übers überspülte Außenriff. Ergreifen am nächsten Morgen die Flucht. Auf vielen Ankerplätzen in den Lau Inseln erleben wir Ähnliches, denn versunkene Außenriffe geben keinen brauchbaren Schutz vor Schwell.

An der Westküste von Vanua Balavu („lange Insel") liegt das Nawanawa Estate, Domizil unserer „Gastgeber" Helene und Ratu Joe Tuwai. Joe, schwer gezeichnet von einem Schlaganfall, besitzt noch immer Charisma und ein spitzbübisches Lächeln. Er lebte 30 Jahre in Neuseeland, arbeitete als LKW-Fahrer und betrieb ein Tanzlokal. Anfang der 90er Jahre kehrte er in sein Heimatdorf zurück, denn bejahrt lebt es sich gut im zentralen Pazifik, in einer Kultur, die das Alter ehrt. Joe brachte viele Geschenke als Sevusevu für die Dorfbewohner mit. Für hiesige Verhältnisse war er ein reicher Mann. Doch es gab ein Problem. „Kerekere", was soviel heißt wie bitte. Früher sinnvolles Sozialsystem und Lebensversicherung, denn kerekere sagt jemand, der etwas braucht. Das Schwein des Nachbarn, den DVD-Player des Schwagers, Zigaretten. Die Bitte abzuschlagen ist kaum möglich. So kam es, dass sich beim Bau des neuen Eigenheims Joes Verwandte an seinen Baumaterialien bedienten. „Mein Schwager brachte das Fass zum Überlaufen, als er von einem vier Meter langen Dachbalken einfach ein Stück abschnitt", erzählt Joe. „Seitdem gibt es bei mir kein kerekere mehr!"

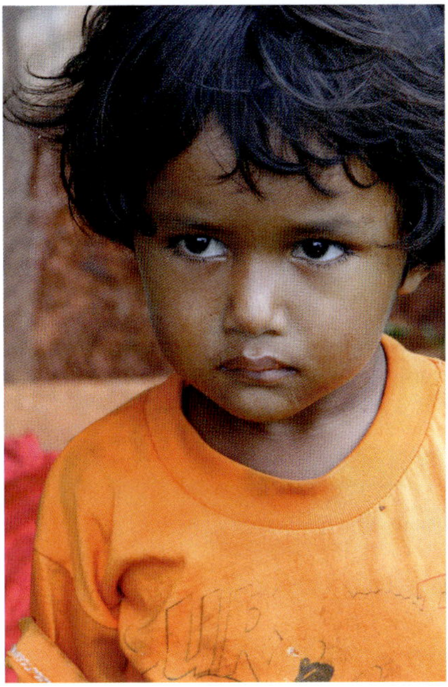

Insel Vanua Balavu: Bay of Islands, (g. o., li.); Ankerplatz vor Andavathi (g. o. re.); Familie in Andavathi (o.)

Erstes Sevusevu im schmucken Dorf Daliconi, vis-à-vis von Nawanawa. Nebst Yaqona-Bündel werden wir um eine Spende von 40 Fidschi Dollar gebeten. Erkundigen uns genau nach den Grundgrenzen des Dorfes. Betritt man nämlich Land vom Nachbardorf, wird dort ein erneutes Sevusevu erwartet. Bei einer Wanderung quer Vanua Balavu wären damit rund zehn Sevusevus fällig. Eine mühsame Angelegenheit. Nicht minder kompliziert der Wechsel des Ankerplatzes, denn auch Lagunen und Riffe sind im Besitz der Dörfer. Unser nächstes Ziel gehört erfreulicherweise zum Dorf Daliconi.

Im Norden der Insel liegt die spektakuläre Bay of Islands, angeblich die einzige hurrikansichere Bucht in den Exploring Islands. Schroffe Felsinseln wachsen wie Schwammerln aus dem Wasser und bilden ein unüberschaubares Labyrinth. Gemeinsam mit Ernst und Anna Maria von der Segelyacht *Galatea*, einer Sunbeam 39, verstecken wir uns hier über eine Woche und genießen die Stille, die nur vom Kreischen der riesigen Flughunde unterbrochen wird. Nachteil: Völlig unzugängliche Ufer machen Landgänge schwierig. Paddeltouren befriedigen unseren Bewegungsdrang.

Der Ankerplatz vor der Insel Andavathi ist unser Favorit. Weißer Sandstrand, hohe Palmen, drei Hütten und eine nette indische Familie, die die Kopraplantage betreut. Die kleine Sherrie, jüngstes Familienmitglied, wird ein Jahr alt. 80 Gäste aus den benachbarten Dörfern sind zur Geburtstagsfeier eingeladen. Wir hocken am Boden auf geflochtenen Matten und kosten uns durch die fidschianische Küche. Die Männer versammeln sich auf der Veranda um Kava zu trinken. Das Gebräu wird in einer halbierten Fischerboje zubereitet. Bis spät in die Nacht hören wir das dumpfe Zerstampfen der Yaqona-Wurzeln im metallenen Behälter, einer leeren Geschützkartusche aus dem Zweiten Weltkrieg.

Wir wollen das Geheimnis der verbotenen Lau Inseln weiter lüften, das Verbot beflügelt unsere Fantasie. Von Joe erhalten wir zum Abschied zehn Empfehlungsschreiben für Inseln, zu denen seine familiären Bande reichen. Wissend, dass diese Briefe nur als Alibi dienen, setzen wir am 3. Oktober 2006 Segel. Vorbei an der Insel Mango, die dem Schauspieler Mel Gibson gehört, kreuzen wir gegen den Passat nach Südosten. Groteskerweise sind viele Eilande in Privatbesitz, die Besitzer verbergen sich oft hinter internationalen Konsortien. Auch Arnold Schwarzenegger soll angeblich einige Inseln besitzen.

BULA

Fulanga, Lau Inseln, Fidschi

Nach einem unterseeischen Vulkanausbruch in Tonga schwimmen riesige Bimssteinteppiche auf der Wasseroberfläche. Manchmal knirscht es beängstigend an der Bordwand. Bohrt sich *Nomads* Bug in die See, prasseln kleine, braune Brocken an Deck. Mit einer Regenböe und auflandigem Wind steuern wir auf den engen Riffpass von Fulanga zu. Unsere Informationen sind karg. Detailkarte gibt es nicht und das Seehandbuch schweigt sich über die Tiefe des Passes aus. „The entrance ... is only suitable for the smallest craft ... and is not recommended on account of strong tide-rips which are dangerous to boats." Miserable Sicht. Wolf dirigiert von der Saling aus, ich schreie ihm meine Bedenken vom Steuerrad zu. Meine Nerven vibrieren. Gebannt fixiere ich das Echolot und die scharfen Korallen an unserer Backbordseite. Schrammen knapp am überhängenden Felsturm vorbei, Wassertiefe gut fünf Meter. In der Lagune erwartet uns ein unvergessliches Bild: türkises Wasser, unzählige schroffe Kalksteininselchen und Felsen, wie von einem Riesen wahllos verstreut, dazwischen versteckte weiße Sandstrände. Fulanga hat Festungscharakter. Die lang gestreckten, hohen äußeren Inseln bilden einen fast durchgehenden Wall, der nur von einer Riffpassage und wenigen Tunnels und Kanälen durchbrochen ist. Wir halten nach Westen zum Dorf, ein segelndes Auslegerboot überholt uns spielend. Beim Landgang trauen wir unseren Augen nicht. Vor dem Strand des Dorfes breitet sich ein gut 50 Meter Brei aus Bimsstein aus, in dem wir mit dem Dingi stecken bleiben. Tom, Sohn von Chief Paula, holt uns deswegen mit seinem Boot ab und verwendet eine lange Holzstange zum Staken.

Bula! Ich klatsche in die Hände und der Zeremonienmeister reicht mir eine Kokosnussschale mit trüber Brühe. Die muss ich ex trinken, so der Brauch. Fast gebe ich das eklige Zeug wieder von mir. Wir hocken mit zehn schmuddeligen, zahnlosen Männern im Schneidersitz auf einer Matte und zelebrieren Sevusevu, das obligate Begrüßungsritual. Ich kann mir nicht helfen, Kava schmeckt für mich immer noch wie Abwaschwasser mit Schlammzusatz. „Es ist ein gutes, harmloses

Ankerplatz vor Schwammerlinsel in Fulanga; Milika bereitet nach dem Kirchgang das Sonntagsessen vor; Buben am Strand

Getränk“, meint der 25-jährige, attraktive Tom, der am besten Englisch spricht. „Man wird nur schläfrig und langsam davon, aber nie gewalttätig wie bei Alkohol.“ Der Chief erteilt uns seinen Segen: „Bleibt, solange ihr wollt.“ *Nomad* ist heuer die vierte Yacht auf der Insel Fulanga.

Sonntag, 8. Oktober 2006. Ausgerechnet heute verreckt der Außenborder. Da der Wind zum gegenan Rudern zu kräftig bläst, lassen wir uns zu *Nomad* zurücktreiben. Mit den Kajaks haben wir bessere Karten, dafür stehen wir dann pitschnass in der Kirche. Die Methodisten-Missionare haben ganze Arbeit geleistet. Der Sonntag gehört dem Herrn. Vier Mal Messe, dazwischen essen, herumlungern und schlafen. Alles andere wäre Frevel. Zwischen den Predigten laute, unmelodische Choräle. Ein Aufpasser hält mit einem Stab die gelangweilten Kinder in Schach. Zwei Durchgänge schaffen wir, dann Mittagessen bei „unserer“ Familie. Milika, Toms Frau, hat aufgekocht: Fisch, Muscheln, Huhn, verschiedene Wurzeln wie Yams, Kassava, Süßkartoffeln. Alles schwimmt in dicker Kokosmilch. Die feudale Tafel ist auf einer Matte am Boden gedeckt. Bereits nach kurzer Zeit verkrampfen sich meine abgewinkelten Beine. Sollte mit Yoga beginnen.

Mein Skipper erinnert mich an ein arabisches Rennpferd. Ohne Auslauf beginnt er zu kränkeln. Er hat sich eine Erkältung geholt, wahrscheinlich von dem verdammten Kava, das wir alle aus derselben Schale getrunken haben. Heute ist ein weiteres Gebrechen dazu gekommen. Beim Ausbringen des zweiten Ankers in nächtlicher Sturmböe hat er sich wiedermal sein Kreuz verrissen. Zum täglichen Inhalieren gesellt sich Massieren auf den Therapieplan.

Sortiere unsere Lebensmittel in den Stauräumen. Der letzte Großeinkauf liegt vier Monate zurück. Erschütternde Feststellung: Werden zwar nicht verhungern, aber die Schmankerln gehen zur Neige. Haben noch genau 1 Dose Corned Beef, 1 Dose Schinken, 1 Dose Leberaufstrich, 1 Dose Butter, 1 Tafel Schokolade, 3 Eier und 15 Stück Eckerl-Käse (die mit der lachenden Kuh). Grundnahrungsmittel reichen noch für zwei Wochen, im Mehl krabbeln Heerscharen von Rüsselkäfern. Trockenbohnen gibt es in Hülle und Fülle, dazu Tomaten in der Dose, geschält und püriert. Als ich Wolf die traurige Bestandsaufnahme gestehe, bekommt er einen Schwächeanfall. Ab sofort drehen sich unsere Gespräche nur mehr ums Essen. Als Draufgabe ist Harpunieren auf Fulanga bis Weihnachten tabu, zum Bodenangeln hatten wir bis dato zu wenig Geduld. Der winzige Dorfladen gähnt vor Leere, das Versorgungsschiff liegt in Suva mit Maschinenschaden fest.

TEIL III

Rund Neuseeland, ein Versuch

2006 bis 2007

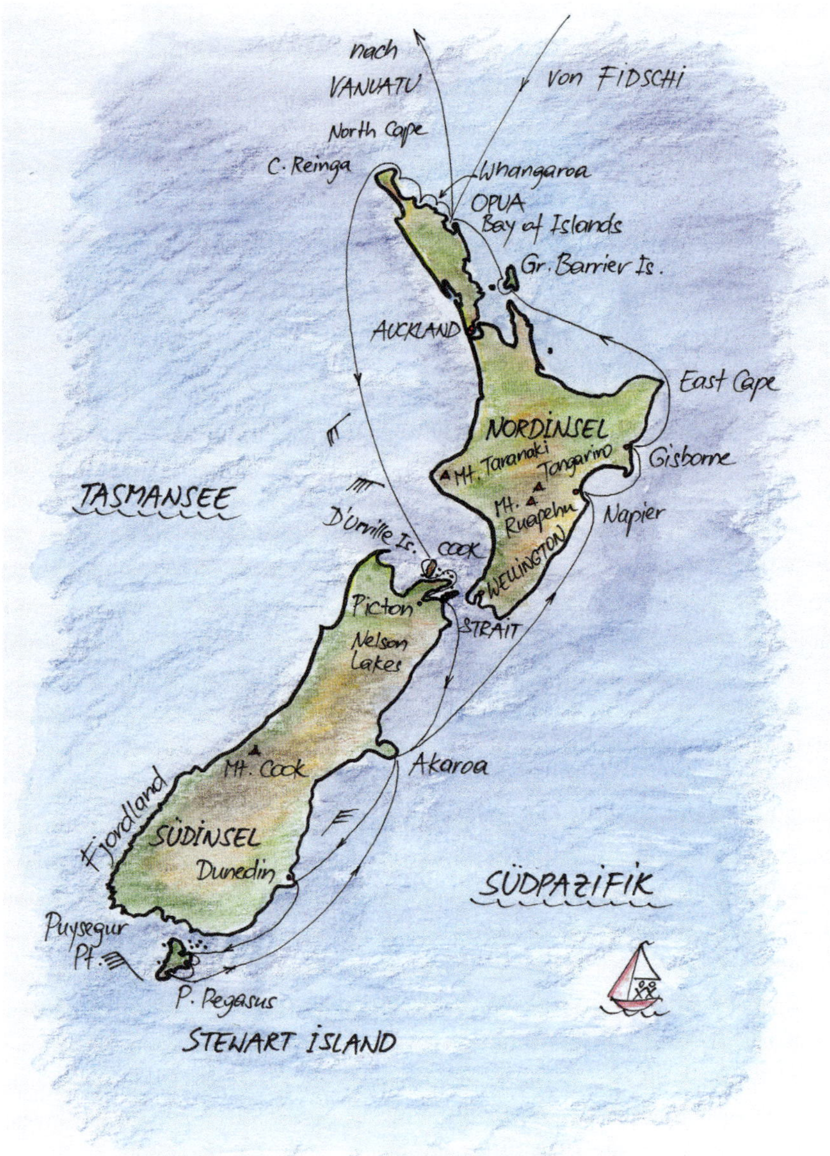

nach VANUATU
von FIDSCHI
North Cape
C. Reinga
Whangaroa
OPUA
Bay of Islands
Gr. Barrier Is.
AUCKLAND
East Cape
NORDINSEL
Mt. Taranaki
Tongariro
Gisborne
Mt. Ruapehu
Napier
TASMANSEE
D'Urville Is.
COOK
WELLINGTON
Picton
STRAIT
Nelson Lakes
Mt. Cook
Akaroa
Fjordland
SÜDINSEL
Dunedin
SÜDPAZIFIK
Puysegur Pt.
P. Pegasus
STEWART ISLAND

RAUS AUS DEN TROPEN

Von Suva nach Neuseeland

Nach den beschaulichen Inseltagen ist die schmuddelige, laute Hauptstadt von Fidschi ein Schock. Wir ankern vor dem königlichen Suva Yacht Club, in dem die meist weißen Mitglieder Kolonialzeit-Atmosphäre pflegen. Wolfis Backe ist geschwollen, Ursache eine Zahnfistel. Besuch bei Dr. Abdoul Haroon, einem indo-fidschianischen Zahnarzt. Trotz österreichischer Dentalgeräte macht die Ordination einen schmutzigen und wenig Vertrauen erweckenden Eindruck. Wolf bevorzugt Selbstbehandlung mit Antibiotika.

In der letzten Oktoberwoche versetzt uns Hurrikan Xavier, der zwischen Vanuatu und Fidschi herumgeistert, in Angst und Schrecken. Nichts wie weg aus den Tropen. Xavier eröffnet nicht nur die Zyklonsaison, sondern auch ein neues „El nino"-Jahr. Neuseelands Wetterguru Bob McDavitt schrieb im letzten „Weathergram" – wöchentliche Ideen über das Wetter im Südpazifik – vom besten Wetterfenster der Saison. Auch Winfried von der Segelyacht *Anna Maria* gibt grünes Licht mit folgender Auflage: „Landfall vor dem 7. November, dann kommt eine Kaltfront." Unglaublich, dass es mittlerweile Prognosen von über einer Woche gibt.

Montag, 30. Oktober 2006. Volles Programm vor der Abfahrt: gewartete Rettungsinsel abholen, Datensicherung unserer Fotos auf DVD eingeschrieben zu unserem Webmaster Fritzi Fleck schicken, letzte Einkäufe, Ausklarieren, Fax an die neuseeländischen Behörden, um unsere Ankunft zu avisieren. Internet erübrigt sich, da die Online-Leitungen in Suva kollabiert sind, dafür geht sich ein köstlicher Kaffe in der „Republic of Capuccino" aus. Schlussendlich Gulasch vorkochen, denn draußen wird es schwabbelig sein.

Anker auf um 16 Uhr – eine Stunde später sind wir wieder zurück. Der Linearantrieb vom Autopiloten hat mitten in der Riffeinfahrt von Suva blockiert. Anruf bei Raymarine-Spezialisten Hubert Ober in Vorarlberg bestätigt unsere Vermutung: Elektromagnetische Kupplung des Antriebs defekt.

Dienstag, 31. Oktober 2006. Verlassen gegen 6 Uhr Früh das graue und regnerische Suva und schließen uns Wolfgang Hausners Meinung an: Ein prachtvoller

Platz zum Absegeln. Starten mit altem Ersatz-Autopiloten und hoffen, dass er durchhält. 1.200 Seemeilen gen Süden liegen vor uns. Mittags fegen wir tief gerefft durch die Kandavu-Passage. Der Passat steht voll aus Ostsüdost mit 25 bis 30 Knoten. Das Log zeigt 45 Seemeilen, dann fällt es aus. Ein gut ein Meter langer Mahi Mahi (Goldmakrele) an der Angelleine macht unseren ersten Segeltag perfekt.

Unsere Etmale betragen 179, 183, 193 Seemeilen. Nach drei Tagen feiern wir Bergfest, sprich die halbe Stecke liegt bereits hinter uns. Obwohl der Wind von querab einfällt, kommt der scheinbare Wind entschieden vorlicher und bewirkt einen ruppigen Am-Wind-Kurs. Ständig überspültes Deck, tropfende Luken, Waschmaschine mit Schleudergang, Vollgas.

Auf 29° Süd gleitet majestätisch ein großer Wanderalbatros ohne Flügelschlag in zehn Meter Abstand an unserem Heck vorbei. Mit jedem Tag wird es kühler, pro Breitengrad sinkt die Temperatur um ein Grad Celsius. Das Licht glasklar, welch Unterschied zu den meist diesigen Tropen! Ein starkes Hoch über Zentralneuseeland zieht nur langsam nach Osten und verheißt stabilen Passat für die weiteren Tage. Halten direkten Kurs auf unser Ziel, die Bay of Islands. Täglich versorgt uns Winfried mit Wetterberichten, erstellt sogar ein einwöchiges Wind-

profil – gratis! Übers Radio hören wir vom jüngsten Militärputsch in Fidschi und von Unruhen und Bränden in Tongatapu, Tongas Hauptstadt.

Unser alter Autopilot-Antrieb beginnt zu schwächeln, zieht unglaublich viel Strom, nehmen Speed aus dem Schiff. Am sechsten Tag hat es sich ausgeblasen, probieren es noch eine Weile mit dem Flasher (asymmetrischer Spi), dann schalten wir doch den Motor ein. Das schlechte Wetter sitzt uns im Nacken. Später dreht der Wind über Nord auf Nordwest und es beginnt zu regnen. Am Abend vor dem Landfall informieren wir Russell Radio über unsere ETA. Funker Des Renner erteilt uns mit rauchig rasselnder Stimme und kaum verständlichem Kiwi-Akzent gleich einen Rüffel. Man soll sich mindestens 48 Stunden vor der Ankunft über SSB melden! Dass in Neuseeland der Amtsschimmel wiehert, bemerkt Wolf beim Durcharbeiten des Stapels Einklarierungsformulare, die wir bereits in Fidschi erhalten haben. Dauernd wird mit Geld- oder gar Gefängnisstrafen gedroht. In welches Land fahren wir eigentlich?

Im Morgengrauen erste vage Konturen. Wie müssen sich die Polynesier gefühlt haben, als sie mit ihren großen Katamaranen das damals unbewohnte Land entdeckten? Sie nannten es Aotearoa, das Land der langen, weißen Wolke. Uns begrüßen graue Regenwolken, aber auch ein riesiger Buckelwal, Delphine, Pin-

Raue Fahrt nach Neuseeland

guine, Kormorane und Tölpel mit gelbem Kopfgefieder. Am Kap Wiwiki melden wir uns sicherheitshalber auf Kanal 16, um die Behörden mit unserer Ankunft nicht zu überraschen. Eine herrliche Brise schiebt uns in die Bay of Islands. Sanfte, grüne Hügel, weiter drinnen kleine Orte wie Russell, Waitangi, Paihia. Und viele, viele Yachten.

Das Frühstück artet in ein Fressgelage aus, da spätestens beim Einklarieren alle Frischsachen im großen, schwarzen Quarantänemüllsack verschwinden werden. Wir brutzeln daher ein Omelette Surprise aus sieben Eiern mit Zwiebeln, Tomaten, Salami und Schafskäse. Die letzten Schinkenscheiben stopfen wir uns beim Anlegemanöver in Opua in den Mund. „Wem heit net schlecht is ..." Genau sieben Tage waren wir unterwegs und loggten 1.205 Seemeilen, Etmalschnitt 172 Seemeilen. Für uns eine der schönsten und schnellsten Seereisen mit *Nomad*. Die Müdigkeit der durchwachten Nächte weicht der Freude über die Ankunft in einem neuen Land.

Mit uns haben zehn weitere Yachten am abgezäunten Quarantänesteg festgemacht. Der Einklarierungstrupp belagert uns eine Stunde. Customs und Immigration sind schnell erledigt. Die MAF-Dame (Ministry of Agriculture and Forestry) durchforstet unsere Lebensmittelstauräume und konfisziert alle nicht in Neuseeland hergestellten Milchprodukte, Fleisch, Wurst, Obst, Gemüse, Lorbeerblätter, leider auch unsere Muskatnüsse, Trockenbohnen und -linsen sowie den Honig. Weiters begutachtet sie Zelt, Trekkingschuhe und Staubsauger. Zu guter Letzt hechelt der Drogenhund mit süßen Patscherln durch die Kajüte, hinterlässt überall seine Hundehaare, schnüffelt im Bett rum, springt auf den Kartentisch und landet genau am Laptop. Als die Drogendame auch noch unsere Lautsprecher von der Wand reißen will, werde ich unruhig. Gut, dass Wolf draußen am Steg mit dem Customs Officer quatscht. Mit Behörden hat er wenig Geduld. Wir sind zurück in der Zivilisation. Das Glück der Ankunft, das vergängliche, entgleitet schnell.

Mit auffrischendem Wind und höllischem Tidenstrom verholen wir uns zum Liegeplatz E13 in der Marina von Opua. Anlegedesaster. Bleiben schräg zwischen den Pfählen in der Box stecken. Hilfreiche Hände und unser aufheulender Motor bringen *Nomad* in die richtige Position. Später orgelt es in den Wanten. Für die nächsten drei Tage ist Sturm angesagt. Auckland meldet 70 Knoten Wind, auf der Südinsel fällt Schnee. Denken an die Yachten, die noch draußen sind, und begreifen, dass Geschwindigkeit auch für Sicherheit stehen kann. Müde und zufrieden fallen wir am Abend in die Kojen. Eine Nacht durchschlafen, was für ein Glücksgefühl.

SIMPLIFY

Bay of Islands

In Opua herrscht tote Hose. Ein kleiner Laden, ein teures Restaurant und der Yachtclub, der nur jeden zweiten Tag geöffnet hat. Öffis gibt's keine, nur teure Luxusüberlandbusse. Ohne Auto ist man erschossen. Viele Yachties kaufen deshalb eine billige, alte Kiste. Sie installieren wireless Internet und Skype an Bord, Handys funktionieren wieder, alles wie zu Hause. Man will ausbrechen und die Einfachheit finden, schleppt aber jede Menge Gepäck mit und verwandelt damit das Paradies in jene Hölle, aus der man gekommen ist, meint Wolf, der von Bergen träumt. Ich sehne mich bereits nach einer Woche nach meinen Inseln.

Täglich trudeln neue Yachten von den Südseeinseln ein. Viele alte Bekannte und Freunde sind darunter. Auch die *Uhuru* liegt mit uns am Steg, Andi und Kudi, unsere Nachbarn aus dem 7. Wiener Bezirk. Erst vor zehn Monaten von den Kanaren gestartet, sind die beiden sehr sportlich mit ihrem neun Meter langen Halbtonner vom Typ Albin Ballard unterwegs. Und die einzigen, die nie über zu viel Wind oder schlechtes Wetter klagen. Nichts kann ihre gute Laune verderben.

Spät abends klopft es an der Bordwand. Am Steg eine kleine, dunkelhaarige Frau, die nach unserem Dusch-Schlüssel fragt. Ihren kann sie im Chaos der Abfahrt nicht finden. Trotz Kälte und Dunkelheit sprudeln ihre Worte, sofort entsteht Vertrautheit. Donna Lange kennen zu lernen, ist wie einen guten, alten Freund zu treffen. Am nächsten Morgen besuchen wir sie. Ihr halb zerlegtes Boot am Ende unseres Pontons erinnert an eine Baustelle, der Name der achteinhalb Meter kleinen GFK-Yacht vom Typ Southern Cross verwirrt. *Inspired Virgin* steht am backbordseitigen Kanuheck. Donna, die mit der Sikaflex-Spritze etwaigen Leckstellen zu Leibe rückt, lacht, als sie unsere Verblüffung bemerkt. „Ihr müsst auch die Steuerbordseite lesen!“ *Insanity Islands* steht dort geschrieben. Langsam fällt der Groschen. Bootsname: *Inspired Insanity*. Heimathafen: Virgin Islands. In ein paar Tagen soll es losgehen. Nonstop um Kap Hoorn und retour nach Rhode Island an der US-Ostküste. Im November 2005 startete die 45-jährige charismatische Amerikanerin von dort zu einer Solo-Weltumsegelung. Ihre Route führte sie in die Roaring Forties, um das Kap der Guten Hoffnung und Südaustralien, durch Bass-Strait und Tasman-See nach Neuseeland. Nach 168 einsamen Tagen auf See mit schweren Stürmen, haushohen Wellen, Motorproblemen, Funkausfall und einer Rückenverletzung erreichte sie Ende April 2006 Opua, Etappenziel ihrer Marathonfahrt. Eine Reise zum Zweck der Selbstfindung und Heilung, denn Donna war nicht immer Seglerin. Ihre Geschichte ist tragisch und spirituell.

Die gelernte Krankenschwester war 20 Jahre verheiratet und Mutter von drei Kindern. 1998 überlebte sie einen schrecklichen Autounfall, bei dem mehrere Menschen den Tod fanden. Traumatisiert trennte sie sich von ihrer Familie und begann mit dem Segeln. Ihren Lebensunterhalt verdiente sie fortan als Crew auf großen Charterschiffen, bei Überstellungstörns und als Musikerin. Donna besitzt eine begnadete Folkstimme, spielt Gitarre, Mundharmonika, Flöte und Steel Drums. In den Virgin Islands fand sie ihr kleines Boot. Nach dem Kauf beurteilte ein Gutachter die Southern Cross 28 als nicht seetüchtig, sogar der Rumpf war delaminiert. Mit dem Mut der Verzweiflung renovierte und reparierte Donna ihre *Inspired Insanity* und segelte 2002 über den Nordatlantik nach Irland. Die Reise war ein Desaster. In einem Sturm verlor sie die Windfahnensteuerung und musste 2.000 Seemeilen per Hand steuern; 27 Tage lang. Donna litt unter akutem Schlafmangel, kurz vor dem Kollaps wurde sie knapp vor der irischen Küste von der Coastguard nach Baltimore geschleppt. Der Rückweg in die Karibik verlief weniger dramatisch.

Die langen Soloetappen veränderten sie. „Mein Boot ist wie ein Kokon. Ich starte als Wurm und komme als Schmetterling an. Gut, vielleicht als Motte“, philoso-

phiert Donna beim Abendessen in unserer Kajüte. „Alleine fühle ich mich am Ozean nie. Vögel, Fische, Delphine, Wale und vor allem die Musik sind meine ständigen Begleiter. Einsamkeit verspüre ich nur unter Menschen." Donna ist der Musik verfallen. Ihr Album „Alone at Sea" entstand draußen auf den Ozeanen, dort wo sie sich wirklich frei fühlt. Sie hat den unerschütterlichen Glauben, dass die See sie liebt.

Am 21. November 2006 löst Donna die Leinen. Dank der Hilfe von Freunden ist *Inspired Insanity* wieder seetüchtig: Bugspriet an seinem Platz, Rigg gecheckt, das Deck mit rutschfester Farbe gestrichen, Kleidung und Proviant in wasserdichte Säcke verpackt. Zum Ausklarieren liegt das Boot längsseits am Tankstellensteg. Ich schmücke ihre Kajüte, in der noch immer künstlerisches Chaos herrscht, mit Blumen. Wolf sichert mit Splinten die Wantenspanner. Die Verabschiedungscrew schreibt Glückwünsche auf die Segel. Donna musiziert mit ihrem Seelengefährten Danny unbeirrt im Cockpit, als würde sie das alles nichts angehen. Kurze, heftige Umarmungen. Danny spielt ein polynesisches Abschiedslied auf der Gitarre, das uns die Tränen in die Augen treibt. Dann tippt Donna eine lange Nummer in ihr Handy – „Hi Mum, I am leaving now. Here is my gang!" – und hält uns das Telefon entgegen. „Hello Mum!" brüllen wir im Chor. Schlussendlich legt Donna ab und zieht am Großfall. Erst aus der Distanz ergeben die riesigen Buchstaben im Großsegel einen Sinn: „Simplify". Übers Internet verfolgen wir Donnas Reise, fühlen auf den letzten 10.000 Seemeilen mit ihr. Täglich stellt sie sehr persönlich gehaltene Updates, zum Teil philosophisch verbrämt, auf ihre Website und schließt den Kreis im April 2007 in Rhode Island.

Opua, Bay of Islands

SÜDWÄRTS

Zur Südinsel

Unser Plan lautet „Rund Neuseeland". Er ist verführerisch einfach, zumindest auf der Seekarte: In einer Achterschleife um Nord- und Südinsel, als Zuckerl noch Stewart Island, den windzerzausten Landkrümel in den Roaring Forties. Und wozu? Wozu in eine Gegend, die für ihr grässliches Wetter berüchtigt ist? Nun, man kann Albatrosse und Pinguine beobachten, mit Robben am Strand liegen. Aber in Wahrheit lockt die Antipode. Einmal einen Rundblick über das Meer werfen und wissen: Da geht es nach Hause – und da auch. Erfahren, ob uns das von der Sehnsucht heilt, immer weiter und weiter zu müssen.

Allen Unkenrufen zum Trotz verlassen wir die Marina von Opua am 12. Dezember 2006. Beginnen die Reise mit einem kleinen Schritt. Nur fünf Meilen rüber nach Russell, wo wir *Nomad* vor dem urigen Boating Club am Strand trocken fallen lassen, um wiedermal das total bewachsene Unterwasserschiff zu schrubben. Nach getaner Arbeit schlendern wir in den idyllischen Ort mit seinen hölzernen Kolonialhäusern. Im Prinzip besteht Russell aus einer Uferpromenade und zwei parallel laufenden Straßen, die eingesäumt sind von Restaurants, Cafés und Läden. Einer jener Plätze am Meer, an denen alles stimmt. Unser Rundgang stockt vor der Ein-Dollar-Wühlkiste des einzigen Buchladens. „I wer narrisch!" Wolf zieht ein zerfleddertes Buch hervor und hält mir „Hollingers Lagune" von Karl Vettermann vor die Nase, unseren Lieblings-Südseeschmöker, noch dazu die längst vergriffene Erstausgabe von 1984. Auf Seite eins der Knaller: „Für Anne und Helmuth – zum Andenken für die schöne Zeit in der Cook's Bay, Karl Vettermann". Anne und Helmuth Hörmann segelten vor ungefähr 30 Jahren auf ihrer kleinen Halberg Rassy *Kleiner Bär* in die Südsee, blieben in Moorea hängen und betrieben dort einen TO-Stützpunkt. Karl Vettermann verbrachte 1982 ein halbes Jahr in Französisch Polynesien und war lange Zeit Gast bei den Hörmanns.

Aussicht von Duke's Nose (oben);
Farnschnecke (Mitte); *Capella* vor Anker
in World's End (unten)

In dieser Zeit entstanden auch seine feinfühligen, fröhlichen Südsee-Märchen. Karl Vettermann ging Ende der 80er Jahre bei einem Karibiktörn über Bord; wir werden sein Buch in Ehren halten.

Der kürzeste Weg zur Südinsel führt um die Nordspitze Neuseelands. Erster Stopp Whangaroa; das klingt in den Ohren, solche Namen gibt's nur in Polynesien. Durch eine schmale, felsige Einfahrt zwängen wir uns in den fünf Meilen tiefen Fjord. Am Ende des Meeresarms zwei winzige Dörfer mit Gemischtwarenladen und einer Kneipe, ansonsten einsame Buchten. Eine davon die Lane Cove mit Berghütte. In einer Dreiviertelstunde steigen wir auf Duke's Nose. Aufgeweichte Seglerhände klammern sich an eine Zehn-Millimeter-Ankerkette (nautische Steigsicherung), wackelige Seebeine scharren auf bröseligem Konglomerat. Wegen der phantastischen Aussicht wiederholen wir die Tour noch zwei Mal. Vor der Weiterfahrt hängen wir uns in der Owanga Bay an die „Wasserboje“, füllen unsere Tanks und werfen fünf Dollar in die Kassa. Kiwis haben einen Sinn fürs Praktische.

20 Seemeilen im Nordwesten der Fischerhafen Mangonui in einer flachen Flussmündung. Starke Tidenströme, unberechenbare Sandbänke und zig Muringbojen vernichten unsere Ankerkünste. Symptomatisch für Neuseeland: In vielen geschützten Buchten beschränken private Muringbojen den Raum zum Ankern. Genervt schnappen wir uns die nächstbeste freie Boje und hoffen, dass deren Besitzer nicht auftaucht.

Vom berühmtesten Fish Shop im Nordland zieht unwiderstehlicher Duft in unsere Nasen. Ein paar Paddelschläge später hocken wir im Faserpelz auf der zugigen Terrasse und machen uns über Fisch und Chips her, auch „Greasies“ genannt. Das Fischfilet frisch, klein und mit dicker Panier, die Pommes-Portion reicht für mindesten drei Personen. Mit vollen Bäuchen trollen wir uns durch den verschlafenen Ort. Putzige Holzhäuser mit weißen Giebelverzierungen, in den Gärten der knallrote Pohutukawa, hiesiger Weihnachtsbaum.

Endlich Windwechsel, quasi Weihnachtsgeschenk. Mäßig starker Südwest weicht einem leichten Nordwest. Mit seiner Hilfe wollen wir um die drei Kaps der berüchtigten Nordspitze Neuseelands, vor der die Seehandbücher warnen. Mit dem ersten Büchsenlicht erreichen wir das North Cape. Motoren mit mulmigem Gefühl gegen aufkommenden West. Wind und Dünung contra Strom, die Pest für jeden Segler. Vor dem Cape Reinga türmen sich bis zu zwei Meter hohe Kabbelseen. Erleichtert lassen wir mittags Kaps und flache Bänke hinter uns und gehen auf Südkurs. Knapp 400 Seemeilen bis zur nächsten Hürde, der Cook Strait.

Mit Respektabstand segelt *Nomad* vor der flachen Legerwallküste, die außer Port Taranaki keinen Schutz bietet. Zwei Tage später Durchzug einer Kaltfront, „galewarning“ und „very rough sea“. Bei Starkwind weit draußen auf See zu segeln, ist eine Sache, bei auflandigem Starkwind eine unbekannte Bucht anzusteuern eine andere. Noch 30 Seemeilen zu unserem Ziel D'Urville Island, wo wir mit Segelfreunden verabredet sind. Normalerweise würden wir beidrehen und warten, doch Dragos ruhige, Vertrauen erweckende Stimme am UKW-Funk macht uns Mut: „Kein Problem, 35 Knoten sind bei uns noch lange kein Starkwind!" Rollen Fock ein, schiften dreifach gerefftes Groß, legen Ölzeug und Lifebelts an, bereiten Motor vor, verriegeln Steckschott. Stoßgebet zum Himmel. Je flacher das Wasser, desto steiler die brechenden Seen. Mit zusammengebissenen Zähnen und zusammengepressten Pobacken halten wir auf die Lücke zwischen den Paddock Rocks. An den Felsklippen spritzt meterhoch die Gischt. Kaum ums Eck beruhigt sich die See, dafür reißen Fallböen Wasserfontänen in die Luft. Weiter drinnen, in der Kupe Bay, düst uns ein Schlauchboot entgegen. Es tut gut, alte Freunde zu treffen. Wir lernten Drago und Felicity 1994 in der Karibik kennen, seither kreuzten sich unsere Kurse immer wieder, zuletzt in Tahiti.

Gemeinsam mit ihrer stählernen *Capella* schlüpfen wir bei Stillwasser durch den French Pass in das traumhafte Panorama der Marlborough Sounds. Das von bewaldeten Bergen eingerahmte Fjordlabyrinth bildet das einzige Segelrevier für Hobbysportler auf der Südinsel. Trotz Hauptferienzeit hält sich der Rummel in Grenzen. Wir begegnen etwa einem Dutzend Yachten und ebenso wenigen Motorbooten. Viele Ankergründe fallen steil ab, sind extrem tief oder durch Fischzuchten blockiert. Das Wetter ändert sich blitzartig. Vor dem nächsten Starkwind verholen wir uns ans „Ende der Welt". World's End schmiegt sich wie ein Gebirgssee in den hintersten Winkel des Tennyson Inlet. Ein bombensicherer Ankerplatz auf verträglicher Tiefe und in absoluter Stille, kein Windhauch verirrt sich hier her. Wolf entdeckt eine ergiebige Muschelbank und zwängt sich in den Neoprenanzug. Green Mussels zählen zu Neuseelands Delikatessen. Sie werden Handteller groß und ähneln Miesmuscheln – nur in Grün.

Drago, Felicity und ihre siebenjährige Tochter Stephie wohnen in der Waikawa Bay, gleich neben Picton, wo täglich die Fähren aus Wellington anlegen. Von der Terrasse ihres schnuckeligen Holzhäuschens blicken wir auf *Nomad*, die sicher vor einer Privatmuring schwojt. Felicity arbeitet als Krankenschwester drei Tage die Woche, Bootsbauer Drago werkelt gelegentlich auf Yachten. Bewundernswert, wie die beiden ohne Stress bescheiden über die Runden kommen. In Neuseeland haben Statussymbole keinen Wert. Auf modische Kleidung, protzige Autos und perfektes Wohnen verzichten die Kiwis gerne. Sie gehen lieber fischen.

Die vor Fett triefenden Fish und Chips im Bay Road Seafoods bringen mich an den Rand einer Gallenkolik. Als mir dann noch bei der Kassa die Ansichtskarte einer halb gekenterten Fähre in der Cook Strait unter die Augen kommt, ist die Rebellion meiner Eingeweide komplett. Ich schwöre mir, dort nie und nimmer

Mount Cook, höchster Berg Neuseelands: Wer sieht das grantige Gesicht?

Mueller Hut am Mt. Ollivier (oben); Spiegelung vom Mt. Sefton

zu segeln. Die Krux daran: Unser Weg führt genau durch diesen Höllenschlund. Ganz ehrlich, ich habe Schiss! Der Tory Channel Entrance, ein gefürchtetes Nadelöhr mit Tidenströmen bis zu zehn Knoten, mündet in die Cook Strait. Für eine sichere Durchfahrt muss alles stimmen: Wind, Dünung, Tide, Moral. Beim ersten Versuch faucht uns ein grimmiger Südwind ins Gesicht, *Nomad* wird zum Spielball der Elemente. Kleinlaut kehren wir im strömenden Regen zum Ankerplatz zurück. Zweiter Anlauf am Abend gelingt. Nachdem der Windtrichter mit Anstand genommen ist, schiebt uns eine Backstagbrise in zwei Tagen zur Banks Peninsula, geformt von zwei gigantischen Vulkaneruptionen. Von den braunen Hügeln der Halbinsel weht scharfer Geruch zu uns an Bord. Durchs Fernglas erkennen wir tausende weiße Punkte auf den Wiesen – Schafe!

„Willkommen am sechsten Sommertag dieser Saison!" begrüßt uns der Hafenmeister von Akaroa, als wir unsere Kajaks an Land ziehen und schärft uns gleichzeitig ein, in Zukunft gefälligst Schwimmwesten anzulegen. „Terrible weather so far", plaudert er weiter, an einen derart miserablen Sommer kann er sich nicht erinnern. Akaroa, das an einem zehn Seemeilen langen Fjord liegt, gibt sich frankophil. Erbe der 63 französischen Siedler, die sich 1840 hier niederließen. Straßennamen wie „Rue Jolie", blühender Lavendel in den Vorgärten und Promenadencafés erinnern an eine französische Provinzstadt.

6. Februar, Waitangi-Tag, Nationalfeiertag für die Pakeha (weiße Neuseeländer). 1840 unterzeichneten 45 Maori-Häuptlinge einen Vertrag, bei dem sie über den Tisch gezogen wurden, der aber die Geburtsstunde des heutigen Neuseelands einläutete. Im Radio hören wir von Demonstrationen und Unruhen. Die Maori sind für uns unsichtbar in ihrem eigenen Land. Nur hin und wieder begegnen wir ihnen, meist hinter Supermarktkassen, als Tankwart, Putzfrau oder Straßenarbeiter. Sie sind die einzigen Neuseeländer, die uns offen in die Augen schauen.

Noch immer Nordost. Wir ziehen weiter. Rauschefahrt bei Kaiserwetter. Sitzen im Cockpit und lesen. Der Nordost frischt bis 35 Knoten auf, reffen das Groß und rollen die ausgebaumte Genua halb weg. Bei der Ansteuerung der Otago Halbinsel umhüllt uns dicker Nebel. Ein betonntes Fahrwasser führt in die tiefe Bucht, an dessen Ende die Stadt Dunedin liegt. Der Otago Yacht Club ist mächtig stolz auf sein berühmtestes Mitglied, Russell Coutts' Portrait hängt signiert in der Bar.

Eine stabile Hochdrucklage lässt unser Herz höher schlagen. Weitersegeln oder Bergurlaub? Entscheiden uns für Letzteres, mieten einen 4WD-Kombi und düsen los. Sorgloses Fahren, nichts los auf den Straßen. Neuseeländische Berghütten haben Biwakschachtel-Charakter und sind unbewirtschaftet, daher schleppt man auch noch Schlafsack, Kochutensilien sowie die gesamte Verpflegung mit. Die 15 bis 20 Kilo schweren Rucksäcke werden zur Tortur, die ungewohnten Bergschuhe scheuern Blasen an unsere Fersen. Dennoch liegt ein schlichter, intensiver Reiz darin, sich morgens auf den Weg zu machen und zu wissen, dass man alles zum Leben Notwendige auf dem Rücken trägt. Tagelang trampen wir durch einsame Wildnis. Die Weite und Menschenleere dieses Landes können wir jetzt besser erahnen.

Zurück in Dunedin, setzen wir unseren Abreisetag auf Sonntag, 18. Februar. Die rührigen Leutchen vom Otago Yacht Club sehen den Termin flexibler. Seit wir unsere DVD „Leben mit dem Wind" im Clubhaus mit englischen Kommentaren gezeigt haben, werden wir herumgereicht wie ein Wanderpokal. Richard kommt mit riesigem Bildband „Classic Peaks of New Zealand" und erklärt Wolf den leichtesten Anstieg auf den Mount Cook. Alt-Commodore Gordon will mir unbedingt alle Tipps für Stewart Island einbläuen. Zur gleichen Zeit bringt Paul einen Sack voll frischem Gemüse aus seinem Garten. Meris Einladung zum Abendessen können wir unmöglich ausschlagen. Auf *Nomad* herrscht Chaos, als hätte eine Bombe eingeschlagen. Weit entfernt von auslauffertig für Roaring Forties.

Aber irgendwann ist es soweit. Mit auslaufender Tide runden wir bei Sonnenuntergang Taiaroa Head. Am Hang hocken wie ausgestopft riesige Königsalbatrosse, die um 30 Dollar durch eine Glasscheibe beobachtet werden können. Verzichteten auf dieses Touristenspektakel. Zum Trost begleiten uns diese majestätischen Seevögel hinaus auf den Ozean.

Kreuzen mittags gegen auffrischenden Westwind in die gefürchtete Foveaux Strait. Plötzlich eine österreichische Stimme auf UKW: „*Nomad* für *Akka*!" Das gibt es ja nicht, Helmut Peter, der Rössl-Wirt vom Wolfgangsee persönlich. Zwei österreichische Yachten begegnen einander am Ende der Welt! Dicht unter Land erspähen wir ein weißes Segel, das Richtung Nordosten zieht.

Knapp vor Stewart Island kündigen schwarze Wolken die prophezeite Kaltfront an. Mit der *Akka*, einer Halberg Rassy 62, hätten wir den Landfall wahrscheinlich heute noch geschafft. Drehen bei und lassen uns in der finsteren Regennacht von Gezeitenströmen und steilem Seegang herumschubsen.

ANTIPODE

Stewart Island

Stewart Island könnte ein Ableger Patagoniens sein, zumindest was das Wetter betrifft. Im Morgengrauen, die Betonung liegt auf Grau, segeln wir in die Halfmoon Bay. Beim Bergen des Großsegels regnet es Plastiksplitter vom Masttopp. Puzzlespiel schafft Klärung: Umlenkrolle des Großfalls durch Ermüdungserscheinung zerbröselt. Im Scheitel der Bucht der einzige Inselort. Wolf wühlt in unseren Neuseeland-Prospekten und liest laut die Reize von Oban vor: Ship to Shore Supermarkt, Charliez Pizza & Movies, Just Café mit Internet, Post Office, Rakiura Museum, South Sea Hotel. Einwohner: 390. Im Inselsupermarkt finde ich Souvenirs, quasi vom Ende der Welt. Muss mich entscheiden: Stewart-Island-T-Shirt oder Gummistiefel? Gummistiefel; mit Regen haben sie hier Erfahrung.

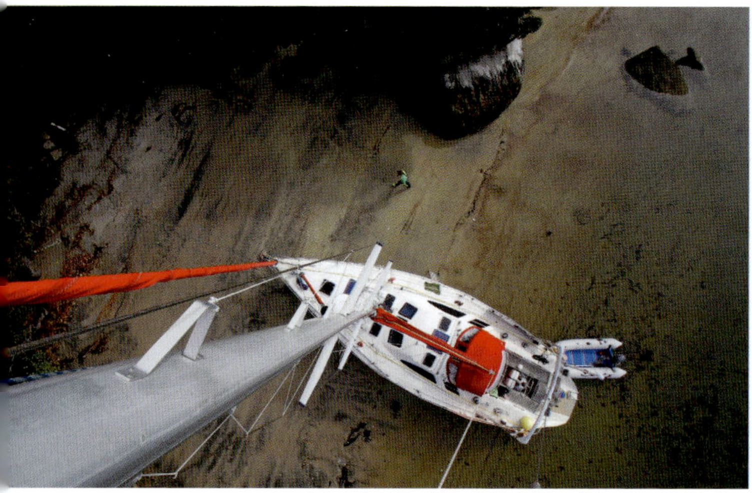

Trockengefallen in der Reefer Cove; Fraser Peaks (Mitte)

Der winzige Ort lebt von ein paar Abenteuer-Touristen im Sommer, die Wilderness Touren buchen.

Auch wir brechen in die Wildnis auf und segeln nach Port Adventure. Sind heilfroh über unsere neuen Papierseekarten, laut C-Map befinden wir uns über Land. Die elektronischen Karten stimmen um eine Meile nicht. In Abraham's Bosom liegen wir wirklich wie in Abrahams Schoß. Neben uns zwei Motorboote, an Land ein Camp mit Zelt und Planen. Bis spät in die Nacht laute Musik und Gegröle. Anderntags winkt uns die rustikale Besatzung zu sich. Sechs Männer sitzen in Neoprenanzügen am Süll ihrer Boote, schlürfen rohe Austern und Bier. „Eine Woche Fischen, Muscheltauchen und vor allem Trinken", erklärt Roger. „Billiger Urlaub ohne Frauen!" ergänzt sein Kumpel grinsend und öffnet ein paar Austern für uns. Sie sind schlabberig und schmecken sehr salzig.

Mittags Anker auf. Kaum aus dem Schutz der Breaksea Islands, kommt uns meterhohe Dünung aus Südwest entgegen, gleichmäßig und unausweichlich. Denke an das viele Bier und die rohen Austern und erbreche mich über die Reling. Kurs Port Pegasus, an der Südspitze von Stewart Island. Ein grauer Himmel vor einer wilden, abweisenden Küste im Southern Ocean. Das Meer voller Leben: Kaptauben, Seeschwalben, Robben, Pinguine und vor allem Albatrosse. Letztere setzen sich vor dem Bug aufs Meer und lassen sich von *Nomad* überholen. Danach laufen sie flügelschlagend übers Wasser, kreisen einige Male ums Boot und landen weit voraus, um wieder auf uns zu warten. Am Abend schwenken wir in die Big Ship Passage. Die

Kelp in der Broad Bay im Süden von Stewart Island

Sonne durchbricht die Wolken und beleuchtet jäh die Granitkegel der Fraser Peaks. Fremdes, anderes Land. Die Luft schmeckt gefährlich, nach Tang, Wind und Salz.

Am Sandstrand der Reefer Cove lassen wir *Nomad* trocken fallen und schrubben den Bewuchs vom Rumpf. Stuka-Angriff von Myriaden Sandfliegen. Die winzigen, bösartigen Biester versauen einem in Kiwiland so manchen Tag. Schutzmittel wirken nur, wenn man darin badet. Als ich im eisigen Wasser liegend das Ruder reinige, kommen Paua-Fischer vorbei, die uns nebenbei vor bissigen Bullhaien warnen. Pauas, faustgroße Schnecken, sind gefragte Leckerbissen und werden in zwei bis zehn Meter Wassertiefe von den Felsen gehebelt. Nur mit Schnorchel, Taucherbrille und Spezialmesser bewaffnet, stürzen sich die Fischer in die Brandungszone vor der offenen Küste. Tauchgeräte sind laut Gesetz tabu. Am Strand hoppelt ein einsamer Seelöwe aus dem Wasser. Wolf filmt begeistert: „Schau, wie süß!" Plötzlich brüllt das Biest, fletscht die Zähne und robbt in unsere Richtung. Sicherheitshalber geben wir Fersengeld.

Vor einem Sturmtief aus dem Südpolarmeer verstecken wir uns in der sichersten Bucht von Stewart Island, der Disappointment Cove. Fischer haben fixe Leinen kreuz und quer durch die Bucht gespannt, um bei Starkwind leichter einparken zu können. Der neuseeländische Sommer hat offenbar keine Chance gegen den Wind aus der Antarktis, der die Tropfen wie Hagelkörner aufs Kajütdach prasseln lässt. Er weht so unablässig, dass man die wenigen Bäume und Sträucher wie Kompassnadeln nutzen kann; sie zeigen alle nach Osten. Sommer? Ha, ha. Verrückt, hier segeln zu wollen. Tagelang kauern wir neben dem bollernden Ofen, lesen oder tippen am Laptop. In vermeintlichen Regenpausen torkeln wir in Ölzeug und Gummistiefeln über glitschige Wurzeln und Moospolster.

Wir wollen weiter, verdammt. Mit einem Schlag ums Südwest-Kap von Stewart Island, danach um den Puysegur Point nach Fjordland. Hochgesteckte Ziele. Ausgerechnet diese beiden Kaps buhlen um die Auszeichnung als windigster Spot Neuseelands. 150 Seemeilen also in den Roaring Forties gegen Wind und Welle. Tägliches Einholen von Wetterberichten wird zur Obsession, „gale and storm warning in force" können wir nicht mehr hören.

Nach zwei Wochen haben wir die Schnauze voll. Das Zerren der Leinen, die nasse Kälte, die düstere Stimmung, das Eingesperrt-Sein am Boot deprimieren uns. Wir sind zu wenig leidensfähig, um im tobenden Southern Ocean gegenan zu segeln. Aber sind wir nicht ohnehin am Ziel? Haben wir nicht die weiteste überhaupt mögliche Reise getan? Wir befinden uns am Ende der Welt, auf 47° Süd. Da in etwa käme eine Stricknadel raus, wenn man von Österreich aus mitten durch den Globus stäche. Zum Abschied klart es auf, Regenbogen inklusive. Ein stürmischer Westnordwest treibt *Nomad* durch eine aufgewühlte See nach Nordosten, wärmeren Gefilden entgegen.

WHALE RIDER

Retour zur Nordinsel

Wolf bindet das dritte Reff ins Groß, als mich ein dringendes Bedürfnis überkommt. Bordtoilette? Nicht bei dem Geschaukel. Schäle mich lieber aus dem Ölzeug und setze mich im Cockpit aufs griffbereite „Segelklo", einen kleinen, stabilen Kübel. Just in diesem Moment erschreckt mich das nahe Brummen eines Flugzeugs im Tiefflug, gleichzeitig krächzt das UKW „Sailing yacht this is New Zealand Customs, New Zealand Customs!" Hartnäckig umkreist uns der Flieger. Ich winke freundlich von meinem Thron, während Wolf übers Funkgerät den Behörden Rede und Antwort steht.

Wind gegen Strom beutelt uns in der Foveaux Strait ordentlich durch, am Abend kommen wir in die Abdeckung der Südinsel und dümpeln vor Chaslands Mistake in einer Flaute. Setzen unseren Wegpunkt zur Banks Peninsula ab. Bald umhüllt uns der dichteste Nebel, den wir je auf See erlebten. Trotz Radar die reinste Psychokrise. Erst knapp vor der Einfahrt in den Akaroa Fjord lichtet sich der gespenstische Vorhang, die ersten Sonnenstrahlen tauchen die felsige Küste in freundliches Licht. Wolf drückt pausenlos auf den Auslöser der Kamera, ein Hoch auf die Digitalfotografie. Endlich warm. Reißen uns stinkende Schiunterwäsche und muffiges Ölzeug vom Leib, Standard-Outfit der letzten Wochen.

Noch 350 Seemeilen bis zur Hawke Bay auf der Nordinsel. Auf Höhe der Cook Strait erreichen uns nochmals teuflische Grüße aus der Tasman-See. Die tobenden Westwinde werden durch die berüchtigte Meeresenge gepresst und erhalten am Kap Palliser den letzten Kick. Das Küsten-Segeln hängt uns langsam zum Hals raus. In Napier ergattern wir nach langem Hin und Her einen Liegeplatz im Segelclub. Die weitläufige Stadt fasziniert durch ihre bunten Art-Deco-Häuser, quasi verkitschter Jugendstil. Metservice spricht von Traumwetter für die kommende Osterwoche. Statt Leinen los mieten wir einen alten Campervan, mit dem wir durchs Land mäandern. Ziel: die großartigen Vulkane der Nordinsel. Innerhalb von vier Tagen gelingt uns ein Hattrick. Starten mit der berühmtesten Tageswanderung von Neuseeland, der Überschreitung des Tongariro Massivs. Zu

Wolfs 52. Geburtstag steigen wir auf den knapp 2.800 Meter hohen, vergletscherten Ruapehu und stehen als Krönung bei wolkenlosem Himmel am perfekten Vulkankegel des Taranaki. Grandiose Urlandschaften, die Filmen wie „Herr der Ringe“ oder „Der letzte Samurai“ als Kulisse dienten. Es sind massig Wanderer unterwegs, so ein Remmidemmi kennen wir nicht einmal aus den Alpen. Gute Gelegenheit in die neuseeländische Bergfex-Seele zu blicken. Deren Standardkleidung im Hochgebirge scheinen kurze Hosen mit Gamaschen und T-Shirt zu sein, viele schlottern ohne Pullover oder Jacke vor Kälte.

Im Regen erreichen wir die Hauptstadt Wellington. Drago, Felicity und Stephie sind von Picton mit ihrer *Capella* über die Cook Strait gesegelt, um sich hier von uns zu verabschieden. Bleiben zwei Nächte bei ihnen an Bord und sind froh, nicht mit *Nomad* hier zu liegen. Der Wind fegt so heftig über die kahlen Hügel, als hätte er einen eigenen Körper. Er scheuert die Straßen, peitscht das dunkle Wasser im Hafen. Mit Schrecken stellen wir fest, dass unsere Pässe Ende des Jahres ablaufen und unsere Homepage von der österreichischen Telekom irrtümlich gelöscht wurde. Letzteres Problem löst unsere Freundin Irmgard von Wien aus mittels unzähliger, zäher Telefonate. Das Beantragen neuer Pässe hört sich im österreichischen Konsulat einfach an, entwickelt sich aber zu einer halbjährigen Odyssee. Mit Anne, der Sekretärin, führen wir ein typisch neuseeländisches Kurzgespräch: „Was haltet ihr von Neuseeland?“– „Es ist wunderschön!“ – „Wie lange bleibt ihr noch?“ Es klingt, als hätte sie Angst, uns einbürgern zu müssen.

Nächster Stopp Gisborne. Östlichste Stadt Neuseelands und einzige, in der zu gleichen Teilen Maori und Pakeha leben. James Cook betrat hier 1769 zum ersten Mal neuseeländischen Boden. Nach einigem Suchen finden wir Cooks Landeplatz zwischen Lagerhallen und einer riesigen Entrindungsanlage. Auf einer Tafel unter dem 1906 errichteten Obelisken aus Granit steht unter anderem, dass die ersten polynesischen Seefahrer Jahrhunderte vor Cook hier angekommen sind. Wegen Landaufschüttungen steht das Denkmal relativ weit vom Wasser entfernt. Wollte Cook heute hier landen, bräuchte er einen Gabelstapler oder einen Hubschrauber.

Am Titirangi Hügel, 100 Meter über dem Obelisken, eine Bronzestatue, die den berühmten Entdecker mit napoleonischem Hut und Schwert darstellt. „Das Dreieck in seiner Hand entspricht keinem nautischen Instrument", meint Wolf mit Kennermiene. „Sieht eher aus, als wollte er Kugeln fürs Pool-Billard aufbauen." Gespendet von der Cook Brauerei, wurde „Crook Cook" (gefälschter Cook) schnell zum Gespött. Cook-Enthusiasten haben vor ein paar Jahren die Errichtung einer neuen, korrekten Statue des großen Seefahrers durchgesetzt, die am gegenüberliegenden Flussufer zu bewundern ist. Zur Feier des Tages sitzen wir auf der Terrasse des „Midway" Restaurants und stoßen mit Weißwein auf meinen 40. Geburtstag an.

Wollen unbedingt nach Whangara, wo 2001/2002 der Film „Whale Rider" gedreht wurde. Treffen zufällig drei Frauen, die uns dorthin mitnehmen. Das kleine Dorf liegt 20 Kilometer nordöstlich von Gisborne. Wir kurven die malerische

Unzugängliche Küste der Banks Peninsula

Küste entlang und verpassen prompt die Abzweigung. Wolf erkundigt sich bei einem Farmer nach der richtigen Stichstraße. „Es gibt keinen Wegweiser, ihr müsst in die Pa-Road einbiegen, aber die Maori von Whangara wollen keine Besucher!" warnt er achselzuckend. Wahrscheinlich überfluteten „Whale Rider Tours" den Schauplatz. Parken das Auto in der letzten Kurve über dem Dorf und gehen zu Fuß den Hang hinunter. Das Setting ist perfekt: Sanfte, grüne Hügel schmiegen sich um eine weite Bucht mit Sandstrand. Wie eine Kulisse die zwanzig Häuser des scheinbar verlassenen Dorfes. Pferde weiden auf der Wiese. Von weitem erkennen wir bereits den geschnitzten Whale Rider am Giebel der Marae. Daneben vier gestrandete Wal-Attrappen aus Plastik sowie das halbverrottete Waka (Kanu) vom Film mit der Tafel: „To the people of Whangara with sincere thanks and aroha from all the cast and crew". Film und Mythos verschwimmen. Die Legende erzählt, dass hier die Vorfahren des „Whale Rider"-Stamms auf dem Rücken eines Wales gelandet sind.

Vor uns liegt die letzte große Hürde unseres Neuseelandtörns – das berüchtigte East Cape. Runden es bei nächtlicher Flaute und gleiten über eine spiegelglatte Bay of Plenty. In der Morgendämmerung vernehme ich hohe Töne, ein Quietschen und grelles Pfeifen. Plötzlich sind sie da. Hunderte Delphine schwimmen um *Nomad*, spielen mit Bug- und Heckwelle, schnellen aus dem Wasser. Welch grandiose Begrüßung! Die See sanft wie seit Monaten nicht mehr. Der Barograph zeigt einen waagrechten Strich, endlich „no warnings" und „fine weather".

Am 27. April erreichen wir wieder die Bay of Islands, den Ort unserer ersten Begegnung mit Neuseeland. Vertrauter, süßer Geruch der Manukasträucher strömt uns entgegen. In Opua scharren die meisten Yachties in den Startlöchern, um zurück in die Südsee zu segeln. Wir scharren ein Loch in den harten Werftboden, um *Nomads* Ruderblatt ausbauen zu können.

Ruapehu im Abendlicht (links); Emerald Lakes im Tongariro Nationalpark

LAGERKOLLER

Opua, Bay of Islands

Statt der kalkulierten zwei Wochen steht *Nomad* knapp zwei Monate in Ashby's Boatyard an Land. Grund: Beim Hochpumpen in der Travelliftbox bleibt das Schwert endgültig in *Nomads* Bauch stecken. Bestellen neuen Hydraulikzylinder in Frankreich, überholen die gesamte Hydraulikanlage und wissen nach fünf Jahren endlich, dass das System mit stinknormalem Autofrostschutz (50%iges Glykol) gefüllt wird. Weiters montieren wir neue Ruderlager und Steueranschläge, lackieren die Streifen am Rumpf, tauschen fünf Fenster aus, schneiden für alle Kojen neue Matratzen zu. Das Leben im Dreck und Werftstaub zwischen Werkzeug, Ersatzteilen und Farbtöpfen bringt uns fast um den Verstand. Dazu Streitereien um Arbeitsgerüst und Garantieanspruch für den neu erworbenen, aber schlecht laufenden Außenborder. Die dunkle Seite des Seglerlebens. Die aufs Wetterfenster wartenden Yachties plagen andere Sorgen. Fast alle, die wireless mailen, surfen und skypen, fangen sich auf ihren Laptops Viren und Würmer ein. Als Dinosaurier im Cyberspace jucken uns wenigstens diese Probleme nicht.

Am 25. Juni 2007 kommt *Nomad* zurück in ihr Element. Wie beim Herausheben sorgt Travelliftfahrer Peter auch heute für eine Schramme in der Bordwand, diesmal im frischen Lack. Nach kurzem Probeschlag Diskussion, ob wir draußen ankern oder uns die Marina leisten. Setze meinen Dickschädel durch, und wir vertäuen *Nomad* am Stegplatz B23. Weibliche Intuition, denn eine Woche später fegt ein Orkan über das Nordland, der unglaubliches Chaos anrichtet. Metservice verkündet „Storm warning in force. Easterly 65 knots, gusting to 85 knots!" Unfassbar. Fürchten uns sogar in der Marina, verdoppeln *Nomads* Festmacherleinen. Den ganzen Tag über „Pan Pan"- und „Mayday"-Rufe auf UKW, ein Alptraum. Sophie, allein an Bord einer 14-Meter-Rennyacht, versucht verzweifelt, ein unbemanntes Segelboot, das sich in ihrer Muringleine verfangen hat, abzuhalten, mit einem Loch im Bug kommt sie noch relativ glimpflich davon. Bob kämpft ebenfalls mit einer losgerissenen Yacht, dabei wird sein Fuß zwischen den Rümpfen zertrümmert, verletzt und alleine driftet er durch die Bay. *Njords* Muring bricht, der stählerne Spitzgatter strandet auf einem Felskap, Bo und Henne bekommen ihr Schiff wieder frei, dann verhängt sich eine Leine im Propeller. Manövrierunfähig fegt sie der Sturm durch die Bucht. Kurz vor der Endstation am gegenüberliegenden Ufer schnappt Bo geistesgegenwärtig nach einer Muringboje, an der sie knapp entlang schrammen. Wie durch ein Wunder kann er die Schlinge an der Bugklampe fixieren – *Njord* ist gerettet. Im Yachtclub tagt ein Krisenstab. Alle wollen helfen, keiner weiß wie. Zwei große Dingis wagen sich ins Inferno. In der Opua Marina schlagen die Boote einander kaputt, Leinen brechen, Segel rauschen aus und zerfetzen. Gemeinde und Marina haben das Personal wegen Schlechtwetters heim geschickt. Befremdlich: Es fehlt an jeglicher Hilfe der Locals, das einzige Coastguard Boot in der Bay of Islands ist andernorts im Einsatz.

Winterliches Opua; Dannys Abschiedsgeschenk, der blaue Wasserstein (unten)

Vereiste Stege, Nebel, Grippe-Epidemien. Der Winter hält Einzug in Kiwistan. Unsere Pass-Anträge wurden abgelehnt. Wir kurbeln an allen Ecken und Enden, denn ohne Pässe können wir nirgendwo hin. Unser Segelclub-Präsident informiert in einem zehn Seiten langen Mail über die „unglückliche Neuregelung des Passwesens“ und rät dazu, schnell nach Wien zu fliegen und die Sache vor Ort zu erledigen. Letztendlich nimmt sich die österreichische Botschaft in Canberra unser an und verspricht, neue Pässe nach Vanuatu zu schicken.

Nach acht Monaten Neuseeland plötzlich das Gefühl weg zu müssen. Was zu Beginn reizvoll anders schien, nervt mit einem Mal. Seit der einzige Wanderweg in der näheren Umgebung von einem Erdrutsch verschluckt wurde, fühlen wir uns eingesperrt. Das meiste Land ist Privatbesitz, eingezäunt und tabu. Privat, kein Durchgang, bissiger Hund. Kleinbürgerliche Enge in einem weiten, dünn besiedelten Land. Aber wahrscheinlich liegt es an uns. Sind wir zu lange an einem Ort, werden wir unruhig.

Sonntag, 22. Juli 2007. „Morgen wollt ihr los?“ fragt der widerliche Typ. „Ich werde dafür sorgen, dass ihr noch ein paar Monate in Neuseeland bleiben müsst!“ Hämisch grinsend tippt er die Nummer der Polizei in sein Handy. Vergeblich versuchte ich, das Temperament meines Skippers zu zügeln. Konnte zwar verhindern, dass Wolf den Pick Up dieses Mistkerls zertrümmerte, nicht aber seine verbale Attacke, die als Bedrohung aufgefasst wurde. Ursache des Disputs: Mr. Dyer, Besitzer einer örtlichen Charterfirma, knallte beim Ausparken in unser von Freunden geliehenes Auto. Schadenersatz lehnte er in Kiwi-Wildwest-Manier mit dreifachem „Fuck you!“ vehement ab. Nach der polizeilichen Einvernahme entschuldigt sich die junge Maori-Polizistin bei uns: „Nicht alle Kiwis sind wie Mr. Dyer. Der Schaden wird ersetzt, ihr könnt morgen abfahren.“

Und genau das tun wir. Beschließen beim Frühstück, dass heute der richtige Tag zum Auslaufen in die winterliche Tasman-See sei und klarieren aus. Selbst Wetterguru Winfried kann uns mit seinem neuesten Update nicht halten: „In fünf Tagen braut sich da oben ein Sturmtief zusammen, ich würde in so eine Wettersituation nicht hinein segeln.“ Mittags zieht uns der rot-orange Gennaker mit Rumpfgeschwindigkeit aus der Bay of Islands. Beim Einfallen der ersten kräftigen Böe bergen wir mit Mühe die große Blase. Die Action holt uns in die Realität zurück. Vor uns liegen 1.000 raue Meilen zu tropischen Inseln. Als Neuseeland in *Nomads* Kielwasser verschwindet, beginnt ein neuer Reiseabschnitt. Fühlen uns befreit, hatten offenbar sorgenvolle Spannung in uns, die nun abfällt. Betrachte versonnen den blauen Wasserstein, den uns Maori-Freund Danny zum Abschied überreichte. „Haere Ra und Aroha Nui“, wünschte er uns für die Reise. „Meine Vorfahren vom Whale Rider Tribe werden euch beschützen!“

TEIL IV

Durch die Hinterhöfe der Südsee

2007 bis 2008

MIKRONESIEN (FSM)
Yap
PALAU
Ailuk
MARSHALL IN.
Pohnpei
Ant
Majuro
Nukuoro
Kosrae
KIRIBATI
Kapinga
Gilbert Inseln
Tarawa
Äquator
Irian Jaya
PNG
SALOMONEN
Nanumea
TUVALU
SPC
nach Darwin
Torres Str.
Kitava
Louisiaden
KORALLENSEE
Tikopia
Wallis
FIJI
Gr. Barriere Riff
VANUATU
Efate
Suva
Lau In.
NEU-KALEDONIEN
TONGA
AUSTRALIEN
PAZIFISCHER
OZEAN
Norfolk
30°S
Lord Howe
Kermadec In.
Sidney
Opua
TASMANSEE
Tasmanien
Mt. Cook
Chatham Is.
NEUSEELAND
SOUTHERN OCEAN
STEWART IS.
0°
E
W

IM SCHWARZEN HERZEN DER SÜDSEE

Vanuatu

Am fünften Tag auf See übersegeln wir den 30. Breitengrad, Ostwind 20 bis 25 Knoten, in Böen bis 30. Geschwindigkeit über Grund sieben bis neun Knoten. Barometer fällt innerhalb von acht Stunden um acht Millibar. Morgen soll sich das Tief südlich von Neukaledonien bilden und über uns hinweg Richtung Neuseeland ziehen. Noch immer begleiten uns Kaptauben und Albatrosse, als ob sie sich auf den Starkwind freuen würden. Sturmvorbereitungen: Wolf kontrolliert Rigg, Fallen, Schoten, Blöcke und sichert die Backskisten mit zusätzlichen Leinen. Ich verstaue alle losen Gegenstände im Inneren, was mir nicht wirklich gelingt; zu viele offene Regale. Schrauben Kojen- und Bodenbretter nieder. Zu guter Letzt koche ich einen kräftigen Eintopf vor. Schwören, bei nächster Gelegenheit einen Seeanker zu kaufen.

Samstag, 28. Juli 2007. Ereignisreicher Morgen. Sonnenaufgang mit „green flash", fliegende Fische an Deck, ein schneeweißer Paradiesvogel mit markant langen Schwanzfedern, der um unsere Mastspitze flattert. Wolf bringt die Angel aus, eine halbe Stunde später spannt sich der Expandergummi zum Zerreißen. Die Angelleine lässt sich per Hand nicht einholen, also schleppen wir das Monster eine Weile hinterher. Von den Haien verschmäht, hieven wir nach einer Stunde einen erschöpften, gut 20 Kilo schweren Yellowfin-Tuna auf die Plattform. Das Beste zum Schluss: Das Tief ist weiter im Südosten entstanden – wir sind aus dem Schneider! Die dazugehörige Front bringt nur zehn Stunden Starkwind auf die Nase.

Zwei Tage später steuern wir in die Lagune von Aneityum, die südlichste Insel von Vanuatu. Ein Auslegerboot segelt vorbei, dunkle, kraushaarige Melanesier winken. Hinter dem Palmenstrand steigt Rauch auf, von den versteckten Hütten klingt Musik zu uns. Mit einem Jauchzer springen wir ins Türkis, Wasser wie Seide auf unserer Haut. Das Südseeleben hat uns wieder!

Gleichzeitig mit *Nomad* gehen *Galatea* und *Pacific Sun* vor Anker, Letztere karrt über tausend Kreuzfahrttouristen für ein paar Stunden zur Mini-Insel Mystery Island. Die Einheimischen haben Souvenirstände aufgebaut und spielen ausdauernd Südsee. Singen, tanzen, lächeln. Anna Maria, die heute kreidebleiche Bordfrau der *Galatea* kann sich kaum mehr auf den Beinen halten. Seit vier Tagen leidet sie unter rasenden Magenschmerzen und kann weder Mahlzeiten noch Flüssigkeit behalten. Aneitym ist ein denkbar ungünstiger Ort für gesundheitliche Probleme, wäre nicht gerade die pipifeine Krankenstation der *Pacific Sun* verfügbar. Dort erhält Anna Maria Erste Hilfe und bekommt eine Infusion gegen Dehydration. Glück im Unglück. Außerdem sind wegen des Kreuzfahrtschiffes Behörden eingeflogen, und wir können hier einklarieren. Das ganze Dorf ist auf den Beinen und feiert den Unabhängigkeitstag von Vanuatu, diesem 500 Seemeilen langen Strang aus 82 Inseln, die erst seit 1980 einen schwächelnden Staat bilden.

Zügig treibt der Passat *Nomad* durch die Nacht. Lassen die Inseln Tanna und Erromango rechts liegen, denn wir erwarten in Efate Freunde aus der Heimat. Zwei Monate Chartersegeln; wir brauchen das Geld. Kochen, putzen, Gäste umsorgen, navigieren, segeln, Boot in Schuss halten. Rituelle Tänze, Wassermusik der Frauen, traditionelle Kostüme aus Baströcken, Kava-Rausch, Wasserfälle, einsame Ankerplätze, schwarze Strände. Tolle Erlebnisse. Mein Tagebuch bleibt dennoch leer, bin wohl zu beschäftigt. Erst aus Ruhe und Zeit entsteht Gefühl. Vanuatu ist in meiner Erinnerung eher sehnsüchtiger Klang als greifbare Realität. Dafür schießt Wolf eine seiner besten Fotoserien. Beim Betrachten seiner Bilder erahnt man die Ursprünglichkeit des dortigen Lebens. Was ist das Besondere?

Reef Islands Ankerplatz in der Banks Gruppe; Insel im Hintergrund rechts: Gaua

Das, was fehlt. Nämlich nahezu alle Anzeichen der Moderne. Das Archaische stellt sich gegen die Neuzeit. Ich denke an Chief Godfrey, der uns einen seiner Jagdpfeile schenkte. An den Generator, den wir im Malaria verseuchten Ureparapara an Land brachten, um den Dorfbewohnern Strom für den lang ersehnten Videoabend zu liefern. Oder an die unbewohnten Reef Islands, wo wir im hüfttiefen Wasser ankerten.

Zurück in Port Vila. Montag, 8. Oktober 2007. Packerl aus Wien! Malaria-Tabletten für den Notfall, Stefan Slupetzkys Krimi „Der Fall des Lemming" für die nächsten Nachtwachen, Kulis und Blöcke als Geschenke für die Inselkinder und ein Stoß DVDs mit „Heimatfilmen" wie „Muttertag", „Freispiel" und alle Folgen von „Ein echter Wiener geht nicht unter". Am Abend flimmert Mundl am Laptop bis zum Abwinken.

Gut Ding braucht Weile. Ein Nachmittag im „Cyber Café", dem schnellsten Internetcafé der Stadt. Zwischen Totalabsturz, Runterladen auf USB und E-Mail-Antworten füttern wir den Computer mit Hundert-Vatu-Münzen wie einen einarmigen Banditen in einer Prater-Spielhalle. Nur ohne Chance auf Gewinn. Unsere wichtigste Mission: Surfen von Wetterkarte zu Wetterkarte, alles Computermodelle mit Horoskopcharakter. Succus ist, die südpazifische Konvergenzzone drückt gen Süden und mich drückt's in der Magengegend. Sauwetter im Anmarsch.

Dorf in Gaua; Tänzer in derWaterfall Bay auf Vanua Lava (Mitte)

In der morgendlichen Funkrunde macht sich Verzweiflung statt Aufbruchstimmung breit, denn bald beginnt offiziell die südpazifische Hurrikansaison, alle Yachten sollten aus der Gefahrenzone abhauen. Standardziele sind Neuseeland oder die südliche Ostküste Australiens, beides Destinationen, die ungefähr tausend meist raue Seemeilen entfernt sind. *Nomad* braucht ein anderes Wetterfenster, quasi Extrawürstel, denn wir wollen über den Äquator nach Norden, sprich zu den Gilbert, Marshall und Karolinen Inseln. Na Grüß Gott!

Die Abschiedsparty der Auslaufflotte im Waterfront Café wird von lokalen Langfingern genutzt. In einige Boote wird eingebrochen, unserem norwegischen Nachbarn fladert man zwei Laptops, Kameraausrüstung und Geldbörsel samt Kreditkarten. Panikattacke: Hätte es uns erwischt, wären wir jetzt brotlos und könnten unsere Aufzeichnungen per Hand schreiben, mit Aquarellzeichnungen verschönert. Uns ist gar nicht zum Lachen, das abendliche Happy-Hour-Bier in der Seglerkneipe wird gestrichen.

Chief Godfrey in der Vureas Bay auf Vanua Lava

EINE INSEL AUSSERHALB DER ZEIT

Tikopia, Salomonen

Gegen halb vier Uhr Früh rollen wir die Genua weg, um Geschwindigkeit zu reduzieren. Die Umrisse der Insel zeichnen sich in den aufhellenden Himmel. Als unser Anker vor den Korallenbänken in 22 Meter Tiefe fällt, ist das Bild komplett: ein grüner Rausch in blauer Unendlichkeit. „Diese Insel zu sehen, ist ein Geschenk", sinniert Wolf.

Tikopia, polynesischer Außenposten in Melanesien, liegt vergessen am östlichen Ende der Salomonen. Eine Insel außerhalb unserer Zeit. Ohne Strom, Telefon, TV, Internet, auch ohne Läden und Arzt. Nur fünf Quadratkilometer groß, von gut 1.000 Polynesiern bewohnt. Pro Jahr vier Mal Versorgungsschiff und eine Handvoll Yachten, die am offenen und nur gegen Südostwind geschützten Ankerplatz auf und ab schaukeln.

Ein Auslegerkanu kommt längsseits. Geoffrey heißt uns willkommen und stellt sich als Insel-Sektretär vor. Er fragt, woher wir kommen, und meint, dass es kein Problem sei, dass wir in den Salomonen nicht einklariert haben. Müssen 500 Salomonen Dollar oder 70 US Dollar „Landing fee" entrichten. Dieser Betrag wird dem „Tikopia Development Fund" in Honiara gut geschrieben, wo die Insel über ein bescheidenes Sparkonto verfügt.

Trotz ruhiger See bricht sich die Dünung an der Außenriffkante und sendet Roller bis an den weißen Sandstrand. Eher etwas für Surfer als für Dingifahrer. Entscheiden uns für den Mittelweg und paddeln mit den Kajaks an Land, Kamera und Geschenke im wasserdichten Beutel verpackt. Den am Morgen gefangenen, gut einen Meter langen Wahoo schnürt Wolf am Heck fest. Eine johlende Kinderhorde empfängt uns und führt uns zum Dorf Mata Utu. Im Schatten eines großen Baumes sitzt eine Gruppe fröhlich schwatzender Insulaner. Sofort ist klar, wer der Häuptling ist. Ariki Tafua, alias Chief Edward, strahlt eine natürliche Autorität aus und winkt uns zu sich. Die letzten Meter kriechen wir auf allen vieren zu ihm. Zuerst zieht er Wolfs Kopf zu sich und schnüffelt. „Mmmh, good!" Dann bin ich dran. Gebe ihm einen Schmatz auf die Wange, nicht wissend, dass man beim traditionellen „Songi" nur Stirn und Nase aneinander drückt; ziemlich skurril, die Situation. Der inzwischen mit tausenden Fliegen übersäte Wahoo kommt gut an. Ebenso die mitgebrachten Einstandsgeschenke wie Zigaretten, Feuerzeug, Reis, Zucker, Lava-Lava-Stoff, Waschmittel, Machete. Kinder bringen uns frische Trinknüsse und warmen, roten Bananenbrei aus dem Erdofen. Nach zwanglosem

Tikopia von Süden aus gesehen

Geplauder setzt Chief Edward für heute Nachmittag eine Tanzvorführung an – verbunden mit der charmanten Aufforderung, für die Gruppe zu spenden.

Gut dreißig Frauen und Männer singen und tanzen für uns. Gesichtsbemalung mit Turmeric-Paste, Blumenketten um den Hals, Blattkränze am Kopf, grüne Zweige am Rücken, statt Ohrringe ein kleines Blattbüschel durchs Ohrläppchen gesteckt. Wir werden mit Blumenketten geschmückt und hocken im Schneidersitz mit Chief Eddie in der Ehrenloge, sprich große Matte, erste Reihe. Ein Trommler drischt mit zwei Holzstöcken den monotonen Rhythmus auf ein umgedrehtes Kanu, als ob er es in Stücke schlagen wollte. Erdiges Stampfen, kehliges Singsang, Hin und Herwiegen der Oberkörper mit Paddeln oder Fächern in der Hand.

Zwischen Bananenstauden und Papayabäumen wandern wir über weiche Sandwege von einem Dorf zum nächsten, von Häuptling Nummer zwei zu den Kollegen eins, drei und vier. Schließlich wollen die Chiefs die seltenen Besucher, die sich auf ihre Insel verirren, persönlich kennen lernen. Der Empfang spielt sich immer gleich ab: Auf allen vieren robben wir durch das niedrige Türloch schnurstracks auf den Chief zu. Beschnuppern, „Songi", Überreichen der Geschenke, Plaudern, wenn möglich. Mit Ariki Kafika kommunizieren wir nur durch lange, intensive Blicke und Zeichensprache. Er hat eine starke Aura und wirkt unendlich weise. Nach gewährter Audienz kriechen wir rückwärts wieder hinaus, denn einem Chief den Hintern zu zeigen, wäre ein grober Fauxpas.

Die Hütten der Tikopianer unterscheiden sich kaum voneinander. Dächer und Wände aus widerstandsfähigen Sagopalmblättern, ungewöhnlich die winzigen Türlöcher. Drinnen selten mehr als eine wackelige Schrankvitrine, ein paar Truhen, Moskitonetze, Schlafmatten aus Pandanusblättern und der Dachgiebel voller zum Trocknen aufgehängter Tabakblätter. Hurrikan Zoe zog im Dezember 2002 mit 330 Stundenkilometern über Tikopia und verwüstete vor allem die Südwestküste. Eine zehn Meter hohe Flutwelle zerstörte 70 Prozent der Hütten und grub einen Kanal vom Meer zum ehemaligen Süßwassersee Te Roto. „Hilfstruppen wunderten sich, dass wir nicht halb verhungert waren", erzählt uns Ariki Tafua. „Aber wie unsere Vorfahren haben wir immer fermentiertes Taro im Erdboden vergraben, das uns über Hungersnöte hinweg hilft. Die zweijährige Nahrungsmittel-Hilfsaktion lehnten wir ab, sonst wäre niemand mehr auf die Felder gegangen." Wichtige Entscheidungen trifft der Rat der vier Häuptlinge, ebenso regelt er Streitfragen, Tabus wie Alkohol- und Marihuana-Verbot oder Landverteilungen. Chief Edward hat die Statur eines Sumo-Ringers, schulterlange graue Haare und keine Zähne mehr. Unter dem Lava Lava trägt er Unterwäsche aus Tapa, geklopfter Maulbeerbaum-Rinde. Wenn Edward aus der Vergangenheit erzählt, zum Beispiel dass er 1968 mit dem Bischof nach Vanuatu reiste oder Wolfgang

Ankerplatz vor Tikopia (oben); Dorf Mata Utu

Hausner 1973 hier vorbeischaute, dann klingt das, als berichte er von gestern. So ist das hier. Wichtig ist nicht, wann etwas passiert, sondern dass es passiert. Zweimal täglich schaltet Edward sein krächzendes Kofferradio ein, hört interessiert BBC-Nachrichten und informiert sich über das Weltgeschehen. In zahllosen gemeinsamen Stunden entsteht enge Vertrautheit mit ihm und seiner Familie. Oft wird gelacht, denn Tikopianer scheinen vor Sorglosigkeit zu schweben. Dennoch irritiert ihr Lachen, denn Zähne und Lippen sind vom ständigen Betelnuss-Kauen dunkelrot gefärbt. Der zahnlose Chief Edward muss sich die Betelnüsse vorkauen lassen. Beobachte einmal, wie seine Tochter Fanny den roten Brei in ihre Hand spuckt, ein glitschiges Kugerl formt und es ihm reicht.

Das Bordleben liegt brach. Die wenige Zeit, die wir auf *Nomad* verbringen, reicht kaum für die notwendigsten Haus- bzw. Schiffsarbeiten. Wegen Myriaden von Fliegen haben wir über Luken und Niedergang Moskitonetze gespannt. Wie an Land geübt, kraxeln wir auf allen vieren in unsere Kajüte, die Knie sind bereits wundgescheuert. Immer wieder besuchen uns Einheimische in Auslegerbooten, um Obst, Gemüse, Kanumodelle, Halsketten oder Fischhaken aus Perlmutt gegen T-Shirts, Angelzeug, Waschpulver, Seifen zu tauschen. In Tikopia gibt es keine Außenbordmotoren. Bei ruhigem Wetter paddeln oder segeln die Locals am Abend raus zum Fischen. Bis spät in die Nacht sehen wir die Lichter der Petromax-Lampen, die angeblich fliegende Fische anlocken.

Eines Morgens rumpelt es um halb sechs an der Bordwand. Erschreckt stürzen wir aus der Koje. Als wir zwei Kanus mit Chief Eddie, Sohn Danny, Bruder Patteson und Freund Clement am Heck erblicken, fällt uns wieder ein: Heute steht Fischen am Programm. Lassen unser Ankergeschirr an zwei dicken Fendern hängen und kreisen bei Flaute um Tikopia. Noch bevor der erste Fisch beißt, sind ein ganzes Blech Bananenkuchen verzwickt, mehrere Kannen Kaffee geleert und zwei Packerln Zigaretten verraucht. Manchmal fragen wir uns, wie die Kettenraucher von Tikopia vor unserem Auftauchen zurechtgekommen sind ... An der Nordspitze der Insel fangen wir zwei Wahoos. Ein riesiger Wal springt aus dem Meer und lässt seinen tonnenschweren Körper auf die Wasseroberfläche platschen. Herannahende hohe Wolkentürme am nordwestlichen Horizont beenden unseren Anglerausflug.

Hören das Rauschen des Regens lange bevor die ersten schweren Tropfen aufs Deck prasseln. Die halbe Nacht tobt ein Inferno, so heftige Gewitter haben wir am Meer noch nie erlebt. Halten Wache, sichern die Ankerkette mit Fendern, falls wir schnell weg müssen. Ein Blitz schlägt knapp hinter dem Boot ein, der Donner wie eine Detonation. Wolf, der im Niedergang steht, fällt vor Schreck von der Treppe, verblitzt sich die Augen. Gegen drei Uhr Früh ist der Spuk vorbei. Da wir nicht schlafen können, koche ich zur Beruhigung Spaghetti.

Schnell sind wir in den Inselalltag integriert. Wolf bringt Batterien für Radios, checkt uralte Solarpaneele, verarztet Kinder mit entzündeten Wunden. Reparieren die Beleuchtung der neuen Krankenstation. Monica, die Insel-Krankenschwester, schwirrt wie eine Biene mit einer Spritze herum und verteilt Tabletten. Bei schwierigen Fällen hält sie per Funk Rücksprache mit dem Spital in Lata, dem Hauptort der Santa Cruz Inseln. Stellt eine Funkverbindung mit einem Dr. Günter her, der wirklich aus Austria, nicht aus Australia kommen soll. Kaum zu glauben, aber wahr, eine heimatliche Stimme aus dem Äther! Günter stammt aus Wiener Neustadt und arbeitet schon seit Jahren auf den Salomonen. Er betreut auch die abgelegenen Inseln des Archipels und ist erst gestern von den Reef Islands zurückgekehrt. Seine Visite in Tikopia liegt bereits zwei Jahre zurück, zumal die Regierung kein Geld für den Transport des Arztes ausgibt.

Mit Danny steigen wir den steilen Dschungelhang hinauf zum Kraterrand. Schwüle Hitze, Moskitos und extrem bissige Ameisen erschweren das Unternehmen. Danny lacht über die keuchenden Palangis und trägt meinen Rucksack. Auf die Frage nach seinem Alter antwortet er: „I do not know, maybe 30 years old.“ Die meisten Tikopianer wissen nicht, wie alt sie sind, hier ticken die Uhren einfach anders. Tikopia, eine Insel, die sich selbst genügt. Mit Menschen, von der

Chief Nr. 1: Ariki Kafika (g. o. li.); Chief Nr. 2: Ariki Tafua alias Chief Edward (g. o. re.); Chief Nr. 3 (o. li.) und Chief Nr. 4 (o. re.)

Zivilisation so weit entfernt wie niemand sonst, den wir jemals getroffen haben. Blicken von der Spitze des toten Vulkans in die Tiefe. Alles Lebensnotwendige liegt zu unseren Füßen. Plantagen, Kokospalmen, Hütten, Kanus, der Kratersee Te Roto und der tiefblaue Pazifik. Alles in einem Blickfeld, einem Gedankenkreis, einer Reichweite. Kleine Inseln wie Tikopia sind unfasslich fassbar.

Am 3. November ist Schluss mit lustig. Die vermeintliche Böe vom Inselkap entpuppt sich als stramme, auflandige Brise aus Nordnordost mit 20 bis 25 Knoten. In einem 30er-Schauer klingeln alle Alarmglocken – wir müssen weg. Danny und Ruby kämpfen sich im Auslegerboot gegen Wind und Welle, um uns den vergessenen Wasserkanister zu bringen. 20 Meter hinter *Nomads* Heck füllt ein Brecher das Kanu und die beiden springen über Bord. Schwimmend versuchen sie das abgesoffene Kanu mit einer winzigen Kokosschale zu lenzen. Wolf wirft ihnen schnell eine lange Leine mit Fender zu und zieht sie zu uns her. Ein Songi zum Abschied, eilig drücken wir Stirn und Nase aneinander. „Wenn ihr wieder kommt, nehmt mir eine Taucherbrille mit“, ruft uns Ruby aus dem schwankenden Kanu zu.

Mühsam halte ich mit dem Gashebel die richtige Geschwindigkeit, während Wolf am Bug mit der maroden Ankerwinsch 75 Meter Kette plus Bügelanker aus 22 Meter Wassertiefe herauf holt. Viel zu lange dauert das Manöver, hinter uns die donnernde Brandung am Riff. Endlich frei, stampft *Nomad* mit Vollgas dem offenen Meer entgegen. Großsegel mit zwei Reffs setzen, halbe Genua ausrollen, Schoten dicht und los geht der Rodeoritt. Wie einen Eindringling jagt uns Tikopia davon, quasi genug geschaut. Der überraschende Aufbruch lindert die Wehmut. Zum Traurig-Sein bleibt keine Zeit. Die See ruppig wie schon lange nicht mehr. Nehmen Kutterfock statt Genua. Die schnell verdrückten Süßkartoffeln vom Vortag besiegeln meine Seekrankheit. Am Niedergang baumelnde Blumen- und Muschelketten belegen, dass die letzte Woche faszinierende Realität war. Etwas wie Heimweh macht sich breit; im Geiste planen wir eine Rückkehr. Gegen den feuerroten Abendhimmel zeichnet sich die Silhouette Tikopias ab, die langsam von der Dunkelheit der Nacht verschluckt wird. Was bleibt ist der Dialog von Wind und Wellen, ein Rauschen in zwei Tonlagen.

Am nächsten Morgen ist der Spuk vorbei. Vor *Nomad*s Bug der östlichste Ableger der Salomonen, die winzige Insel Anuta, auch Cherry Island genannt. Viel größer als eine Kirsche erscheint sie auch nicht. Ungefähr einen Kilometer lang, ein kleiner Hügel mit Gärten und wiegenden Palmen. Am weißen Sandstrand laufen Leute, rufen und winken. Rollende Brandung verscheucht jeglichen Gedanken an einen Stopp. Unvorstellbar auf so einer abgelegenen Miniaturinsel zu leben.

TOFA

Nanumea, Tuvalu

500 Seemeilen im Nordosten liegt Nanumea, das nördlichste Atoll von Tuvalu. Dort wollen wir hin. Nach zwei Tagen leichter Brise aus Ostsüdost empfängt uns die Konvergenzzone mit Furcht erregenden Wolkentürmen und 40-Knoten-Böen. Hart am Wind versuchen wir soviel Ost wie möglich zu machen, wenn es zu beschwerlich wird, drehen wir ein paar Stunden bei.

Sollen wir weiter dahinkriechen? Ringen mit dem unsportlichen Gedanken, den Motor zu starten, schnurstracks aufs Ziel zuzufahren und damit noch heute anzukommen. Zwei Gründe sprechen dafür: Das dicke Wolkenfeld eines herannahenden Troges sowie der mit eineinhalb Knoten entgegensetzende Äquatorialstrom. Üblicherweise entscheiden wir uns für die seglerische Variante, aber diesmal folgen wir unserem Instinkt.

„Um Gottes Willen, fahr hier nicht rein, wir verlieren unser Schiff!" kreische ich hysterisch. Aber Wolf hält unerbittlich auf den engen Spalt im Außenriff von Nanumea zu. Die Sonne versteckt sich hinter schwarzen Wolkenbänken, die Schlechtwetter ankündigen. Der Wind brist kräftig auf. Keine Zeit für Wenn und Aber. Zum Greifen nahe die Brecher beidseits der Einfahrt und die scharfe Korallenkante. Obwohl kurz vor Hochwasser schieben wir uns mit Vollgas Meter für Meter voran. Jetzt nur kein Fehler, Umkehr unmöglich. Das Echolot zeigt zunächst fünf, dann drei Meter Tiefe. Geschafft, wir tuckern durch die ruhige Lagune. 15 Meter schmal und 100 Meter lang ist der „American Canal", eine von den Amerikanern im Zweiten Weltkrieg gesprengte Durchfahrt. Mit einem „Talofa, Talofa" empfängt uns der Dorfpolizist im Motorboot und erkundigt sich nach dem Woher und Wohin. Er ist sichtlich ungehalten über unser illegales Kommen, denn wir haben in Funafuti, dem Verwaltungszentrum von Tuvalu, nicht einklariert. Wolf faselt vom herannahenden Schlechtwetter und der lockeren Autopilothalterung. Der Ankerplatz vor dem Dorf ist tief und auflandig, also ankern wir auf der gegenüberliegenden Lagunenseite auf zehn Meter zerklüftetem Korallengrund und trübem Wasser. Zwei von drei gefangenen Bonitos bringt Wolf an

Land und bekommt dafür einen riesigen Sack mit Trinknüssen. Kaum zurück an Bord, bricht das Unwetter los. Die ganze Nacht heult der Sturm in den Wanten, gut dass wir nicht draußen sind.

Tuvalu, ehemals Ellice Islands. Neun Atolle und Koralleninseln auf einer Million pazifischen Quadratkilometern verstreut. Klingt verlockend. Aber: Auf nur 25 Quadratkilometern Land tummeln sich fast 10.000 Polynesier, das ist weltweit eine der höchsten Bevölkerungsdichten. In Nanumea leben knapp 800 Insulaner, mindestens drei Mal soviele Schweine und Myriaden von Fliegen. Dass die Schweine das Kommando übernommen haben, fällt gleich beim ersten Landgang auf. Sie laufen überall frei herum, quasi die ganze Insel ein Schweinestall. Um die Stinker vom Wohnbereich fernzuhalten, sind die meisten Häuser von niedrigen Zäunen umgeben. So steigen wir jedes Mal über eine Hürde, wenn wir Tavita und Talake besuchen. Seit Wolf den beiden alten Männern die Fische geschenkt hat, zählen sie uns zur derzeit dezimierten Familie. Tavitas Frau besucht seit Monaten die in Funafuti verheiratete Tochter, keiner weiß, wann sie wieder zurückkommt. Die beiden erwachsenen Söhne haben als Seemänner auf deutschen Frachtschiffen angeheuert. Tavita hofft, dass sie bald genügend Geld für ein neues Haus schicken. Die jüngste Tochter lebt bei einer Tante im Dorf an

der gegenüberliegenden Lagunenseite, von dort ist es näher zur Schule. Talake, zerstritten mit seiner Sippschaft, ist auf unbestimmte Zeit bei seinem Freund eingezogen. Den Männerhaushalt vervollständigt der achtjährige Tepusy, Tavitas Enkelsohn. Die drei bewohnen die zweigeschossige „Villa Kunterbunt" gemeinsam mit Hühnern, Enten und Katzen. Das Stelzenhaus besteht aus einem Sammelsurium aus Holzpfeilern und Balken, Wellblech, geflochtenen Matten und Plastikplanen. Drinnen alte Truhen und Koffer, Schlafmatten, ein Lebensmittelschrank und als neueste Errungenschaft eine Tiefkühltruhe. Unglaublich, es gibt sogar Stromanschluss samt Zähler. Drei 60-kW-Generatoren liefern Inselstrom rund um die Uhr, außer zwischen zwei und sechs Uhr Früh. Typisch für Südseeinseln das separate Küchenhaus, eine kleine Hütte mit Zwischenboden, davor eine offene Feuerstelle. Trotz derzeitiger Wasserknappheit dürfen wir Trinkwasser aus Tavitas großer Zisterne entnehmen. Als Gebrauchswasser wird Grundwasser verwendet. Jeden Tag versorgt uns Tavita mit Papayas, Bananen und Unmengen von Kokosnüssen in allen Reifestadien: gelbe oder grüne Nüsse zum Trinken, braune Nüsse zum Knabbern und Raspeln bzw. zur Herstellung von Kokosmilch. Das schaumgummiartige „Utano" der keimenden Nüsse essen wir als süße Nachspeise oder reiben es in den Palatschinkenteig. Wir revanchieren uns alle paar Tage mit einer Einladung an Bord zur Wiener Jause. Tavita, der nie zuvor

15 Meter schmal und 100 Meter lang ist der schwierige „American Canal"

auf einer Yacht war, prägt sich aufmerksam jedes Detail von *Nomads* Inneneinrichtung ein. „Genau so praktisch will ich mein neues Haus bauen", radebrecht er, der nie eine Schule besuchte, in gebrochenem Englisch. Wie viele Männer von Tuvalu arbeitete Tavita einige Jahre beim Phosphatabbau in Nauru. Seit 2003 die Minen geschlossen wurden, bleibt den Inselsöhnen als Einnahmequelle nur noch die Heuer auf Schiffen oder ein Regierungsjob in Funafuti. Immer mehr wandern nach Neuseeland oder Australien aus. Während wir Europäer uns kaum etwas Schöneres als ein Leben in der Südsee vorstellen können, träumen viele Insulaner vom Leben in der modernen Welt. Der Exodus wird sich durch den Klimawandel noch verstärken. Vor allem flache Atolle, die nur wenige Meter aus dem Wasser ragen, sind vom Meeresanstieg bedroht. Betroffen sind etwa Tokelau, Kiribati oder die Marshall Inseln. Inselstaaten, die am wenigsten zur Klimaerwärmung beisteuern; Ironie des Schicksals.

Sonntagvormittag. Mischen uns unter die herausgeputzten Kirchgänger. In der kühlen, überdimensionalen Kathedrale horchen wir den mehrstimmigen Gesängen und der vorwurfsvoll klingenden Predigt des anglikanischen Priesters zu. Männlein und Weiblein sitzen fein säuberlich getrennt, die Kinder wuseln mitten drin. Frauen in Weiß, Männer in dunkler Hose, manche mit Sakko und Krawatte. Anschließend Einladung zu einer Hochzeit. Die dicke Braut mit Oberlippenbart und der wesentlich jüngere, pockennarbige Bräutigam hocken auf einer Matte. Beide dekoriert mit bunt gefärbten Girlanden aus Pandanusblättern, an denen Chips- und Kekspackerln hängen. Sehr originell die Stirnbänder aus Kaugummis, Zuckerln und Lollies, von einem Klebeband zusammengehalten. Endlose Reden, auch Wolf schwingt sich zu einer Ansprache auf. Dann schreiten alle zum Buffet: Fisch, Hühnerfleisch, Brotfrucht, Taro, Reis, Brot, Kokosnüsse und als Krönung ein ein Meter langes Erdofenschwein, verziert mit Zigaretten, Frangipaniblüten und rosa Bonbons.

Wolf ist irrtümlich auf eine Katze gestiegen, die sich mit Fauchen und einem Prankenhieb bedankte. Der Kratzer am Knöchel entzündet sich trotz täglicher Desinfektion mit Betaisodona-Lösung. Nach einer Woche entwickelt sich daraus ein hässliches Tropengeschwür, dazu schmerzt das Kniegelenk. Nachdem die „Wildwest-Methode" (Wunddesinfektion mit Chlor) auch nicht hilft, nimmt Wolf schlussendlich ein Breitbandantibiotikum. Dass sich hier Wunden leicht entzünden, sieht man besonders bei den Kindern, die unzählige garstige Geschwüre an Armen und Beinen haben. Schuld daran sind vor allem die Fliegen, die sich auf jede noch so kleine Wunde setzen. Generell heilen in Korallenlagunen Wunden schlecht, in Nanumea kommen Exkremente von Schweinen und Menschen dazu.

Bei nur fünf Yachten pro Jahr sind wir hier ein Kuriosum. Täglich kommen Auslegerkanus vorbei, interessiert wird *Nomad* inspiziert. Ungestüme Jungs hängen an der Bordwand und beobachten uns stundenlang durch die Seitenfenster, bis wir diese von innen mit Polstern verbarrikadieren. Drei Mädchen rudern vor Schulbeginn zu uns raus und bringen duftende Blütenkränze.

Ich will weiter, habe ein mulmiges Gefühl. Die südpazifische Konvergenzzone produziert immer dickere Wolken, in denen sich bereits der erste Hurrikan zusammenbraut. Wolf zieht die Bremse, möchte noch bleiben, beruhigt mich: „In Äquatornähe, innerhalb 5° südlicher und nördlicher Breite, gibt es theoretisch keine Wirbelstürme." „Wir sind aber auf 5° 40' Süd!" kontere ich. Die Diskussion erübrigt sich, als der Wetterbericht für die kommende Woche das Einsetzen der Nordwestwinde prophezeit. Der überraschende Aufbruch stimmt Tavita sehr traurig, wollte er doch morgen ein Schwein für uns schlachten. Als Dank für die herrlich einfachen Tage in Nanumea geben wir ihm Sulu-Stoff, T-Shirt und Tabak. „Tofa Tavita! Tofa Talake!"

Am Nachmittag des 21. November 2007 gleiten wir bei Hochwasser aus dem „American Canal". Am Übersegler Nr. 4604 finden wir wiedermal unsere alte Kurslinie. Am 20. November 1995 lagen wir hier mit *Susi Q* die halbe Nacht beigedreht. Damals wie heute schiebt uns eine stete nordöstliche Brise langsam Richtung Äquator. Unser nächstes Ziel ist Kiribati.

Villa Kunterbunt von Tavita

M A U R I

Tarawa und Abajang, Kiribati

In Anbetracht des West setzenden Südäquatorialstroms halten wir gut vor, fahren zwischen den Atollen Abemama und Aranuka durch und erreichen am Abend des dritten Tages Tarawa. Im Lee des Atolls segeln wir die ganze Nacht auf und ab, beim Beidrehen würden wir zu schnell abtreiben. Im morgendlichen Gegenlicht sind die verrosteten Tonnen der Riffeinfahrt nur schwer auszumachen. „Wir müssen näher ran“, meint Wolf, mein zweifelndes Gesicht vor Augen. Gebannt fixieren wir das Echolot. Natürlich stimmen Detailkarten und C-Map nicht mit der Realität überein. Die amerikanische Yacht *Ursa minor*, die schon seit einer Stunde unschlüssig vor der Einfahrt kreist, heftet sich an unsere Fersen. Für Nachahmer die Position der ersten Tonne an Steuerbord: 1° 24,676’ Nord und 172° 55,115’ Ost.

Die offene Reede vor Betio ist zum Abgewöhnen. Der wracküberssäte Ankerplatz bietet nur gegen Winde aus Südost bis Südwest wirklichen Schutz. Beim jetzigen Nordostwind, der quer über die fast zehn Seemeilen breite Lagune bläst, vollführen wir Bocksprünge am milchig grünen Wasser. Drei andere Yachten ebenso. An Bord wird es ungemütlich. Also nichts wie an Land. Mit dem Dingi düsen wir durch einen langen Kanal in den kleinen dreckigen Bootshafen. Flüchten vor der Ekel erregenden Müllhalde sowie der ranzig stinkenden Koprafabrik

Bilderbuchdorf in Abajang (li.); Gastlandflagge von Kiribati; Lagune von Abajang (re.)

YAMAHA
4

ins klimatisierte Zollgebäude. Ein Büro wie ein Kühlhaus. Ein paar verschnupfte Beamte langweilen sich hinter ihren Schreibtischen. Geben die Clearance von Vanuatu ab und sind in einer Minute wieder draußen, ausnahmsweise kein Papierkram. Weiter zur Immigration. Mit dem Kleinbus donnern wir über den Straßendamm zur Nachbarinsel Bairiki, Verwaltungszentrum von Kiribati. Für den Fahrer existiert nur Vollgas: Gaspedal und Hifi auf Anschlag, dazu haarsträubende Überholmanöver auf der teilweise unbefestigten Straße. Gerädert und verstaubt taumeln wir in die Immigration, Gott sei Dank, nur ein Formular.

Tarawa ist die Hölle. Ein elendes Atoll unter glühender Äquatorsonne, überbevölkert, desolat, vermüllt und verschissen. Auf schmalen Inselstreifen hausen 50.000 Menschen zusammengepfercht in Barackensiedlungen. Ohne Wasserversorgung, Müllabfuhr, Kanalisation und Toiletten. Man erleichtert sich am Ufer und in der Lagune. Unsere geliebten Strandspaziergänge sind ab sofort gestrichen. Auch der morgendliche Köpfler fällt aus, wir trauen uns hier nicht zu schwimmen. Wegen Wasserknappheit gönnen wir uns nur Katzenwäsche, zum ersten Mal wünschen wir uns einen Wassermacher. Als eiserne Reserve vor dem Verdursten holt Wolf noch ein paar Dosen XXXX (sprich: „four ex“ = australische Biermarke) aus dem Supermarkt. Eine Schnapsidee, mit einem Kasten Bier auf der Schulter durch die staubigen Straßen von Betio zu marschieren. Quasi Rattenfänger von Hammeln. Prompt betteln ein paar Betrunkene um eine milde Gabe. Sind von verzweifelten Fluchtgedanken beherrscht.

Rüber nach Abajang. Im nördlichen Nachbar-Atoll ist die Südseewelt scheinbar noch heil. Außerdem fällt endlich Regen und wir füllen unsere fast leeren Wassertanks. Von der Saling aus ist der Bingham Channel (Position: 1° 45,24’ Nord + 172° 58,27’ Ost) klar zu erkennen. Ein Wort zur Riffnavigation: Als Dinosaurier verwenden wir immer noch die guten alten Papierkarten und unsere Augen. Vor allem Letztere helfen mit einem Quäntchen Erfahrung und Gespür, etwaige Riffe und Untiefen zu vermeiden. Vom allgemeinen Trend – nur mit elektronischen Karten und Wegepunkten durch kniffelige Riffgebiete zu navigieren – halten wir aus Sicherheitsgründen nichts.

Durch die Lagune zur Ostseite des Atolls. Eine gebogene Insel, 20 Seemeilen lang, nur wenige hundert Meter schmal, schützt vor den vorherrschenden Winden und Seegang. Zum Ufer hin wird es immer flacher und türkiser. Wegen des Tidenunterschiedes von bis zu zwei Metern fällt unser Anker weit draußen. Motor aus, Stille. Oder doch nicht? Von Land dringen unerwartete Geräusche zu uns. Generator-Brummen, eine heulende Kreissäge, Hämmern und Klopfen. Ausgerechnet hier hat sich der Amerikaner John Thurston niedergelassen und ausgerechnet hier fertigt er seit 18 Jahren Holzboote. Meist motorisierte Katamarane, die als Fracht- und Passagierschiffe zwischen den Inseln verkehren. Wir haben die überladenen Gefährte bereits in Tarawa bestaunt. „Ich erkläre immer wieder, dass es Wahnsinn ist, die Schiffe derart zu überladen, und volle Dieselfässer nichts auf dem Kajütdach verloren haben. Aber die I-Kiribati (Bewohner von Kiribati) sehen das anders“, erzählt John. Der rüstige 67-Jährige wuchs in Kalifornien auf und betrieb einen Surfshop auf Hawaii. Mit seinem selbstgebauten, elf Meter langen Trimaran *Martha* schipperte er in den 70er und 80er Jahren durch die Südsee. In Papua Neuguinea verdiente er sein Geld mit dem Handel von Muscheln, Schnecken und Kunsthandwerk. Als er seine Arbeitsgenehmigung nicht mehr verlängern konnte, segelte er 1989 nach Kiribati und begann mit Charterfahrten zwischen den Atollen. Seine Kunden: Regierungsbeamte, Peace-Corps-Mitarbeiter, ausländische Investoren. „Eines Nachts vor drei Jahren weckte mich meine Nachbarin“, berichtet John. „Es wehte ordentlich aus West und ich verstand nur so viel, dass Teile von *Martha* am Strand verstreut lagen.“ Stolz zeigt er uns den halb fertig renovierten Tri und ist überzeugt, dass sein Schiff in drei bis vier Monaten wieder schwimmen wird. Schwer vorstellbar. John beschäftigt fünf bis acht Einheimische zu einem Stundenlohn von 2,50 AUS Dollar, das ist ein Dollar mehr als der übliche Lohn in Kiribati. Obwohl seine kleine Werft eine der wenigen Jobmöglichkeiten von Abajang bietet, fehlt meist die Hälfte der Handwerker. John nimmt es locker, er ist selbst bereits mehr Ozeanier als Amerikaner. Nie verheiratet gewesen, will er sich auf keine Beziehung mit einer einheimischen Frau einlassen. „Dann muss man die ganze Familie mitversorgen!“ Trotzdem hat er seit einem Jahr den 21-jährigen Taraora bei sich aufgenommen, dessen Vater mit dem einzigen Inselauto besoffen in eine Palme knallte und dabei starb. Tara-

Abendstimmung in Tarawa

oras Bruder knüpfte sich daraufhin an einem Baum auf. Immer wieder hören wir von Selbstmorden junger Menschen und Alkoholismus. Hier braut jeder seinen Palmwein. Mengt man Hefe bei, wird er unberechenbar stark. Je länger wir an einem Ort verweilen, desto mehr Einblick gewinnen wir. Nimmt man die rosarote Brille ab, bleibt beinharte Realität. Eine Annäherung an die Wahrheit?

Weil es hier tagsüber so heiß wird, dass einem der Verstand stehen bleibt, haben wir uns einen strukturierten Tagesablauf angewöhnt. Bei Sonnenaufgang Sprung in die Lagune. Dann an Land zum Morgenspaziergang bei noch angenehmen 28 bis 29 Grad. Reges Leben am Inselhighway: Kinder radeln zur Schule, ab und zu ein Moped, noch seltener der einzige Pick Up, der als Bus fungiert. Junge Männer klettern auf Palmen, um Toddy abzuzapfen, das ist Palmsaft, aus dem auch der Palmwein gewonnen werden kann. Gehöfte wie im Südseemärchen, die Frauen fegen Blätter, flechten Matten oder kochen am offenen Feuer. Die jungen Mädchen bildhübsch mit tiefschwarzen, langen Haaren, ab 20 immer dicker werdend. Von überall tönt es: „Mauri, mauri!" (Hallo!) und „Kan kan" (Essen). Haben wir keine Lust auf Gesellschaft, gehen wir hinter Johns Haus zum luvseitigen Strand, bei Niedrigwasser bis zur donnernden Riffkante. Retour an Bord ausgiebiges Frühstück mit selbstgebackenem Brot, Müsli oder Porridge. Am Vormittag erledigen wir allfällige Wartungsarbeiten, reparieren unsere Cockpit-Grätings und nähen das sich langsam aber sicher auflösende Bimini. Falls uns die Muse küsst, tippen wir in den Laptop. Am frühen Nachmittag ist wegen der Affenhitze Schluss mit jeglicher Aktivität. Pendeln zwischen Siesta im Cockpit und Schwimmen in der lauwarmen Lagune. Gegen 16 Uhr versuchen wir uns mit starkem Espresso Leben einzuhauchen. Danach Landgang, Schwätzchen mit John. Wenn die letzten Strahlen der Pazifiksonne das Atoll in orangerotes Zauberlicht tauchen, paddeln wir retour zu *Nomad* und genehmigen uns den Luxus eines kalten XXXX; eine Dose zu zweit. Nach dem Nachtmahl werfen wir einen kurzen Blick auf die neuen Fotos am Laptop, versuchen zu sortieren und archivieren, bis das Bordnetz am Limit ist. Wie die meisten Segler haben auch wir zu wenig Strom, immer mehr Verbraucher und immer ältere Batterien. Spätestens gegen neun kraxeln wir in die Koje und schnappen uns ein Buch, das uns nach wenigen Seiten auf die Nase plumpst.

John möchte mit uns nach Majuro reisen. Er wurde dort vor vier Monaten operiert und soll zur Kontrolle. Letztendlich lässt er es bleiben. Unser Abreisetermin ist ihm zu früh, da er noch vor der bald einsetzenden Regenzeit ein Boot fertig beplanken muss. Außerdem fühlt er sich pudelwohl und schiebt die Untersuchung vor sich her. Manche Dinge sehen wir, ohne zu verstehen. Andere wiederum verstehen wir und zögen es vor, sie nicht sehen zu müssen. So oder so. Reisen befreit vom Kreisen um sich selbst. Reisen richtet aus.

Majuro, Aur und Maloelap, Marshall Inseln

350 Seemeilen von Tarawa nach Majuro in den Marshall Inseln. Kurs 347°, Wind aus Nordost 15 bis 25 Knoten, dazu giftige Böen mit über 30 Knoten und Wetterleuchten. Queren die ITC, Neumond und Meeresströme erzeugen bockigen Seegang, alle Luken dicht, in der Kajüte stickige 33 Grad. Sind wir je einen anderen Kurs als am Wind gesegelt? Muss lange her sein. Wolf schmökert schweißüberströmt in alten Bergsteiger-Zeitschriften und phantasiert von Berg- und Schitouren. Lassen Abajang, Butaritari und Milli an Steuerbord und drehen in der dritten Nacht in Lee von Arno bei. Wir sind zu schnell. Am Morgen steuern wir übers Riff ins Majuro Atoll. Auch die letzten zehn Meilen durch die Lagune kreuzen wir hoch am Wind.

Eine illustre, größtenteils amerikanische Seglergemeinschaft empfängt uns überschwänglich. 20 Yachten insgesamt, eine Handvoll davon hier hängen geblieben – Endstation Südsee. Chris von *Amulet* braust mit dem Dingi an und überreicht uns in einem Sackerl die „Yachty Yellow Pages“, zehn Seiten, die uns die ersten Schritte auf Majuro erleichtern sollen. Perfekt organisiertes Sozialleben, nichts wird dem Zufall überlassen. Täglich um 7 Uhr 30 auf UKW 68 morgendliche Inforunde: Notfälle, Wetter, Events, News, Tratsch, Tausch, Kauf und Verkauf. Samstag: Pot Luck Party. Sonntag: Regatta. Dienstag: Yachties Night Out. Dazwischen Meetings wegen jedem Furz. Man spricht gern in Abkürzungen: Treffpunkt im MIR (Marshall Islands Resort) oder im RRE (Robert Reimers Enterprises Hotel) oder MIVA ist neben MEC und dieses wiederum eine halbe Meile nördlich von NTA. „Oh Gott!“ stöhnt Wolf. „In welchem Schrebergartenverein sind wir hier gelandet?“ Für unsere arglose Frage nach Infos über die Outer Islands ernten wir mildes Lächeln. Nur die *Irish Melody* hat Majuro bis jetzt verlassen und die Nachbaratolle Aur und Maloelap besucht. Von den 26 anderen Atollen rät man uns ab. Für jede Insel braucht es eine Genehmigung, kann bis zu zwei Monate dauern. Zahlt sich also nicht aus.

Einklarieren. Mit dem Taxi zum Capitol, geben Clearance von Kiribati beim Zoll ab, zu Fuß weiter zum einzigen grünen Hochhaus. Heute wegen Stromausfalls kein Lift. Im fünften Stock die Immigration, aber ohne Elektrizität kein Computer, sollen morgen wiederkommen. Im Ministry of Internal Affairs beantragen wir Permits für sechs Outer Islands. Zu unserer Verwunderung stempelt und unterschreibt Liza, Bevollmächtigte über 29 Atolle, innerhalb von Sekunden unsere Formulare und wünscht „Merry Christmas".

Am 20. Dezember 2007 landen unsere Freunde Hans und Ramona am Flughafen von Majuro, leider ohne Gepäck. Zum Trost spendiert Continental Micronesia Airways einen Bekleidungsgutschein von 50 US Dollar pro Person, einzulösen in einem chinesischen Ramschladen. Zwei Tage später tauchen die vermissten Taschen auf.

„Weder Christkind noch Weihnachtsmann werden uns in dieser Hölle finden!" stöhnt Hans, der verkeilt unterm Sprayhood Schutz vor der Gischt sucht. Von Ramona vernehmen wir nur ein schwaches Röcheln – sie übergibt sich gerade. Ich liege aufgebahrt in der Koje und kaue verzweifelt Travelgum. Wolf bleibt Herr der Situation und bindet das dritte Reff ins Großsegel. Heiliger Abend, erster Wachwechsel um 21 Uhr. Es kachelt mit 30 bis 35 Knoten aus Ostnordost, grobe See, *Nomad* segelt 70 bis 80 Grad am Wind, das Deck ständig von Brechern überspült. Fröhliche Weihnachten. Nur gute 60 Seemeilen trennen Majuro vom Aur Atoll. Die ruppige See verdanken wir unter anderem dem Wechsel vom Gegenäquatorialstrom zum Nordäquatorialstrom. Ferner sprechen die Wetterfrösche von einer „La nina"-Saison, soll heißen starker Passat. Die ITC liegt nördlicher als üblich und verfolgt uns mit starken Regenböen.

Im Morgengrauen kommen wir in die Abdeckung von Aur. Erst gegen 9 Uhr 30 steht die Sonne hoch genug, um Riffe zu erkennen. Unter Maschine stampfen wir durch den nördlichen Atollpass, „West Opening" genannt. Zwei Stunden später fällt der Anker im Lee der kleinen Insel Tabal. Der erste Landgang auf einem abgelegenen Eiland ohne Tourismus ist ein spannender Augenblick. Wie reagieren die Menschen auf uns? Sind wir Willkommene oder Eindringlinge? Welche Regeln und Tabus gelten hier? Wie viel von der alten Kultur ist übrig?

Plateau-Flip-Flops; Hauptstraße von Airik; Traumankerplatz im Aur Atoll (re.)

Eine Horde johlender Kinder stürmt uns am Strand entgegen. Neugierig mustern sie uns, beobachten jeden unserer Handgriffe und folgen uns auf Schritt und Tritt. Verständigung mittels Körpersprache plus ein paar Brocken Englisch. Unsere Digitalkameras sind der Renner. Nur eine Sekunde nach Drücken des Auslösers können die Kids den Schnappschuss am Monitor bestaunen, sie kreischen und kichern vor Begeisterung. Ausgelassen begleiten sie uns rund um die Insel und durchs Dorf, klettern auf Palmen, schlagen Saltos und gehen auf Händen. Bewundernswert fit, ganz ohne pädagogischen Sportunterricht. Dabei bietet die knapp zwei Kilometer lange, flache Insel nicht viel Bewegungsfreiheit. Auf Tabal leben 200 Menschen in etwa 35 Häusern. Im Gegensatz zu den Kindern begrüßen uns die Erwachsenen recht zurückhaltend. Versuchen herauszufinden, welche Lagunenfische Ciguatera haben. „No problem!" heißt es überall. Nichts desto trotz verspüren wir nach dem Verzehr eines Einfleckenschnappers Hautprickeln und leichte Übelkeit – erste Symptome der gefährlichen Fischvergiftung. Spezialisieren uns daher auf Oktopus und Langusten.

Die Lagune des Aur Atolls ist etwas größer als der Neusiedler See. Die Strecke von Tabal zur Hauptinsel Aur ähnelt einem Schlag von Neusiedl nach Rust. Unterschied: Himmelblaue statt grauer Wellen, weißer Sand statt Schilf und prickelnde Kokosnüsse statt weißem Spritzer. Mit zwei Drittel der Genua flitzen wir über flaches Wasser entlang jener Unterwasserkante, die das flache, türkise Riffplateau von der azurblauen Lagune trennt. Zahllose unbewohnte Palminselchen lassen wir vorerst links liegen, denn wir müssen dem Atoll-Chef einen Besuch abstatten. Die Hauptinsel an der Südostspitze des Atolls bietet bei Nordostpassat keinen Schutz, *Nomad* vollführt wilde Bocksprünge vor Anker. Der Dingi-Ritt zum Strand ist eine feuchte Angelegenheit. Ramona und ich sehen in unseren langen Kleidern wie begossene Pudel aus. Zum Glück sind unsere Haare nicht nass geworden, denn das würde hier auf soeben ausgeübten Sex schließen lassen. Einige Verhaltensregeln haben wir „Ripelle" (Weiße) bereits begriffen. Zum Beispiel die strengen Bekleidungsvorschriften. Seit die Missionare hier waren, wird die holde Weiblichkeit in langen Sackkleidern versteckt. Vor allem Oberschenkel und Knie sind nach marshallesischer Auffassung einzig und allein dazu da, den Männern den Kopf zu verdrehen. Aber auch Männershorts sollten bis zur Wade reichen.

Schweigend nimmt der Bürgermeister unseren Obolus von 25 US Dollar entgegen, er spricht kein Englisch. Dafür sein Sohn Ricci, der gleich fragt, ob wir seinen Johnson reparieren können. Drei Außenbordmotoren zählen zum stolzen Familienbesitz, jedoch keinerlei Werkzeug, nicht einmal ein Schraubenzieher oder Kerzenschlüssel. Hinter dem Haus liegt eine riesige Schildkröte schnaufend am Rücken. Für uns ein elender Anblick, für die Insulaner willkommene Variation der eintönigen Atoll-Diät. Der karge Korallenboden lässt außer Kokospalmen kaum mehr als Brotfrüchte, Papayas, Limonen, selten Bananen und Sumpftaro gedeihen. Huhn und Schwein sind Festtagen vorbehalten. Das wenige Bargeld aus dem Verkauf von Kopra oder Kunsthandwerk reicht oft nicht einmal für Grundnahrungsmittel wie Reis, Zucker und Mehl.

Instinktiv erkennen die Bewohner, dass Wolf der Capo unserer Expedition ist. Ständig wird er gebeten, Außenborder, Generatoren und Elektrik zu reparieren. Auch wenn es um Angelhaken, Leinen und Zigaretten geht, ist er der erste Ansprechpartner. Auf Airik im Maloelap Atoll bringt Wolf Funkanlage und Kühltruhe der neuen Krankenstation auf Vordermann. Plakate mahnen zur richtigen Ernährung. Fisch, Pandanus, Brotfrucht und Kokosnuss statt westlichem Junkfood wie Chips, Corned Beef, Coca Cola und Zucker.

Die Schule ist schon vor ihrer Fertigstellung dem Verfall preisgegeben. Die nagelneuen Wassertoiletten verrotten samt Spülkästen im Gebüsch. Der Kopierer ist hinüber, die Innereien der Xerox-Maschine haben Mäuse aufgefressen. Klassenzimmer wie nach einem Bombenangriff, Schulbücher und Hefte zerknüllt am Boden, hier herrscht Anarchie. Kaum einer arbeitet, die Leute dämmern dahin oder schlurfen über den einzigen Sandweg; Frauen und Mädchen in bis zu zehn Zentimeter hohen Plateau-Flip-Flops. Eine kolossale Muttersau liegt quer über dem Weg und säugt ihre Kleinen.

Nach ein paar Tagen zur Hauptinsel Taroa. 15 Seemeilen durch die Lagune. Wir segeln über den Krater eines Vulkans. Ist er wirklich erloschen? Und wenn nicht? Auch egal, wir sind ohnehin im Paradies. „Do you have cigarettes?" lautet stets die erste Frage der anscheinend kettenrauchenden Männer. „Rice? Sugar? Coffee? Petrol? Anything else?" Wir sind Supermarkt. Aber ohne Kassa! Das Versorgungsschiff war seit drei Monaten nicht mehr hier. Flüge seit August letzten Jahres eingestellt, Air Marshall Islands ist pleite. Die Leute sitzen auf ihren Inseln fest. Die alten Auslegerboote verrottet und vergessen, die wenigen modernen Motorboote kaum einsatzbereit, da leck oder Außenborder kaputt oder kein Geld für Benzin. Traurig. Versuchen den Kulturverlust zu verstehen: Missionierung, Kolonisierung, Krieg, Atomtests, zuletzt Abhängigkeit von Subventionen und westlichen Konsumgütern. Quo vadis Marshall Islands?

Zurück in Majuro, das uns wie eine lärmende Großstadt erscheint. Der Verkehr tobt, zwei nebeneinander stehende Hütten sind beinahe schon eine Häuserschlucht. Ramona und Hans fliegen retour nach Österreich, ich sitze leider in derselben Maschine. Trauriger Anlass: Der Tod meiner geliebten Mutter, Taufpatin unserer *Nomad*. Der Abschied für immer ist nur schwer zu akzeptieren. Wolf bleibt zurück auf *Nomad* in Majuro. Zum ersten Mal in unserem gemeinsamen Leben sind wir zwei Wochen voneinander getrennt.

FLIEGENDE KANUS

Ailuk, Marshall Inseln

Vom grauen Wien zurück in Majuros strahlendem Licht. Mannerschnitten und Mozartkugeln kommen gut an, ebenso die Segel- und Bergzeitschriften. Wolf hat inzwischen *Nomad* reisefertig gemacht und die Nase gestrichen voll von Majuro. Alles nervt. Die desolaten Slumsiedlungen, der stinkende Müll, das verschmutzte Lagunenwasser, die klein karierten Bootsnachbarn. Bei zwei Yachten wurden Muring- bzw. Ankerleinen durchschnitten. Mit diesen Erinnerungen wollen wir die Marshalls nicht verlassen. Klarieren zwar nach Kosrae aus, stecken unseren Kurs aber nach Nordnordwesten ab.

Die Kraft des stürmischen Passats ist Mitte Februar endlich gebrochen, mit 20 bis 25 Knoten und halbem Wind können wir gut leben. 230 Seemeilen bzw. zwei Tagesreisen zum Ailuk Atoll. Der schmale Enije Channel entpuppt sich erst beim Näherkommen als schiffbare Fahrrinne. Dunkelblauer Streifen durchs hellgrün schäumende Außenriff. Dann sechs Meilen nach Ostsüdost gegen gleißendes Sonnenlicht zum Inseldorf. Stehe am Bugkorb, um uns an den zahlreichen Korallenköpfen vorbei zu lotsen. Plötzlich eine Bewegung am Horizont, ein kaum wahrnehmbarer heller Punkt. Schnell vervollständigt sich das Bild: Ein am Kopf stehendes weißes Segel, ein schnittiger Rumpf, eine schmale Plattform zum Ausleger, darauf vier Gestalten. Mit unglaublichem Speed zischt das Kanu an *Nomad* vorbei. „Welcome to Ailuk!“ rufen uns die Burschen zu.

Wieder einer dieser exponierten Ankerplätze in den Marshalls. *Nomad* schaukelt 200 Meter vor dem flachen Ufer. Am Strand liegen etliche Kanus im Schatten der Palmen, dazwischen wühlen Schweine im Sand. Fasziniert begutachten wir die bis zu neun Meter langen Auslegerboote, Tipnol genannt, Überbleibsel pazifischer Seefahrer-Tradition. Seit über 2.000 Jahren bauen die Marshallesen ihre Outrigger-Canoes auf Geschwindigkeit und Nutzbarkeit. Tempo, der pensionierte Lehrer, kann sich noch an bis zu 18 Meter lange Kanus erinnern, Kapazität 20 Personen. Damals segelte man damit zu den benachbarten Atollen, heute werden die Boote vor allem als Transportmittel innerhalb der Lagune und zum Fischen verwendet.

Idylle im Ailuk Atoll

Das Dorf ein Mix aus Wellblech, bunten Sperrholzbuden und modernen Schalsteinhäusern mit Alufenstern. Zwei Schulen und zwei Kirchen, die protestantische kitschig wie Zuckerguss. Ein Funkgerät quäkt aus einer winzigen Hütte, einzige Kommunikation zur Außenwelt. Am Rande einer langen Wiese ein nagelneues, blaues Flughafengebäude, obwohl noch immer keine Flüge. Kein Strom, kein Telefon, kein Internet.

Sprechen bei der Bürgermeisterin vor und bezahlen 25 US Dollar Inselgebühr. Gretel amtiert die letzten Tage, denn mit dem nächsten Versorgungsschiff kommt die Ablöse. Der kleine Frachter, Nabelschnur zur Zivilisation, wird seit Wochen herbei gesehnt. Die Lebensmittel sind mittlerweile knapp, einige Insulaner wollen nach Majuro. Daher die ungewöhnliche Emsigkeit in Ailuk.

Die Inselfrauen flechten Körbe, Dosen und Wandschmuck aus Kokos- und Pandanusblättern für den Kunsthandwerksmarkt in Majuro. Auch Bubu, weit über 70, sitzt vor ihrer Hütte und arbeitet mit flinken Händen. Sie besitzt eine starke Ausstrahlung und gütige Augen und bindet für uns einen wunderschönen Brotkorb mit 41 weißgelben Kauris am Rand. „Bubu" bedeutet Großmutter. Erst viel später erfahren wir, dass Bubu die Königin von Ailuk ist.

Jeden Morgen segeln ganze Familien samt Kind und Schwein zu den unbewohnten Inseln am östlichen Saumriff, um Kopra zu machen. Kokosnüsse werden gesammelt und aufgeschlagen, danach das weiße Kokosfleisch mit einem Messer aus der Schale gehebelt und in die Sonne gelegt. Das getrocknete Kokosfleisch, Kopra, wird in 100-Pfund-Säcke gefüllt und an das Versorgungsschiff für 17 US Dollar pro Sack verkauft. Hart verdiente Dollars für harte Arbeit. Der süßlichranzige Kopraduft liegt über vielen Inseln.

Kasma flickt im Schatten sein malträtiertes Segel. Wolf bringt ihm eine scharfe, dreieckige Segelnadel und dickes Garn. Als Dank gibt's eine Probefahrt mit dem Auslegerkanu. Im Lee des Außenriffs flitzen wir über flaches, türkises Wasser. Obwohl nur eine sanfte Brise weht, segeln wir schneller als der Wind. Fällt eine Böe ein, legt das Kanu noch einen Zahn zu, wir krallen uns fest, um nicht über Bord zu fallen, die Gischt spritzt uns um die Ohren. Kasma hält die Schot mit einer Hand fest und sitzt je nach Winddruck entweder am Ausleger oder näher beim Rumpf. Patrick hockt am Heck und steuert das Kanu lässig mit einer kurzen Pinne. Wolfi juchzt und jodelt vor Begeisterung, was unsere einheimischen Navigatoren zur Nachahmung animiert. In 30 Minuten haben wir die halbe Lagune durchquert und wenden. Dabei steht das Boot stabil im Wind, die beiden Spieren samt Segel werden zum anderen Ende des Kanus getragen, Ruderblatt samt Pinne wechselt ebenfalls die Seite. Das alte Heck wird zum neuen Bug, der Ausleger bleibt als Gegengewicht immer an der Luvseite. Und ab geht die Post ...

Endlich kommt das Versorgungsschiff, ein rostiger Seelenverkäufer. Die Insulaner veräußern Kopra und Kunsthandwerk und kaufen im Gegenzug Lebensmittel oder Tickets für die Fahrt nach Majuro. Auch Bubu steigt mit ihrer Tochter und zwei Enkelkindern auf das hoffnungslos überfüllte Schiff. Sie will von Majuro nach Hawaii fliegen, wohin ein Teil ihrer Familie ausgewandert ist. Ob sie jemals zurückkommen wird?

Nachdem das Schiff hinter dem Horizont verschwunden ist, kehrt Ruhe im 200-Seelen-Dorf ein. Die Menschen widmen sich wieder dem Fischfang, ihren Gärten und ihren Häusern. Raiss, der Bootsbauer, arbeitet mit seiner Mannschaft an zwei neuen, acht Meter langen Auslegerkanus. Ende April sollen sie für das Kanurennen in Ailinglaplap fertig sein. Haben das Gefühl, dass die Boote den Leuten von Ailuk Würde und Stolz geben. Ebenso Unabhängigkeit, zumindest innerhalb ihres Atolls, auch wenn die großen Reisen der Voyaging Canoes der Vergangenheit angehören.

Am 1. März, dem „Memorial and Nuclear Victim's Day", lassen wir Ailuk in unserem Kielwasser. Wir denken an Tempo, der vor genau 54 Jahren mit seinem Kanu am Außenriff fischte. „Plötzlich erblickte ich eine gigantische Wolke am Horizont", erzählte er uns. „Ich erschrak fürchterlich und paddelte so schnell wie möglich ins Dorf zurück. Niemand wusste, was los war." Heute wissen wir Bescheid. Am 1. März 1954 wurde die Wasserstoffbombe Bravo im Bikini Atoll gezündet. Die Atomtests sind lange vorbei, aber die Marshall Inseln dienen heute noch als militärischer Übungsplatz. Laut Seekarte Nr. BA 761 befinden wir uns im gefährlichen 200-Seemeilen-Bereich der „Missile Operation", soll heißen, wir riskieren, von einer verirrten amerikanischen Interkontinentalrakete getroffen zu werden. Abgefeuert in Kalifornien mit Testziel Kwajalein, größtes Atoll der Erde und amerikanische Militärbasis. Verrückt.

Bubu, die Königin von Ailuk (li.); Schulmädchen

KABOB BOB

Likiep, Marshall Inseln

Endlich schaukelt es nicht mehr. Ruhigster Ankerplatz seit langem. Ein kleiner Anleger, eine gelbe Kirche, blaues Meer und weiße Wolken sowieso. Sind auf der Suche nach den Deutschen. Von 1885 bis 1914 standen die Marshall Inseln unter deutschem Protektorat. 1877 kaufte der deutsche Adolph Capelle gemeinsam mit dem portugiesischen Walfänger Jose deBrum das Likiep Atoll dem damaligen Iroj (Chief) ab und etablierte einen profitablen Koprahandel. Entdecken sein Grab; geboren 1838 bei Hannover, gestorben 1905 in Likiep. Wir finden auch das über 100 Jahre alte deBrum-Haus, das den ehemaligen Wohlstand nur mehr erahnen lässt, ein von Termiten zerfressenes Gebäude mit ausladender Veranda. Achtsam tasten wir uns durch drei einsturzgefährdete Räume. Begutachten antike Möbel, chinesisches Porzellan und aufgeweichte Bücher, finden eine

Kiste voller Fotos auf Glasplatten. Joses Sohn, Joachim deBrum, war fanatischer Fotograf und hinterließ über 2.300 Glasplattennegative, ein Großteil wird heute im Alele Museum auf Majuro aufbewahrt. Vor kurzem wurde dieses phantastische Zeitzeugnis digitalisiert und katalogisiert.

Täglich begrüßt uns Joe deBrum vor seinem verwaisten Plantation-House-Hotel; keine Flüge, keine Gäste. Auf die Frage nach seinem Befinden antwortet der 77-Jährige mit funkelnden Augen: „Kabob bob! Never give up!“ Bis auf eine lange Strähne im Nacken trägt er sein graues Haar kurz geschoren. Gehen mit dem Alten auf Inseltour. Wolf am Beifahrersitz, ich throne auf einem Plastiksessel auf der Ladefläche des verrosteten Pick-ups. Palmblätter schlagen ins Gesicht, links tobt die Brandung des Meeres, rechts leuchtet die Lagune. Dazwischen eine Rieselspur Sand, darauf Joes Pick-up, eines von drei Inselautos. Das Dorf verschlafen und voller blühender Frangipanibäume. Vor jedem Haus auf einem Ständer zwei Solarpaneele mit Batteriekasten, auf dem „Taiwan Solar Home System“ steht. Überhaupt scheint Likiep wohlhabender, moderner, die Leute smarter als auf anderen Atollen, viele sprechen perfekt englisch. „Das kommt von unseren bunt gemischten Genen“, meint Joe grinsend. „Wir sind eine Chop-Suey-Brut!“ Plötzlich stoppt er abrupt und deutet auf eine kaum erkennbare Erhebung. „Der höchste Berg der Marshall Inseln, aufgetürmt von einem Super-Taifun.“ Ehrensache, dass wir den fünf Meter hohen Hügel erklimmen. Jeden Nachmittag verwandelt sich die Veranda des leer stehenden Hotels in eine Spielhölle. Am Boden sitzend zocken die Frauen von Likiep was das Zeug hält. Bingo! „Diese Sucht

Dorf im Likiep Atoll, aufgenommen aus dem Masttopp

zerstört unser Familienleben“, meint Joe resignierend. „Das Abendessen müssen wir Männer jetzt selbst kochen.“

Palmsonntag. Mindestens hundert Leute warten auf Father Jim, den katholischen Priester, der seelenruhig lila gegen rotes Messgewand tauscht. Palmweihe. Statt Weidenkätzchen werden richtige Palmblätter geweiht. Prozession durchs Dorf zur Kirche, wo eine riesige Mördermuschel als Weihwasserbecken dient. Eine Frau setzt mir einen weißen Blumenkranz auf den Kopf, fühle mich damit wie eine Prinzessin. Der intensive Blütenduft, stärker als jedes Parfum, macht mich benommen.

Verholen uns zur anderen Lagunenseite. Der flache, klare Pool am Inselende zählt zu unseren Schnorchel-Topspots. Kleine Schildkröten dösen am Meeresboden, dazu Fische in Schwärmen sowie intakte Korallen – heute bereits eine Seltenheit. Zu schön, um wahr zu sein. Müssen weiter, bevor Routine das Paradies zum Alltag werden lässt. Zum Abschied köpfen wir mit Joe und seiner Familie eine Flasche Sekt. Die Damen sind begeistert, sie trinken zum ersten Mal in ihrem Leben Sprudelwein.

Am 17. März lichten wir Anker. Father Jim läutet die Kirchenglocke, soll heißen, er drischt mit dem Hammer auf eine alte Gasflasche. Vom Strand winken unsere Freunde. Der Passat schiebt *Nomad* vor sich her. Wann sind wir das letzte Mal so schön vor dem Wind gesegelt? Nachdenkpause. Vor eineinhalb Jahren in Fidschi! Dazwischen liegen unbequeme Zick-Zack-Kurse mit vielen Umwegen und Schleifen. Wendepunkt unserer Reise. Uns wird bewusst, dass wir uns auf dem Heimweg befinden, von nun an geht es fix Richtung Westen. Gefällt uns gar nicht.

Willkommensschild am verwaisten Flugfeld; Joe deBrum

AH-SHIT

Kosrae, Föderierte Staaten von Mikronesien (FSM)

Die 500 Seemeilen nach Kosrae flutschen von alleine. Nach einem halben Jahr in flachen Atollen ist die spitzbrüstige Silhouette der „Sleeping Lady" eine Wohltat. Die Götter schufen die grüne Insel nach den Umrissen einer schlafenden Frau. Sind die einzige Yacht in Lelu Harbour. Nichts scheint sich verändert zu haben, außer dem Wetter. An 50-Knoten-Fallböen und Williwaws können wir uns nicht erinnern. Auch an keine schlaflose Nacht.

John Sigrah, Urenkel des letzten Königs von Lelu, begrüßt uns wie alte Freunde. Die Sigrahs kümmern sich seit einem Vierteljahrhundert um durchreisende Yachten, werden täglich mit frischem Obst und Gemüse versorgt. Zum zweiten Mal schreiben wir in ihr legendäres Gästebuch, mittlerweile Band 3, und finden darin viele bekannte Namen.

Treffen eine alte Freundin wieder. Carmen, Ethnologin aus Wien, forscht seit 20 Jahren in Mikronesien und arbeitet derzeit im Museum von Tofol, dem Verwaltungszentrum dieser verschlafenen Insel. Erhalten viele Insider-Infos über das Leben in Mikronesien damals und heute. Carmen führt uns durch die düsteren Ruinen der Königsstadt Lelu, die zwischen dem 13. und späten 19. Jahrhundert bewohnt war. Als die Deutschen vor 100 Jahren die Überreste vom Dschungel befreiten, lebten nur mehr 200 von ursprünglich 5.000 Menschen auf Kosrae. Auch hier sorgten Missionare und Walfänger für eine gründliche Dezimierung der Bevölkerung. Letzteren verdanken die Weißen auch ihren lokalen Spitznamen „Ah-Shit", der vom Fluchen der derben Seeleute herrührt.

Das feuchtschwüle Klima bestimmt den Lebensrhythmus. Niemand geht zu Fuß, alle fahren Auto. Meist japanische Gebrauchtimporte mit Lenkrad rechts, obwohl Rechtsverkehr. Reguläre Jobs gibt es praktisch nur bei der Regierung. Die Sekretärin vom Museum spielt den ganzen Tag Solitaire am Computer. Carmen erzählt, dass der Erste am Arbeitsplatz auch für alle anderen Kollegen die Zeitkarten stempelt. Manche erscheinen gar nicht. Der Stundenlohn in Kosrae liegt bei zwei US Dollar. Fragen, wovon die Leute leben, mit welchem Geld sie

Häuser bauen, Autos und DVD-Player kaufen. Das Geheimnis liegt im Zusammenhalt der Sippschaft. Diejenigen, die für die Regierung oder in den USA arbeiten, sponsern den Rest der Familie. Hungern braucht niemand, denn die Insel ist unglaublich fruchtbar. Hier wächst alles, vor allem die köstlichsten Mandarinen. Jeder Clan besitzt Land und Gärten. Auffallend: Alle sprechen super englisch, viele absolvieren Schulen in Amerika.

Der Sonntagsgottesdienst, das wichtigste soziale Ereignis der Woche, wird von schrillen Chorgesängen begleitet. Was in Kosrae zu tun oder zu lassen ist, bestimmt die Kirche. Der Wahnsinn geht so weit, dass man sonntags nicht einmal schwimmen darf. So flüchten wir in Carmens kleines Häuschen im Süden von Kosrae, kochen Krautfleckerln, ratschen vertrautes Wienerisch und gehen in geheimer Mission schnorcheln. Der Bekleidungsetikette folgend schwimmen wir in voller Montur, sprich komplett angezogen. Das soziale Ereignis der „Ah-Shits" findet im „Bully's" der Treelodge statt. Die Bar ist auf Stelzen in die Mangrovenlagune gebaut. Freitags „Happy Hour" und dienstags Filmabend. Jedem seine Kultur.

Lelu Harbour mit Silhouette der „Sleeping Lady"

INSEL IM REGEN

Pohnpei, FSM

Das frühmorgendliche Anker-auf-Manöver dauert eine halbe Stunde. Meter für Meter schrubben wir Algen und Schlamm von der Kette. Der Wirbelschäkel, der Bügelanker und Kette verbindet, hat sich wiedermal verhakt und steht im rechten Winkel ab – Sollbruchstelle! Wollen in Zukunft auf den Schäkel komplett verzichten. Draußen erwartet uns ekliger Seegang, Dünungen aus allen Richtungen, dazu böiger Passat und entgegenlaufender Strom. Wir werden durchgewalkt und taumeln nach Westen. Mittags spannt sich der Angelgummi zum Zerreißen. Ein Blue Marlin! Viel zu groß und viel zu schön für uns beide. Vorsichtig ziehen wir den stolzen Fisch ans Heck, dabei blickt er uns mit riesigen Augen an. Wolf versucht mit einer Zange, den Haken aus dem Maul zu drehen. Wie beim Zahnarzt. Der ängstliche Patient schlägt Wolf das Werkzeug aus der Hand, die teure Gedore-Kombizange versinkt 4.000 Meter tief. Mit dem Tauchermesser hebelt mein Fischer den Haken doch noch aus dem Kiefer und der majestätische Marlin ist wieder frei. Ändern das Mittagsmenü auf Kürbisgemüse mit Couscous.

Anderntags, am 7. April, landet ein handlicher Bonito in unserer Pfanne. Wolfs Geburtstagsgeschenk, das er sich leider selbst zubereiten muss, denn ich liege aufgebahrt in der Koje und umarme den Kübel. Wind und Wellen weichen einem warmen Dauerregen. *Nomad* dümpelt in einer ersterbenden Brise. Geplanter Landfall verschiebt sich um einen Tag.

Pohnpei, die Hauptinsel der Föderierten Staaten von Mikronesien, empfängt uns mit einer dramatischen Morgenstimmung. Nach Abzug nächtlicher Gewitter beleuchten die ersten Sonnenstrahlen mächtige Wolkentürme, die wie Atompilze in den Himmel ragen. Unter den steilen Basaltfelsen des Sokehs Rock gleiten wir problemlos durch die betonnte Jokaj Passage. Auf UKW Kanal 16 rufen wir Port Control von Kolonia Harbour und werden aufgefordert, zum Einklarieren längsseits an der Handelsmole festzumachen. Obgleich wir bereits in Kosrae für Mikronesien eingecheckt haben, beginnt der Behördenzirkus von vorne. *Nomad* schwimmt in einer öligen, vermüllten Hafenbrühe, dennoch stellt der Quarantäne Officer die befremdliche Frage nach einem Fäkalientank. Nach zwei Stunden ist der Papierkram erledigt. Vorsichtig tasten wir uns durch die Bucht. Die Ufer übersät von Wracks, das Fahrwasser schlecht markiert, die Riffe im trüben Wasser kaum sichtbar. Pfiffe vom Land bringen uns wieder auf den richtigen Pfad. Überraschenderweise teilen wir das Ankerfeld mit nur drei Fahrtenyachten. „Rumors Marina“ macht einen verwahrlosten Eindruck. Haben jedes Mal Angst, am morschen Holzsteg einzubrechen. Die Mangrovenbar, vor zwölf Jahren Yachtie-Treffpunkt, ist meist geschlossen. Dafür steht am Hang neben der Straße das relativ neue „Ocean View Hotel“, das bereits nach sechs Jahren Verfallserscheinungen zeigt. Mit unseren amerikanischen Bootsnachbarn genehmigen wir uns ein kühles Bier auf der Terrasse. Ein Blick über die Bucht zu den steilen Hängen von Sokehs Island und wir verspüren Wanderlust. „We don't do that!“ meint Suza und schüttelt den Kopf. Für sie ist sogar der ein Kilometer lange Fußmarsch zur Stadt Kolonia zu anstrengend, sie fährt lieber Taxi.

Sokehs Mountain ist eine leichte Übung. Spazieren in glühender Hitze auf einem Fahrweg zum knapp 300 Meter hohen Gipfel. Im Dschungel verstreut japanische Kanonen und Bunker, herrliche Sicht vom Dach der Senderstation. Das Gefährlichste an dieser Wanderung sind die aggressiven Hunde. Wie Wegelagerer lauern sie unter parkenden Autos und hinter Büschen, um sich zähnefletschend auf uns zu stürzen. Manche sind besonders hinterhältig, lassen uns mit treuherzigem Blick vorbeiziehen und greifen dann von hinten an. Wir wehren uns mit Stöcken und Steinen, die Einheimischen beobachten das Spektakel stoisch. Zugedröhnt von Betelnüssen kann sie nichts aus ihrer Lethargie bringen. „Beim nächsten Mal erschieße ich ein paar Köter!“ meint Wolf zornig zu einem Ladenbesitzer. „Prima, dann haben wir ein Festessen.“ Denken an einen Scherz.

Die Besteigung des 200 Meter hohen Vulkanschlots Sokehs Rock ist eher für Fortgeschrittene. Die mangrovengesäumte Uferstraße führt durch drei dicht besiedelte Dörfer. Die Häuser ein verwahrlostes Konglomerat aus moosigen Schalsteinen, rostigen Wellblechstücken und von Feuchtigkeit aufgequollenen Sperrholzplatten, einige eingestürzt und verlassen. Am Straßenrand überwucherte Autowracks, aufgeplatzte, vergorene Früchte und Unmengen an Abfall. Ein trostloser Anblick. Viele Insulaner träumen von einem besseren Leben in Amerika, als Mikronesier haben sie uneingeschränkte Einreise- und Arbeitserlaubnis für die USA. Abzweigung zum Aufstiegsweg. Zuerst führen Stufen zu üppigen Gärten, dann durch dampfenden Dschungel über glitschige Basaltbrocken bis unter Felswände. Über Luftwurzeln erklettern wir schwitzend eine fast senkrechte Wand. Tritte wie Schmierseife, jetzt nur kein Fehler; bekämpfe Panikanfall. Wolf hat den alten, durchgewetzten Bullenstander als Sicherungsseil mitgenommen.

Kepirohi Wasserfall in Pohnpei (oben); Aufstieg zum Sokehs Rock

Von oben beeindruckende Vogelperspektive über den Hafen und Kolonia. Zurück ersparen wir uns den Hunde-Spießrutenlauf und halten ein Taxi auf. Der freundliche Fahrer bestätigt, dass Hunde im Erdofen gegart und danach verspeist werden. Bei den krätzigen Viechern keine appetitliche Vorstellung.

Kolonia, eine gesichtslose Stadt, wie viele Hauptorte der Südsee. In der weitläufigen Stadt legen wir zig Kilometer zurück, entweder in sengender Hitze oder strömendem Regen. Einmal nehmen wir ein Taxi. „To the Australian embassy", sagt Wolf. „Could you stop at a copy-shop on the way?" Wollen Pässe und Schiffspapiere kopieren. Der Wagen hält vor einer Bude, die Fahrerin kurbelt das Fenster runter und bestellt zwei Kaffee, die uns in Pappbechern ins Auto serviert werden. Verwirrt nehmen wir zur Kenntnis, dass wir im Coffee Shop gelandet sind; kopieren können wir hier nicht. Mit Koffein gedopt beantragen wir bei der australischen Botschaft Visa für Australien und Papua Neuguinea.

Freitag, 18. April 2008. Mein 41. Geburtstag. Und vor genau 20 Jahren erstes Rendezvous mit Wolf! Zur Feier des Tages mit dem Mietauto um die Insel. Abkühlung im Kepirohi Wasserfall, dabei beißt mich ein Aal in den Finger, blute wie ein Schwein. Von wegen gefährliche Haie! Paddeln durch die Kanäle von Nan

Kanäle von Nan Madol (g. o. li.); Relaxen im Ant Atoll; Frangipani Blüte; Mädchen aus Nukuoro

Madol, quasi Klein-Venedig im Pazifik. Die Ruinen der auf 92 künstlichen Inseln errichteten Stadtanlage stammen aus dem 8. bis 16. nachchristlichen Jahrhundert. Abendessen im Village Hotel am Hügel mit Meerblick. Palmblatt gedeckte Stelzenbungalows verstecken sich im dichten Dschungel. Rollentausch: Touristen wohnen in traditionellen Hütten, Einheimische lieber in Häusern aus Wellblech, Sperrholz und Beton. Geburtstagsgeschenk kommt per FedEx: ein neuer Air Breeze Windgenerator.

Leben in der Sintflut. Manchmal steht uns das Wasser bis zum Hals, sinnbildlich zumindest. Fünf Meter Regen pro Jahr in Pohnpei, im Landesinneren sogar bis acht Meter. Vielleicht die regenreichste Insel im Pazifik. Um in der muffigen Kajüte nicht zu ersticken, spielen wir den ganzen Tag „Luken auf, Luken zu". In der Nacht dünsten wir im eigenen Saft. Handtücher, Geschirrtücher und Kleidung fühlen sich klamm an, nichts trocknet, die Polster stinken wie alte Schwämme. Am Cockpit-Teak sprießt Moos. Dafür immer volle Wassertanks.

Nichts wie raus aus diesem Regenloch. Zum Ausklarieren wieder längsseits am Frachterpier. Der Immigration Officer spuckt seinen roten Betelnuss-Speichel auf unsere Festmacherleine. Beim Hafenmeister blechen wir 65 US Dollar, das entspricht der Gebühr eines Großschiffes unter 1.000 Tonnen. Hermann bringt einige Säcke Reis und Zucker, Packerlsuppen, Zigaretten und Briefe für seine Familie im Nukuoro-Atoll vorbei. Knapp 300 Meilen entfernt, liegt es auf unserer geplanten Route. „Seit einem Jahr sitzt das Versorgungsschiff mit Motorschaden in Kolonia fest. Die Regierung hat angeblich kein Geld für Ersatzteile", erzählt der stämmige Polynesier. „Unlängst gab es in Nukuoro einen Notfall. Eine Frau hätte dringend ärztliche Hilfe benötigt. Eine Landepiste für Kleinflugzeuge gibt es immer noch nicht und das hiesige Patrouillenboot konnte sie nicht abholen – Spritmangel."

Tagestörn zum unbewohnten Ant, wenige Seemeilen neben Pohnpei. Ein Atoll mit Bergblick, mal was anderes. Beschauliche Tage. Montieren den neuen Windgenerator, der unseren nunmehr sieben Jahre alten Batterien zu Hochspannung verhilft. Jetzt gilt die Ausrede „zu wenig Strom fürs Notebook" nicht mehr, höchstens „zu viele Schweißtropfen in der Tastatur". Zum ersten Mal auf dieser Reise bringen wir unsere Homepage up to date. Was hilft's: Die nächsten zehn Wochen weit und breit kein Internet- oder Postzugang, um Text und Fotos an unseren geduldigen Webmaster Fritzi Fleck zu übersenden.

EIN FAST PERFEKTES ATOLL

Nukuoro, FSM

Am Montag, den 28. April 2008, ziehen wir weiter. Knapp 250 Seemeilen, 226° bis Nukuoro. Dazwischen befindet sich tückischerweise das Ngatik Atoll. Wolf vertippt sich bei der Länge des GPS-Wegpunktes, beinahe wäre Ngatik zu *Nomads* Stolperstein geworden. Zum Glück zeichnen wir immer noch alle paar Stunden unsere Position in die gute alte Seekarte. Jede Nacht erleuchten Fischereiflotten den Horizont. Aus dem tropischen Pazifik werden offiziell pro Jahr über zwei Millionen Tonnen Thunfisch geholt. Drei Tage lang schwere Regenfälle, Sturmböen und Gegenwind statt Nordostpassat. Genua ausbaumen, Reff ins Groß, Genua bergen, Baum weg, Fock raus. Fisch an der Angel immer dann, wenn sowieso genug Action. Dazwischen kochen, essen, schlafen, Wache gehen, lesen, schwitzen. In der letzten Nacht dreht der Wind auf West, brist immer stärker auf. Gut, dass wir nicht mit Motorhilfe versucht haben, bereits am Abend in Nukuoro anzukommen. Wie so oft vertrauten wir unserer Intuition und dem Wind. In der Lagune würden wir jetzt auf Legerwall ankern.

Nukuoro ist ein fast perfektes Atoll. Auf der Seekarte präsentiert es sich in vollendeter Ästhetik. Knapp 50 Inselchen schmiegen sich um die kreisrunde, vier Seemeilen kleine Lagune. Ein loser Kranz von Punkten irgendwo im Nirgendwo. Liegen Paradiese nicht immer im Nirgendwo? Das Nirgendwo hat in diesem Fall eine Position: 03° 51' Nord + 154° 56' Ost. Zweifler können bei Google Earth nachsehen. Einziger Schönheitsfehler für uns Segler: Im Westen ist die Inselkette unterbrochen, daher bei Winden aus dieser Richtung kein Schutz. Nukuoro gehört geographisch zu Mikronesien, wird aber von Polynesiern bewohnt. Alleine deshalb Neugier bei der Routenplanung.

Überraschend ruhiger, jedoch trüb grauer Morgen beim Landfall. Drehen zwei Ehrenrunden vor der Nukuoro Passage. Meter für Meter tasten wir uns durch die 20 Meter schmale Einfahrt. Zum Glück haben wir Stillwasser erwischt und kaum Schwell. Unter dem konturlosen Himmel kräuselt kein Lüftchen die spiegelglatte Lagune. Die unwirkliche Stille wird nur durch das Tuckern unseres Motors

gestört. Wähnen uns auf einem anderen Planeten. Verstärkt die Müdigkeit unsere Wahrnehmung? Das Nachlassen der Anspannung? Oder das Glück der Ankunft? Nach den eintönigen Tagen auf See in unserer kleinen, überschaubaren Welt wirken die ersten Eindrücke noch intensiver. Je näher wir dem Dorf kommen, desto deutlicher das Bild. Unter riesigen, überhängenden Bäumen ducken sich Palmblatt gedeckte Häusergruppen am Strand. Kleine Pfahlhütten stehen über dem Wasser – geschickt getarnte Toiletten, wie wir später erfahren. Einen Steinwurf vom Korallenanleger entfernt, fällt unser Anker auf zwölf Meter Sandgrund. Ein Dorf, 300 Seelen, drei Polizisten. Kaum angekommen, beehrt uns die komplette Schutztruppe. „Warum braucht ihr hier drei Polizisten?“ fragt mein Skipper unverblümt. „Damit wir das Alkoholverbot in Nukuoro durchsetzen können“, erwidert Bob, der Kommandant der Truppe, Augen zwinkernd. Harson gesellt sich zu uns, um die Lieferung aus Pohnpei in Empfang zu nehmen, und wuchtet ein 20-Kilogramm-Bündel Kokosnüsse auf die Heckplattform.

Erkundungstour auf der Hauptinsel, eineinhalb Kilometer lang und maximal 500 Meter breit. Wandeln auf sauber gefegten Wegen durch ein Südsee-Freilichtmuseum. Häuser im traditionellen Stil, duftende Blumenhecken und Frangipanibäume, Rauch von offenen Feuerstellen. Ein fröhliches „Danuaa“, also „Hallo“, tönt von überall her. Eine Frau erwartet uns vor ihrem Garten und drückt uns zwei Trinknüsse in die Hand. 100 Meter weiter schmückt ein Mädchen unsere Köpfe mit Blumenkränzen. Hier ist sie wieder, die typisch polynesische Gastfreundschaft. Einfach geben. Ohne irgendetwas zu erwarten.

Im Landesinneren federnden Schrittes auf bemoosten Dschungelwegen zum Herz der Insel, dem Tarofeld, ein von Menschenhand gegrabenes Sumpfgebiet. Heikle Angelegenheit auf niederen Atollen. Durch den Anstieg des Meeresspiegels branden bei Stürmen die Wellen über die Insel und versalzen das Tarofeld. Die einst mannshohen Pflanzen welken kümmerlich dahin. Das Tarofeld auf der Passinsel wurde bereits gänzlich zerstört und aufgegeben. Für die abgeschiedene Gemeinschaft Nukuoros, deren Subsistenzwirtschaft auf Taro, Brotfrucht, Kokos und Fisch basiert, eine Existenzfrage. „Gottes Wille“, meint Charly, der Pastor, und erzählt, dass bei Springhochwasser und starkem Westwind sein Haus und Garten unter Wasser stehen. Zum Schutz vor dem wütenden Meer errichten viele Familien Korallensteinmauern am Strand. Der berühmte Tropfen am heißen Stein.

Die gemauerte Schule liegt an der Luvseite und wird als idealer Standpunkt für unseren alten Windgenerator auserkoren. Eine unbenützte Fahnenstange dient als Mast, Wolf und der geschickte Inseltechniker Joape stellen sie an der Außenwand eines Klassenzimmers auf. Die Elementary School verfügt sogar über drei Computer, Stromversorgung mit kleinem Solarsystem. Unterrichtssprache

Englisch, damit sich die Insulaner auf der Hauptinsel Pohnpei, wo eine andere Sprache gesprochen wird, verständigen können. Begeistert läuft das halbe Dorf zusammen, als sich bei der ersten Brise die Flügel des „Air Marine" zischend in Bewegung setzen.

Bei Joapes Familie zum Abendessen. Seine Frau Joeline tischt unzählige Leckereien auf: frisch gebackenes Brot, Krabben, Fisch, Huhn, Brotfruchtpudding, Bananenchips, Taro in Kokoscreme. Ich bewundere die geschickte Joeline im Küchenhaus. Punktgenau schlägt sie mit der Machete Kokosnüsse auf, raspelt flink mit ihren kräftigen Händen Kokos in eine Schüssel und hantiert am offenen Feuer wie unsereins am Elektroherd. Als Kochstelle fungiert eine aufgeschnittene Autofelge. Woher die wohl kommt, auf einer Insel ohne Autos? Unsere Gastgeber wachsen uns ans Herz, bald gehören wir zur Familie. Bei ihnen gehen wir ein und

Auslegerboot in der Lagune von Nukuoro; Doris mit Blumenkranz, dem Symbol der Südsee

aus, holen Wasser und waschen Wäsche. Ehrlich gesagt nimmt mir die 15-jährige Taualoha die Arbeit ab. Das passiert mir auf vielen Inseln, „weiße Frau" stellt sich augenscheinlich zu ungeschickt an. Täglich werden wir mit Kokosnüssen, Papayas, Bananen, Orangen und Limonen beschenkt. Wir revanchieren uns mit Kaffee, Zucker, Reis – Luxusgüter, die derzeit auf Nukuoro fehlen. „Früher kam das Versorgungsschiff alle zwei Monate, jetzt warten wir oft ein halbes Jahr darauf", erzählt der kraushaarige Joape. „Benzin für die einzigen zwei Motorboote der Insel wird knapp, Petroleum für Lampen ist schon lange aus, stattdessen verwenden wir wie in alten Zeiten Kokosöl."

Am Abend hört man nichts außer dem Rauschen der Brandung und dem Wispern des Windes in den Palmen. Die Hitze ist gegangen. Ausgestreckt liegen wir im Cockpit. Nach Anbruch der Nacht spiegeln sich die Sterne auf der jetzt vollkommen ruhigen Oberfläche der Lagune. Um uns schließt sich die Milchstraße zu einem Ring. Fische, die im phosphoreszierenden Wasser glitzernde Leuchtspuren hinter sich herziehen, werden zu Sternschnuppen. *Nomad* ist ein Raumschiff auf der Reise zu fernen Galaxien.

Auch Paradiese brauchen einen Verwalter. Gerson macht den Job. Ein großer, charismatischer Mann mit Pareo um die Hüften. Aus der traditionellen Chief-Familie stammend, ist er der gewählte Bürgermeister. Als ehemaliger Senator in Pohnpei kam Gerson viel im Pazifik herum, als intellektueller Visionär kehrte er auf seine Heimatinsel zurück, den Kopf voller Ideen. Eine davon hat er bereits verwirklicht: Die einzige Perlfarm Mikronesiens. Besitzer ist die Community von Nukuoro. Zehn Männer arbeiten täglich für die Farm. Im letzten Jahr wurden 60.000 US Dollar Gewinn erzielt. Dringend benötigtes Geld, das für Gemeinschaftseinrichtungen und Infrastruktur verwendet wird: Schule, Krankenstation, Motorboot und vielleicht einmal ein eigenes Schiff, um den Menschen von Nukuoro bessere Mobilität zu ermöglichen.

An unserem Abreisetag mästet uns Gerson mit einem üppigen Mittagessen. Als Abschiedsgeschenke erhalten wir Palmblattkörbe mit Verpflegung für mindestens eine Woche sowie eine gigantische Bananenstaude. Unser Einwand, dass wir das niemals aufessen können, wird ignoriert.

Der Polizeichef wird als unser persönlicher Betreuer abkommandiert. Bob zerrt unseren Zweitanker aus 20 Meter Tiefe und hievt ihn gefühlvoll an Bord. Packt beim Verstauen unserer Kajaks an und lotst uns mit Motorboot durch den Pass. Erst nach drei Stunden verlieren wir Nukuoro aus den Augen. Die hohen Baumwipfel erkennen wir noch aus 15 Seemeilen Entfernung. In *Nomad*s Kielwasser entschwindet ein kleines Korallenatoll, das eine Woche lang unser Universum war. Ist unsere Suche nach dem Garten Eden hier zu Ende?

WO STECKT IHR?

Kapingamarangi, FSM

Zwei Tage unterwegs. Glänzend spannt sich der Pazifik von Horizont zu Horizont, ein tiefblaues Seidentuch, das unser Bug fast frevelhaft durchschneidet.

Wo sich Wasser und Himmel berühren und Land nur eine flüchtige Erscheinung ist, leben die Kapingas. Einer Legende nach wurde die Hauptinsel Toho, kaum größer als zwei Fußballfelder, von Menschenhand und Magie erschaffen. Die Magie ist bei der Bekehrung zum Christentum leider abhanden gekommen. Die Korallenmauern, die Toho vor den Fluten schützen, werden regelmäßig von Stürmen zerstört. Dann schichten die Kapingas beharrlich die Korallensteine wieder übereinander und trotzen ihre kleine Insel dem Meer ab.

Dicht gedrängte, schiefe Bootsschuppen am schmalen Strand, verschachtelte Palmhütten auf Steinplattformen. Surreal die lange Brücke zur Nachbarinsel. Das Gesamtbild nochmals als Spiegelung in der gläsernen Lagune.

Die kargen Landsplitter von Kapinga geben nicht viel her. Zwar ist das hiesige Tarofeld intakt, aber es gedeihen weniger Bananen, Papayas, Brotfrüchte. Ein Großteil des Tages ist der Beschaffung und Zubereitung der Mahlzeiten gewidmet. Die eintönige Inselkost besteht überwiegend aus Fisch, Kokos und Taro. Nur zu besonderen Anlässen werden Reis, Huhn und Schwein zubereitet. Selbst unsere vergorenen Bananen aus Nukuoro finden dankbare Abnehmer – die Schweine.

Wir sind vorgewarnt. Sowohl im nautischen Führer „South Pacific Anchorages" als auch in einem deutschen Segelabenteuerbuch lesen wir von der Unnahbarkeit der Einheimischen. Kaum fällt der Anker, paddeln die ersten Auslegerboote herbei. Grinsende Gesichter. Eins davon gehört Ruy. Ihm haben wir per „Sailmail" zwei Pakete aus Nukuoro mitgebracht. Zigaretten und Kaffee. Mit letzterem können auch wir aushelfen. Ruy leert auf einen Sitz zwei Espressokannen, dazu verputzt er ein halbes Blech Bananenkuchen. Das Eis ist gebrochen. Ruy ist hiesiger Polizeihäuptling. Seine Frau Senita, lokaler Wetterfrosch, gibt viermal täglich meteorologische Werte über Funk nach Pohnpei durch. Selbst kinderlos, adoptierten die beiden – wie in der Südsee üblich – vier Kinder aus der näheren Verwandtschaft. Ruy und Senita zählen zu den wohlhabenden Leuten von Kapinga, da sie regelmäßiges Einkommen beziehen. Ihr größter Luxus: ein kleiner Generator und ein Fernseher mit DVD-Player. „Movienights" sprechen sich wie ein Lauffeuer herum. Nach Einschalten der altersschwachen Flimmerkiste versammelt sich innerhalb von Minuten das halbe Dorf in Ruys Garten. Am Boden sitzend verfolgt Jung und Alt gebannt das Geschehen am winzigen Bildschirm. Fragen uns, welchen Einfluss Filme auf Insulaner haben. Wecken sie Sehnsüchte nach einem anderen, unerreichbaren Leben?

„Wo steckt ihr?" fragt Winfried auf der Funke. Wir buchstabieren den Zungenbrecher K-a-p-i-n-g-a-m-a-r-a-n-g-i und geben die Position durch: 01° 05' Nord + 154° 48' Ost. Könnten uns genauso gut auf dem Mond befinden. Kaum jemand von der Funkrunde kennt die Insel. Hier stöbern wir wirklich durch die Hinterhöfe der Südsee. Obwohl sich die Anzahl der Fahrtenyachten seit unserer ersten Reise mindestens verdoppelt hat, werden abgelegene Plätze heute seltener angesteuert. Hapert es am Abenteuergeist? Liegt es an den nicht vorhandenen Kneipen und Supermärkten? Am fehlenden Internetanschluss? Ist es die fehlende Bequemlichkeit? Denn unbequem ist die Route allemal. Manchmal verfluchen wir die Unannehmlichkeiten, die harten Am-Wind-Kurse, die durchwachten Bönnächte, die mörderische Hitze, die unsicheren Ankerplätze, die haarsträubenden Riffeinfahrten, den Bewegungsmangel in unserer kleinen Boots- und Inselwelt. Aber das ist der Preis für die Erfahrungen dieser Reise.

Mit einer dreistündigen Tortur haben wir nicht gerechnet. Dabei gehen wir in der Südsee gerne in die Kirche. Man hört schöne Gesänge, lernt Leute kennen und hinterher gibt es leckeres Essen. Der Pfarrer bittet uns um ein paar Worte. Da ich nicht gerne vor mehr als zwei Menschen spreche, muss Wolf einspringen. Munter erzählt er von unserem Woher und Wohin, lobt ausgiebig die Schönheit der Insel und bedankt sich für die Gastfreundschaft. Stürmischer Applaus. Inselbewohner lieben Ansprachen. Im Gegenzug betet die Gemeinschaft für unsere sichere Weiterreise. Heute kommen zum Standardprogramm noch Muttertagsfeierlichkeiten hinzu. Junge Frauen halten Dankesreden, die in herzzerreißendem Weinen gipfeln. Danach gehen sie zu ihren Müttern und schmücken sie mit Blumenkränzen. Am Ende artet die Messe in ein kollektives Schluchzen aus, alle schütteln einander gerührt die Hände. Das anschließende Festessen päppelt alle wieder auf. Unser mitgebrachter Bananenkuchen, den wir selbst nicht mehr sehen können, kommt wie immer gut an. Erschöpft und abgefüllt trollen wir uns zum Boot. Versuch einer Siesta bei 34 Grad in der Kajüte scheitert. Auch der Sprung in die badewannenwarme Lagune bringt keine Abkühlung. Die einzigen, die sich in dieser Hitze wohl fühlen, sind unsere Rüsselkäfer. Munter krabbeln

Hauptinsel Toho, Kapingamarangi Atoll

sie durch Reis- und Mehlbestände und vermehren sich rasend schnell. Roggen- und Vollkornmehl musste ich schon über Bord kippen, mit selbstgebackenem Schwarzbrot schaut es finster aus. Plötzlich der unbändige Gusto nach einem Speckbrot mit frischem Kren. „Oder eine Käsekrainer mit süßem Senf und einem Scherzerl“, schmatzt Wolf. Die Vorfreude auf heimische Kost erhält beim Hören der Nachrichten auf Kurzwelle einen Dämpfer. Unfassbar, dass ein Liter Diesel in Österreich schon bald 1,50 Euro kosten soll. Die Kapingas erkannten die Zeichen der Zeit. Sie segeln wieder mit ihren Auslegerkanus, die wuchtigen Yamaha-Motorboote stehen unbenützt in den Bootshäusern. Um große Mengen Kopra zu laden, werden die schwerfälligen Kunststoffboote gelegentlich als Floß verwendet und durchs flache Wasser gestakt. Die Außenbordmotoren werden nur mehr zum Offshore-Fischen benützt. Fragen uns, worauf wir umsteigen werden, sollten wir jemals wieder an Land leben. Pferd oder Fahrrad?

Bootshaus in Kapingamarangi

SCHENKKULTUR

Kitava, Papua Neuguinea

Kurs Süd. Am 17. Mai 2008 überqueren wir um 1 Uhr 30 Früh auf 154° 51' Ost mit *Nomad* zum dritten Mal den Äquator. Bis 3° Süd launenhafter Wind und Etmale um die 100 Seemeilen. Seltene Sternenkonstellation: Am Heck baumelt der Große Wagen, über dem Bug hängt das Kreuz des Südens. Durch die südpazifische Konvergenz mit schwerem Regen, zuckenden Blitzen und heftigen Böen aus West. Nördlich von Bougainville setzt endlich kühlender Passat ein, zuerst aus Süd, dann immer stärker aus Südsüdost. Nehmen die Schoten dicht und reffen. Der erste Brecher über Deck schießt durch die Doradelüfter in die Kajüte. Überschwemmung.

Nehmen uns Zeit für unsere Lieblingsbeschäftigung Routenplanung. Einklarieren in Rabaul wegen 200 Seemeilen Umwegs plus anschließendem Gegenangekreuze gestrichen. Suchen die Seekarte nach winzigen Inseln ab. Wollen zuerst nach Budibudi, dann durch die Wuriwuri-Passage in die Louisiaden. Klingt super, aber immer schön flexibel bleiben. Draußen bläst es mittlerweile mit 25 bis 30 Knoten. Hart am Wind pflügt *Nomad* durch eine raue See. In der Nacht wird es so ruppig, dass wir kaum schlafen können. Die einzigen Inseln, die wir letztendlich anliegen können, sind die Trobriands. Unsere Fahrt quer Solomon See gleicht der Strecke von Sizilien bis Spanien bei starkem Mistral.

Und dann Kitava. Schlanke Palmen unter grünen Hängen, ein Dutzend Auslegerkanus am weißen Sandstrand, dahinter schlichte Bootshütten aus Palmwedeln. Über dem schmalen Uferstreifen ragt steil und in Stufen ein 150 Meter hohes Kalksteinplateau. Kitava, am östlichsten Rand des Trobriand-Archipels gelegen, trennen nur zwölf Seemeilen von der Hauptinsel Kiriwina, die die Einheimischen „mainland" nennen. Der polnische Anthropologe Bronislaw Malinowski besuchte diese abgeschiedene Inselgruppe im Ersten Weltkrieg und berichtete der Welt bald Wundersames – von Menschen, die sich ohne Scham und Schuld der freien Liebe hingaben und ihre gesamte Ernte verschenkten, um ihrerseits von anderen beschenkt zu werden. Malinowski, Pionier der modernen Anthropologie, führte zum ersten Mal in der Geschichte Feldforschung durch und benützte die Fotografie für seine Dokumentation. Sein Buch „Über das Geschlechtsleben der Wilden in Nordwest-Melanesien“ sowie der Lockruf „Inseln der Liebe“ köderten viele Forscher. Was uns lockt? Die Hoffnung auf Einfachheit. Keine Autos, keine festen Straßen, keine Stromleitungen, keine DVD-Player, keine Blechdächer, keine Motorboote.

Kaum angekommen, sind wir von Auslegerkanus umzingelt. Durch jedes Rumpffenster lachen strahlende Gesichter. Vorsichtiges Annähern zweier Kulturen, die unterschiedlicher nicht sein könnten. Da die Heckplattform schnell überfüllt ist, rücken die zierlichen, hellbraunen Gestalten zögernd ins Cockpit vor. Die englische Sprache hilft uns, einander zu verstehen. Warum die Neugier und Aufregung der Insulaner? Die letzte Yacht ankerte hier in den 1980er Jahren. Von der anstrengenden Reise todmüde, erklären wir unseren Besuchern, dass wir jetzt gerne ein paar Stunden schlafen würden. Nach kurzem Palaver meint Mark, der am besten Englisch spricht: „Kein Problem, wir passen auf euer Schiff auf!“ Danach nur mehr leises Flüstern, aber keinerlei Anzeichen eines Aufbruchs. Stattdessen machen es sich unsere Gäste bequem und werfen ihre Angelleinen aus.

Ein gewundener Dschungelpfad, nicht breiter als einen halben Meter und voller Fußfallen, führt steil auf das Zentralplateau. Nach etwa 40 Minuten Marsch erreicht unsere Karawane Okaburura, eines der fünf Dörfer von Kitava. Die weit verstreute Ansiedlung besteht aus getrennten, oft kreisförmig gruppierten Ge-

bäuden der einzelnen Familienclans. Anmutige Hütten, ausschließlich aus Naturmaterialien, stehen zum Schutz vor Regenfluten und Tieren auf Pfählen. Fenster gibt es meist keine – aus Furcht vor den missgünstigen Geistern der Nacht. Wir besuchen den Chief. Lepani sitzt auf der Terrasse seiner Hütte und kaut Betelnuss. Gemurmel kommt aus seinem rot gefärbten Mund. Er fragt nach Amoxicillin-Antibiotika, da er seit Monaten an einer Hodenentzündung leidet. Arg geschwächt kann der 73-Jährige kaum mehr gehen. Dessen ungeachtet wünscht er sich eine dritte, möglichst junge Ehefrau. Seine beiden in die Jahre gekommenen Gemahlinnen haben jedoch ihr Veto eingelegt. Auf den Trobriands besitzen die Chiefs das Privileg, mehrere Frauen zu ehelichen.

Als Einstandsgeschenke haben wir ein paar Meter Stoff, einen Schleifstein, Waschpulver und Tabak mitgebracht. Im Gegenzug erhalten wir eine Pandanusmatte sowie eine zehn Kilo schwere, einen Meter lange Yamswurzel. Auf diese Weise sind wir Teil der hiesigen, archaischen Schenkkultur geworden. Gaben verpflichten und verbinden. Der soziale Kitt der Gemeinschaft. In den nächsten Tagen entfaltet sich ein reger Tauschhandel. Die Insulaner bringen Yams, Süßkartoffel, Tapioka, Orangen, Papayas und Fisch im Kanu übers Meer, wir senden Reis, Zucker, Kleidung, Messer, Leinen, Angelzeug und Bonbons zurück. Chris möchte einen Block für sein Segelkanu gegen ein Huhn tauschen. Bei der Übergabe drückt er mir eine zugebundene, geflochtene Tasche in die Hand, aus der es gackert. Der wunderschönen, weißen Henne kann ich nie und nimmer den Hals umdrehen, könnte sie höchstens zum Eierlegen an Bord behalten. Wie immer

Mädchen mit Angel; Heimkehr mit reicher Beute; glückliche Kinder (von li.)

zeigen die Einheimischen großes Verständnis für uns seltsame dim-dims (Weiße), anderntags liefert Chris ein fertiges Erdofen-Hühnchen.

Nomad ist eine absolute Attraktion. Ob wir an Bord sind oder nicht, immer hängen Kanus am Heck. Auch heute Abend sitzen Rudolf, Paul, Malocha und einige Kinder auf der Plattform und angeln. Wir hätten zwar manchmal gerne unsere Ruhe und Privatsphäre, sind uns aber nicht sicher, ob wir dieses westliche Privileg hier überhaupt beanspruchen können. Also vergessen wir unseren Individualkult. Vielleicht verlangt es ihre Höflichkeit, auf unser Boot aufzupassen und uns nie allein zu lassen. Spazieren wir am Strand, gesellt sich immer jemand zu uns, steigen wir rauf zum Dorf, finden sich Begleiter. Ozeanier lieben die Geselligkeit. Alleine zu sein ist für sie ein Alptraum. Manchmal zählen wir über 20 Personen an Bord. Da keiner unserer Gäste je eine Yacht von innen gesehen hat, führen wir sie gruppenweise durch die Kajüte. Die staunenden Augen und Gesten sind unbeschreiblich. Gefällt ihnen etwas besonders, schnalzen sie anerkennend mit der Zunge. Amüsant ihr unbändiger Appetit. Kekse, Kuchen und Brote werden blitzartig aufgeteilt und verschlungen, als hätten sie sich in Luft aufgelöst. Gekochter Reis löst eine wahre Euphorie aus. „Wir essen Reis nur drei Mal im Jahr, zu besonderen Anlässen", klärt uns Mark auf. „Reis zählt zu den Dingen, die wir kaufen müssen, wie Kochgeschirr oder Kleidung. Und Geld ist auf Kitava kaum zu verdienen."

Das wunderbare Bild, das wir uns von der geldlosen Gesellschaft gemacht haben, erhält erste Risse, als wir die Schule besuchen. Ein Großteil der Dorfkinder sieht nie ein Klassenzimmer von innen, denn die umgerechnet acht Euro Schulgeld pro Jahr sind für die meisten Eltern kaum aufzubringen. Diskutieren das Dilemma mit den vier Lehrern. „Als Selbsthilfe veranstalten wir einmal pro Woche einen Markttag. Die Kinder verkaufen frisches Obst und Gemüse aus ihren Gärten. Mit dem Erlös wird das Schulgeld abgestottert", erzählt uns die 45-jährige Vexie. Der Bleistift, der aus ihrem Kraushaar ragt, scheint ihr direkt im Schädel zu stecken. Käufer sind vor allem die Lehrer und diese Woche wir zwei dim-dims. Entschließen uns spontan, für drei Kinder das Schulgeld für die nächsten

Jahre zu übernehmen. Damit sich niemand benachteiligt fühlt, lassen die Lehrer das Los entscheiden. So werden die beiden Mädchen Vanah (12 Jahre) und Lilian (10 Jahre) sowie der Junge Muraiba (11 Jahre) unsere Schützlinge.

So einfache Klassenzimmer haben wir noch nie gesehen. Die Kinder sitzen in offenen Palmhütten auf Matten am Sandboden. Bei Regen fällt der Unterricht aus, da das Wasser den Boden durchweicht. Als wir eines Morgens in die Schule kommen, wähnen wir uns in einem Traum. Alle Kinder in traditioneller Kleidung. Mädchen in Grasröckchen, Buben in Basthosen. Federn im Haar, bemalte Gesichter, Blütenstaub auf eingeölten Körpern, Oberarmbänder, Bagi-Halsketten. Einmal im Monat feiern die Trobriander den „Tag der Tradition". Dann bitten die Lehrer die Kinder, sich zu schmücken und zu kleiden wie einst. Als Überraschung für uns dim-dims führt jede Klasse einen Tanz auf. Wir sind tief gerührt.

Südseekinder auf abgelegenen Inseln führen ein sehr freies Leben, wachsen unter ihresgleichen auf. Sie kommen uns selbstständig vor, begegnen uns neugierig und offen. Nur die ganz Kleinen weinen manchmal, wenn sie uns sehen, weil sie noch nie zuvor Weiße erblickten. Sie kennen keine Langweile, spielen ohne Spielzeug und toben bis spät in die Nacht. Selten streiten sie, nie hören wir Gejammer, Gezeter und Geschrei. Dennoch tun sie, was die Erwachsenen von ihnen erwarten: Geschickt arbeiten sie in den Gärten, klettern auf Kokospalmen und gehen fischen.

Zum x-ten Mal steigen wir über den steilen Weg, der bei Nässe zur Lehmrinne wird. Auch diesmal begegnen wir jungen Frauen, die Trinkwasser von einer Quelle am Strand hinauf ins Dorf tragen. Bis zu vier übereinander gestapelte, volle Aluminiumtöpfe balancieren sie am Kopf. Klettern in eine drei Meter tiefe Kaverne, um uns und unsere Wäsche ins Reine zu bringen. Wie immer locken wir viele Zaungäste an, die jeden unserer Handgriffe neugierig beobachten. Am Ende unserer Vorstellung quetschen wir jedem Shampoo in die offene Hand. Zuerst zögernd, dann kichernd schmieren sie es sich in das trockene Haar. Wahrscheinlich haben sie so etwas noch nie verwendet.

An unserem Abreisetag ist *Nomad* von Kanus umkreist. Muraiba, „unser" Bub, kommt vor Schulbeginn mit acht Eiern vorbei. Unerklärlich, wie er sie den steilen Weg heil bis zu uns balancierte. Paul bringt Spinatblätter und Süßkartoffeln, Rudolf rollt Trinknüsse ins Cockpit, von Malocha erhalten wir Yamswurzeln. Eine Stunde später ziehen wir den Anker hoch und gleiten über die Korallenbänke, um freies Wasser zu gewinnen. Die Menschen in den Kanus und am Strand werden kleiner. Mark schaut uns traurig nach, neben ihm winkt sein Sohn, dessen Bagi-Halskette nun Wolf trägt. Irgendjemand bläst in ein Schneckenhorn. Noch lange schauen wir Kitava nach. Das Gefühl, das Wolf und ich teilen, ist die Wehmut desjenigen, der allein auf einem leeren Bahnsteig zurückbleibt.

UNSERE LETZTE SÜDSEEINSEL

Panapompom, Papua Neuguinea

Die See wäscht unsere Abschiedstränen weg. Hoch am Wind stampft *Nomad* im Zick-Zack gegen den Südostpassat Richtung Louisiaden. Obwohl unser Ziel nur 140 Seemeilen entfernt liegt, wird unsere Geduld auf eine harte Probe gestellt. Meile für Meile quälen wir uns vorwärts und kommen doch kaum voran. Kämpfen beide gegen Übelkeit. Die Doxicyclin Malaria-Prophylaxe schlägt sich auf den Magen. Überdies verbrennt uns die Sonne die Haut, eine weitere Nebenwirkung dieser Tabletten. In der dritten Nacht zucken Blitze aus schwarzen Wolken, die im Morgengrauen zaghaft die Umrisse von Misima und Panaete freigeben. Eigentlich wollen wir nach Panasia, einer unbewohnten Insel in der Calvados-Chain, 25 Seemeilen weiter im Süden. Ein neutraler Platz, um die nachhaltigen Reiseerlebnisse zu verarbeiten und *Nomad* etwas Pflege zukommen zu lassen. Unser Boot ist total versaut. Speisereste kleben unter den Cockpitgrätings – habe irgendwann aufgegeben, nach jedem Besuch zu putzen. Überall krabbeln Ameisen, Spinnen und sonstiges Ungeziefer, das mit Kokosnüssen und Wurzelwerk an Bord gebracht wurde. Plötzlich erspähen wir vor *Nomads* Bug ein schnell gleitendes Segel, das unsere Neugierde weckt. Elegant flitzt ein großes Auslegerkanu durch die Westpassage der Deboyne Inseln – und wir hinterher. Wieder einmal vertrauen wir unserem Instinkt. Zwei bewohnte und eine Handvoll unbewohnter Inseln liegen verstreut in einer zehn Meilen langen und fast ebenso breiten Lagune. Die letzten fünf Seemeilen gleiten wir über flaches, vom Außenriff geschütztes Wasser, bis wir im Lee von Nivani inmitten leuchtender Blautöne sicheren Ankergrund finden. Flache Riffe und Sandbänke verbinden das Inselchen Nivani mit dem bewohnten Panapompom.

Wir brauchen Mehl. In unseren jämmerlichen Restbeständen haben die Rüsselkäfer längst die Oberhand gewonnen. Julie weiß, wo es auf Panapompom Mehl geben könnte. Im Gänsemarsch folgen wir der 20-Jährigen quer über die Insel. Der schlammige Pfad zwingt mich, ständig nach unten zu blicken. Während ich stolpere, habe ich stets Julies nackte Sohlen vor Augen und bewundere ihren

Auslegerboot vor Nivani (o.); Tumwi-Tumwi-Brett am Bug eines Auslegerbootes

leichtfüßigen, wiegenden Gang. „Only 15 minutes to the next village!“ höre ich sie sagen, dabei sind wir seit gut einer Stunde unterwegs. Zeit spielt hier keine Rolle. Kaum jemand besitzt eine Uhr. Da wir kein hiesiges Bargeld haben, tauschen wir im ersten Laden unsere Dynamo-Taschenlampe gegen 20 Kina. Mehl gibt es keines. Dafür Fisch in der Dose. Wandern am Ufer zum nächsten Weiler. Im Schatten der Bäume etliche segelbare Auslegerkanus zwischen fünf und zehn Meter Länge. „Seit die Goldmine auf Misima geschlossen wurde, gibt es kaum Arbeitsplätze. Jetzt segeln die Männer wieder raus, um nach Trepang zu tauchen, aber die Bestände in der Lagune sind bald erschöpft“, erzählt Julie im Laufschritt. Getrocknete Seegurken sind in China als Potenzmittel sehr begehrt und werden hier für 150 Kina pro Kilo (ca. 4 bis 5 Stück) an Händler verkauft. Ebenfalls gefragt sind Haifischflossen, die auf Leinen aufgefädelt wie Wäsche in der Sonne trocknen. Plünderung der Meere; auch hier benötigt man Geld. Seit der Schließung der Goldmine kann man in Misima auch nicht mehr einklarieren. Deshalb sind wir noch immer illegal im Land. Wen kümmert's …

Überqueren einen schmalen Fluss an seiner Mündung. Leben hier Krokodile? „Yes, plenty crocodiles!“ meint Julie lachend, während wir durchs braun-trübe Wasser waten. Nach dem Motto „Menschen sind Freunde“ verspeisen die Salz-

Ankerplatz vor Nivani; Julie; Blase von Insektenstich; kaputte Brille

wasserkrokodile von Panapompom aber angeblich nur Schweine. Bis jetzt zumindest.

Stunden später noch immer keine Spur von Mehl. Also Yams- und Tarowurzel-Diät. Zurück in Julies Bilderbuchdorf zeigt sie uns stolz ihr fast fertiges Stelzenhaus mit Wänden aus Bambus und einem Dach aus Sagopalm-Blättern. Preiswerte und nachwachsende Naturmaterialien. Perfekte Architektur inklusive Klimaanlage – der kleinste Luftzug bringt Kühlung. Überdies schützt die hochbeinige Konstruktion vor Ungeziefer und Überschwemmungen. Vater Tobby, der Baumeister, träumt dennoch von einem Dim-Dim-Haus aus Wellblech und Sperrholz. Wenn Julie eines Tages von ihrem Lehrerinnen-Gehalt genug gespart hat, wird sie ihm Geld dafür geben.

Die Tage fliegen dahin. Auch die Wolken über unseren Köpfen. Oft stürmt der Passat, peitscht Regen vor sich her, dann wird der Ankerplatz unangenehm rollig. Betreiben regen Handel, tauschen Angelleine gegen Langusten, Unterhosen gegen Eier, T-Shirts gegen Bananen. Meine aus der Seglermode gekommenen Kleider schenke ich Julie. Oft besucht sie uns an Bord und mampft begeistert Papayakuchen. Julies Freude und Lachen, aber auch ihre Ruhe und Gelassenheit sind charakteristisch für die Menschen der Südsee, die sich rundum wohl in ihrer Haut fühlen. Eines Abends zieht eine kräftige Schauerböe durch, die Julies Paddel vom Kanu fegt. Wolf springt blitzschnell hinterher, bevor es in der Dunkelheit verschwindet. Leider steigt er beim An-Bord-Klettern auf seine Brille. Knirsch! Seither schaut er durch ein Spinnennetz, denn seine drei Ersatzbrillen sind ebenfalls hinüber. Jedes Glück hat einen kleinen Stich. In meinem Fall haben sich die schrecklich juckenden Sandfliegenstiche an den Beinen in zwei Zentimeter große Ballons verwandelt. Damit die zum Bersten gespannten Blasen nicht noch größer werden, schneidet sie Wolf mit dem Skalpell auf. Zum Schutz trage ich trotz Affenhitze dicke Bergsocken. Ein komischer Anblick.

Hab Hummeln im Hintern, will weiter. Je mehr ich dränge, desto mehr bremst Wolf. Eine der seltenen Situationen, in denen wir uns nicht einig sind. Wolf wirkt grantig und unrund. Möchte hier bleiben. Kann sich nicht damit abfinden, dass Panapompom unsere letzte Südseeinsel auf dieser Reise sein soll. Seit 2004 durchkreuzen wir Ozeanien und im letzten, unserem intensivsten Reisejahr wähnten wir uns oft außerhalb dieser Welt. Wir vermissen nichts, weder Telefon, Fernseher, Internet oder Supermarkt. Die Insulaner lehrten uns Genügsamkeit. Weniger statt mehr. Wir hielten das Glück in Händen. Südsee-Paradies. Plötzlich begreifen wir, dass wir am Ende unserer Suche angekommen sind. Jetzt schleicht sich Unbehagen vor der Rückkehr in die Zivilisation ein. Und ein Gefühl von Zerrissenheit. Hindert uns das Wandern zwischen den Welten daran, uns irgendwo heimisch zu fühlen?

TEIL V

Indik

2008 bis 2009

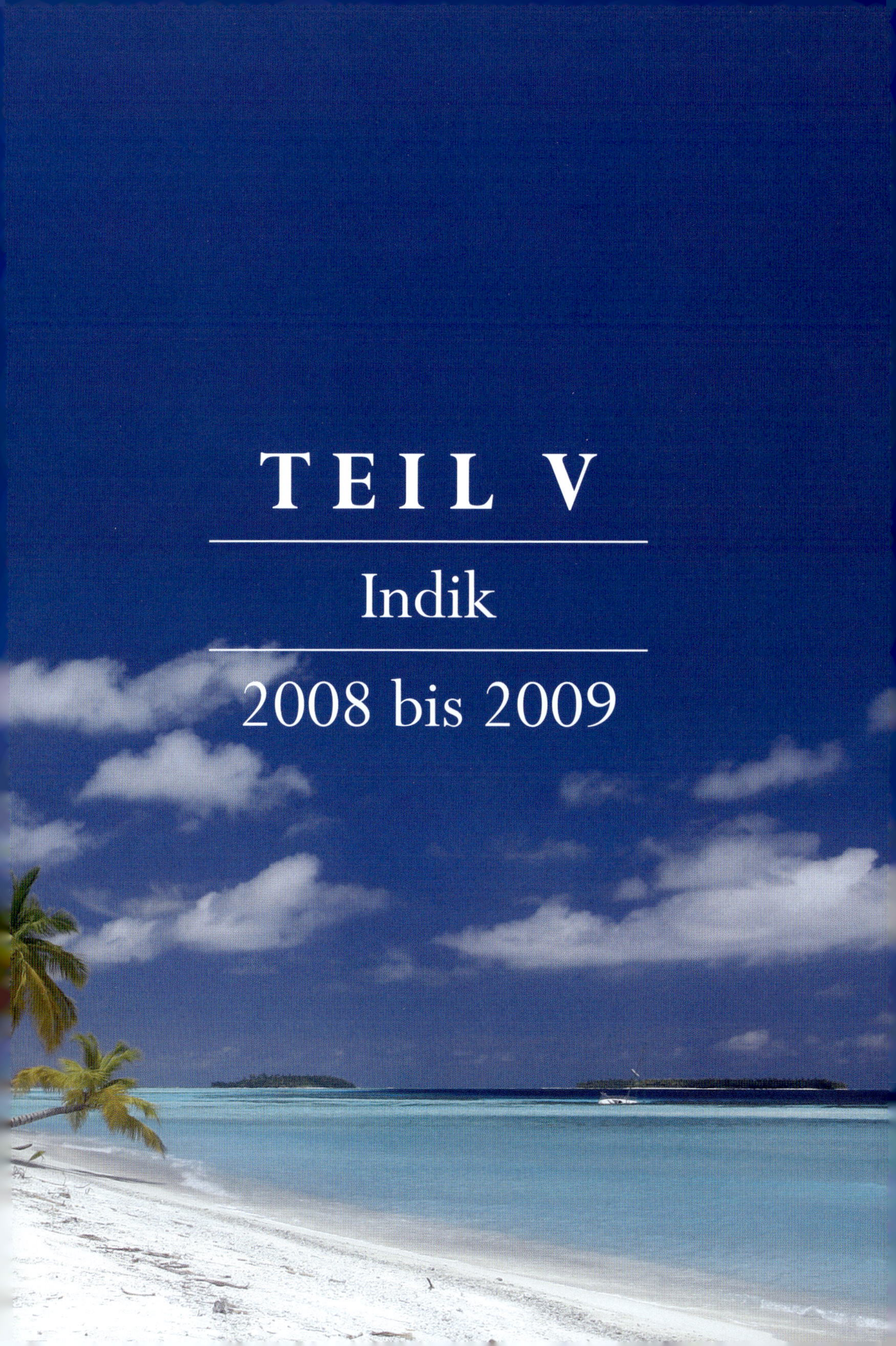

DIE ROUTE

M.M.
Suez Kanal
Rotes Meer
ARABIEN
ASIEN
Himalaya
INDIEN
CHINA
PAZIFIK
PHILIPPINEN
MIKRONESIEN
AFRIKA
Äquator
Malediven
Sri Lanka
MALAYSIA
Seychellen
Tropical Storm „Alpha"
Chagos
Madagaskar
INDONESIEN
PNG
Mozambique Kanal
Cocos Keeling
Christmas Island
Ashmore Reef
Darwin
Torresstraße
Mauritius
Reunion
nach St. Helena
Kapstadt
Richardsbay
Agulhas Strom
PE
MB
AUSTRALIEN
INDISCHER OZEAN
KAP DER GUTEN HOFFNUNG
Tasmanien

NADELÖHR

Torres Straße, Australien

Die 80 Seemeilen breite Torres Straße trennt Papua Neuguinea vom kleinsten Kontinent der Erde. Was wir nicht wussten: Ein ganzer Archipel liegt in der riffgespickten, tidengeplagten und notorisch stürmischen Meeresenge, bewohnt von den Torres-Insulanern. Hiesige Melanesier bilden neben den Aborigines die zweite indigene Bevölkerungsgruppe in Australien.

Am dritten Tag auf See lassen wir Port Moresby rechts liegen. Ein Entschluss, den wir wenig später bereuen. Der ohnehin schon frische Passat erreicht Sturmstärke. Böen bis 47 Knoten, zum Glück von achtern. Brodelndes Meer. Obgleich nur mehr dreifach gerefftes Groß und Fock in Taschentuchformat stehen, rasen wir mit beängstigendem Speed (12,6 Knoten Spitze) dem Bligh Entrance entgegen, der Einfahrt in die Torres Straße. Wo bitte ist hier die Bremse? Etwas weniger Wind würde unsere Nerven schonen. So schnell wollten wir nicht aus dem Pazifik gejagt werden.

Freitag, 13. Juni 2008. Am frühen Nachmittag kommen wir ins Lee der Portlock Reefs und damit in seichteres und ruhigeres Wasser. 20 bis 25 Knoten fühlen sich wie Flaute an. Seit Tagen meldet der australische Wetterbericht „strong wind warning“ für unser Gebiet. Um Mitternacht segeln wir in den Bligh Entrance und runden damit das nördliche Ende des Great Barrier Reefs. Vergeblich halten wir nach dem berühmten Bramble Cay Leuchtfeuer Ausschau. Die für Generationen von Seglern wichtige Ansteuerungsmarke funktioniert nicht mehr. Wir verfolgen *Nomads* Position auf der elektronischen Seekarte am Laptop, halten mittels Knopfdruck am Autopilotdisplay genau unseren Kurs. Schön, wenn Technik funktioniert. Eine Nacht ankern wir im Lee der flachen Palmeninsel Rennel Island. Vergeblich lockt der herrlich weiße Puderstrand. „Gehen Sie nicht an Land, vermeiden Sie Kontakt mit Einheimischen, besuchen Sie kein anderes Schiff, werfen Sie nichts über Bord, …“ So lauten die strengen Regeln der australischen Einreisebehörden, solange man nicht einklariert hat. „Gehen Sie nicht schwimmen, sonst werden Sie von Salzwasserkrokodilen gefressen!“ ergänzt Wolf. Wäre eine wichtige Information in einem Gebiet, in dem mehr Krokodile als Menschen leben. Weiters muss man mindestens 96 Stunden vor Einreise per Mail, Telefon oder Fax bekannt geben, dass man kommt. „Let us know you are coming!“ lautet die Devise. Da *Nomad* noch immer unplugged herumschippert (kein E-Mail an Bord, kein Satellitentelefon), haben wir uns sicherheitshalber bereits vor zwei Monaten angemeldet.

„Welcome to Australia!“ begrüßen uns die Einklarierungsbeamten von Thursday Island und springen mit schweren Schuhen an Bord. Unsere Einreiseanmeldung aus Pohnpei ist im Cyberspace verschollen, aber das passiere öfters, meint Coleen, das Mädel vom Zoll. Der Quarantäne-Beamte wühlt im Kühlschrank, kassiert alle Restfrischsachen, die die australische Landwirtschaft gefährden könnten, darunter unsere letzten Yamswurzeln, schluchz! Für die fachgerechte Entsorgung zahlen wir 160 australische Dollar. Ein Stapel Formulare, ein paar Stempel, kurze Bootsdurchsuchung und wir dürfen drei Monate bleiben.

Vorsichtige Annäherung an Zivilisation und australische Kultur. Also auf ins einzige Inselpub, um der hiesigen Seele auf den Zahn zu fühlen. Die Atmosphäre erinnert an eine Spielhalle im Prater. Im Schanigarten ein paar Tische und Bänke, eingekreist von einer Mauer und einem drei Meter hohen Eisenzaun, quasi Gefängnis. Dahinter Mangroven bestandenes Ufer. „Ist der Zaun wegen der Krokodile?“ fragt Wolf einen der Bier trinkenden Cowboys. „Yeah mate, and for the locals!“ Ein Kookaburra lauscht reglos auf der Mauer.

Evelyn besitzt das Strahlelächeln der Südseemädchen. Am Abend steht sie hinter der Kassa des kleinen Ladens, untertags arbeitet sie im „Gab Titui Cultural Centre“ auf Thursday Island. Stolz führt sie uns durch das moderne Kulturzentrum und erzählt von ihrer Heimatinsel Moa. Die Sonderausstellung „Geschichten von der Torres Straße“ mit einzigartigen Schwarz-Weiß-Portraits der Torres-Insulaner lässt unser Herz höher schlagen. Das Motto: „Your past must connect with your present to create your future.“

Segeln in der Torres Straße

BUNDABERG RUM

Darwin, Australien

Westlich der Torres Straße beginnt der Indische Ozean. 8.000 Seemeilen bis Südafrika. Über eine holprige Arafura See segeln wir in fünf Tagen nach Darwin, Hauptstadt des Northern Territory. Zurück in der Zivilisation, einer Welt im Konsumrausch aber ohne Lächeln. Hier ist es wieder, das Summen der Geschäftigkeit. Das Summen der Ersten Welt. Wir erwachen endgültig aus unserer pazifischen Traumzeit.

Charles Darwin war niemals in Darwin. Eine heiße, weitläufige Kleinstadt mit 100.000 Einwohnern und der Infrastruktur einer Metropole. Hochhäuser aus Glas und Beton, Shopping- und Industriezentren mitten im öden Busch. Stadt und Menschen haftet nichts von südlicher Heiterkeit an. Die Gespräche drehen sich um Geld, Immobilien und protzige Autos. Und Alkohol. Trinken ist Freizeitsport Nummer eins und sozial nicht geächtet. Nirgendwo sonst haben wir Menschen gesehen, die sich mit so viel Hingabe vergiften. Auf die Ureinwohner Australiens hat Alkohol eine verheerende Wirkung. Wie den meisten indigenen Völkern fehlt auch ihnen ein Alkohol abbauendes Enzym im Körper.

„Ab origine" ist Latein und bedeutet „vom Ursprung an" – passender Name für ein Volk, dessen Kultur die vermutlich älteste noch erhaltene der Erde ist. 40.000 Jahre lebte es ungestört, bis die Briten 1788 die erste Siedlung in Form eines Strafgefangenenlagers gründeten. Und damit das moderne Australien. Die Aborigines wurden als „... elendste Kreaturen der Welt" (Dampier) oder „ Steinzeitmenschen, die verdammt sind, auszusterben" bezeichnet. Ihre Existenz und die an ihnen begangenen Massaker tilgten die Australier bis in die siebziger Jahre aus der nationalen Geschichtsschreibung. Erst 1967 bekamen die Aborigines per Referendum volle Bürgerrechte zuerkannt. Vier Jahrzehnte später erinnert sich das weiße Australien plötzlich an seine vergessene Vergangenheit. Dabei schlägt das Pendel von einem Extrem ins andere. Aborigine-Tänzer und -Musiker avancieren zur Hauptattraktion des Darwin Festivals. Tüpfelbilder mittelloser Wüstenkünstler gehen beim „Art Award" um bis zu einer halben Million Dollar über den Tisch. Kunst und Kultur der Ureinwohner mutieren zum Zugpferd der Tourismusindustrie.

In der Welt des weißen Mannes wirken die scheuen Aborigines seltsam entrückt, als wären sie Fremde in ihrem eigenen Land. Oft hocken sie abseits in kleinen Gruppen am Straßenrand oder unter schattigen Bäumen. Ihre Kleider passen selten zu ihren merkwürdigen Gestalten – entweder extrem dünn oder sehr dick, immer aber mit spindeldürren Beinen. Viele gehen barfuß. Sehen wir sie an, erwidern ihre finster wirkenden Gesichter unsere Blicke nicht. Im westlichen Alltag sind Aborigines nicht integriert, wir sehen sie nirgendwo arbeiten, auch nicht in ihren eigenen Kunstgalerien.

Wir packen unsere Rucksäcke ins Mietauto und flüchten ins Nirgendwo. Die Australier bedienen sich eines blumigen Vokabulars, um die gewaltige Weite ihres Landes zu beschreiben: Outback, Woop-Woop, Never-Never. Doch wie auch immer man es nennt, der Ausblick ist immer der gleiche: Kilometer um Kilometer staubtrockene Erde und verkümmerte Sträucher. Eukalyptusbäume neben steinigen Bachbetten. Und riesige Termitenhügel. „Sieht wie Dung aus", meint Wolf mit Kennermiene. „Tippe auf Dinosaurier mit Verdauungsstörungen!" Gut asphaltierte Highways führen durch das erodierte, rote Land. Außer den Campingbussen der Touristen gibt es kaum Verkehr. Alle paar hundert Kilometer wird die flache, eintönige Landschaft von Flüssen, Billabongs, Canyons oder Felsabbrüchen unterbrochen. Dort haben die Australier die Natur für den Tourismus erschlossen – und reglementiert. Überall prangen Hinweis-, Warn-, Gebots- und Verbotstafeln, die das Leben des Besuchers erleichtern sollen: „PLEASE REMAIN ON MARKED TRACK; $110 ON THE SPOT FINES APPLY" gehört zu unseren Lieblingsschildern.

Wir stiefeln durch den heißen Busch zu Wasserfällen, bestaunen die Rock Art Galleries der Aborigines, sitzen abends am Lagerfeuer, schlafen im Zelt, bis uns

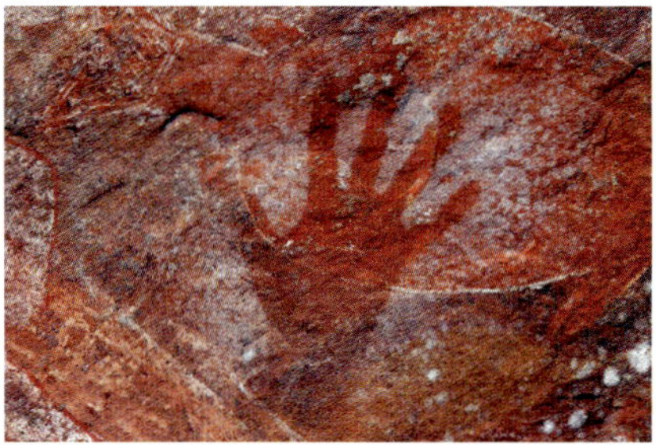

Aborigine in Darwin; Felsmalerei in Ubirr im Kakadu Nationalpark; Fannie Bay (re.)

in der Früh das Gekreische der Papageien und Kakadus weckt. Nach all den Warnungen wollen wir unbedingt ein Krokodil sehen. Aber nicht für 100 Dollar in einer geführten Tour. Wir haben die Hoffnung schon aufgegeben, als wir am letzten Morgen unseres Landtrips am Ufer des träge dahin fließenden East Alligator Rivers stehen. „EXTREME DANGER, VERY LARGE SALTWATER CROCODILES INHABIT THESE WATERS!" lesen wir auf der obligaten Tafel. Verwundert beobachten wir eine Handvoll Angler, die in der Furt des Cahills Crossings bis zu den Knien im Fluss stehen. Plötzlich wird die Wasseroberfläche von einer Brandungswoge durchbrochen, ein riesiges Reptil schnellt auf die Sandbank – zehn Meter neben einem zu Stein erstarrten Fischer. „Jedes Jahr werden Angler beim Cahills Crossing gefressen", erzählt jemand im Border Store. „Das Croc, das dich schnappt, siehst und hörst du nicht, bis es dich im Maul hat. Dann zerrt es dich unter Wasser und versteckt deine Leiche im Schlamm. Wenn dein Fleisch verfault ist, verschlingt es dich." Mahlzeit.

Nomad schaukelt vor Anker in der Fannie Bay. Wegen hoher Tiden und flacher Sandbänke eine Meile vom Ufer entfernt. Bei Niedrigwasser schleppen wir das Zodiac hundert Meter über den Strand zum Darwin Sailing Club. Um zehn Dollar pro Person und Monat werden wir Gastmitglieder und kommen in den Genuss der ersten heißen Dusche seit Neuseeland. Das liegt ein Jahr zurück!

Nomad schreit nach ihrer jährlichen Wartung: Sie braucht neue Gel-Batterien, Autopilot-Ersatzteile, 14 Liter Antifouling, einen geschickten Aluschweißer, eine Verzinkerei für die rostige Ankerkette, ... Das Northern Territory zur Trockenzeit verspricht allerblauesten, wolkenlosesten Himmel, ideale Arbeitsbedingungen also.

Donnerstag, 17. Juli 2008. „Bundaberg Rum tastes like shit!" meint der Verkäufer im Bottleshop Thirsty Camel lächelnd, als er uns für die eben erstandene Flasche 35 australische Dollar abknöpft. Kauft man um mehr als 100 Dollar Alkohol, besteht Ausweispflicht und man muss seine Daten in eine Liste eintragen. Eine Spalte fragt nach dem „Ort des Alkoholkonsums". Überraschenderweise lesen wir fast ausschließlich „at work". Blauäugig vereinbarten wir unseren Raushebe-Termin in der Werft für heute 17 Uhr. Pünktlich gleitet *Nomad* in die verwaiste Travellift-Box. Von Travellift und Personal weit und breit keine Spur. Wacker halten wir *Nomad* mit Bootshaken und Dingipaddel von den Eisenrohren ab. Wegen des niedrigen Wasserstandes – Tide bis sieben Meter – bleiben die Festmache-Möglichkeiten weit über unseren Köpfen. Schreiend versuchen wir auf unsere Situation aufmerksam zu machen, bis eine Bier trinkende Gestalt verwundert auf uns herab blickt. „What are you fucking doing here?" grölt Michael, hiesiger Werftbesitzer. Eine Stunde später steht *Nomad* perfekt aufgebockt drei Meter über terra firma.

Dr. Ash schneidet ein Loch in meine Nase. Seit Monaten ziert ein nicht heilendes Wimmerl meinen Zinken. Biopsie ergab die Diagnose „basal cell carcinom", eine nicht ganz so schlimme Art von Hautkrebs. Tribut an die jahrelange Sonnenbestrahlung auf See. Fazit: Sechs Nähte und das Gelöbnis, in Zukunft nur noch mit Sunblocker und Sombrero der Sonne entgegen zu treten. Mit meinem auffälligen Verband und Wolfis zersprungener Brille geben wir ein bizarres Paar ab.

18. und letzter Werfttag. Zeit heilt alle Wunden. *Nomad*s stabile Plattform erstrahlt in frischem Glanz, Wolfi trägt eine neue Titan-Brille, Marke unzerstörbar, und ich kann wieder in den Spiegel schauen. Am späten Nachmittag hebt Michael *Nomad* in den Travellift, damit wir die Bodenplatte fertig streichen können. Zwei Stunden später hängt der Haussegen schief: Durch ein Leck in der Travellift-Hydraulik sinkt ein Gurt immer tiefer, bis *Nomad* Lage schiebt. Erfreulicherweise ist Michael (natürlich mit einer Dose Bier in der Hand) zur Stelle und richtet unser Boot wieder auf. Zwecks Schockbekämpfung öffnet Wolfi die Bundaberg-Rumflasche, macht einen ordentlichen Schluck und röchelt: „Verdammt, der Verkäufer hatte Recht!"

Verbringen die ganze Nacht im Travellift hängend, damit die Farbe gut trocknet. Im Morgengrauen weckt uns ein sanftes Schütteln. Bricht der Travellift zusammen? Nein, nur ein Erdbeben.

Hubert Ober schickt per DHL ersehnte Autopilot-Ersatzteile und neuen Antrieb. Mit dem Vermerk „Yacht in Transit" haben wir uns rund um die Welt Bootszubehör senden lassen. Sogar auf winzigen Inselstaaten wie den Marshalls funktionierte das ohne Problem. Nicht so in Australien. Nach zweiwöchiger Diskussion mit DHL und australischem Zoll geben wir klein bei: Müssen Zoll und Mehrwertsteuer berappen, außerdem drückt uns die Quarantäne eine Inspektionsgebühr von 130 Dollar aufs Auge. Bootsnachbar Ben bringt es auf den Punkt: „Australien ist eine bürokratische Diktatur." Fakt ist, dass wir in Darwin mehr Geld ausgeben als im gesamten vergangen Jahr. Australien ist ein schwieriges Pflaster für uns.

STRANDVERBOT

Ashmore Reef, Australien

Am 20. August geht *Nomad* auf ernsthaften Westkurs. Südfrika wartet, wenn auch nicht sonderlich ungeduldig. Vorerst stecken wir unseren Kurs zum knapp 500 Seemeilen entfernten Ashmore Reef ab. „Absurd, bei einem heranziehenden Superhoch von 1042 Millibar loszusegeln“, mault Wolf. Hochdruckgebiete sind der Turbo des Passats, der nach zwei Leichtwindtagen auch vehement einsetzt. Chaos in der sonst so stillen Timor See, Schuld sind ihre flachen Bänke (20 bis 70 Meter) und starke Gezeitenströme (bis zu sechs Meter Tide). Beim Einbinden des dritten Reffs drückt uns ein Brecher zur Seite, Wolf steht an Deck bis zum Bauch im Wasser. Einige Wellen sind bedenklich steil, verrie-

geln sicherheitshalber Luken und Backskisten. Ostsüdost 30 bis 35, in Böen über 40 Knoten. Trotzdem fühlten wir uns noch nie so sicher: Täglich überfliegt uns eine Propellermaschine der „Coastwatch", sie fragt auf UKW nach Bootsnamen, Heimathafen und dem Woher und Wohin. Australiens Küsten werden streng bewacht. Das Bordleben pendelt sich ein: Wir fressen wie die Drescher, ackern uns durch das literarische Packerl von unseren Freunden Reinhard und Irmgard, welches uns rechtzeitig in Darwin erreichte.

Das unbewohnte Ashmore Reef empfängt uns am vierten Reisetag mit nachlassender Brise, einem Yellowfin-Thun an der Angel und dem riesigen Schlauchboot des australischen Zolls, welches uns durch die riffgespickte, betonnte Lagune geleitet. Schnappen uns eine der 13 Muringbojen vor West Island und holen ein bisschen Schlaf nach.

Wolf kramt aus dem Kartentisch das Informationsblatt des australischen Umweltministeriums und liest mir die Fakten vor: Das 15 x 7 Seemeilen große Riffgebiet ist Naturreservat und Nationalpark und besteht aus drei spärlich bewachsenen Sandinselchen und zwei Lagunen. Massenhaft Vögel, Schildkröten und Dugongs soll es hier geben. Und giftige Seeschlangen. Ihr Gift ist stärker als das der Kobra, ein Tropfen genügt, um drei Menschen zu töten. Tröstlich: Seeschlangen sind selten aggressiv und haben ein so winziges Maul, dass sie uns höchstens in die kleine Zehe beißen können. Meine Schnorchelbegeisterung ist dennoch

Sandbank im Ashmore Reef

getrübt. Wie die Sicht unter Wasser, die dank der Tidenströme und Schwebstoffe kaum mehr als drei Meter beträgt. Dafür endlich keine Krokodile mehr. Bei Hochwasser wird der Ankerplatz unruhig, Dünung schwappt über die Riffe und *Nomad* vollführt Bocksprünge. Der Inselstrand dagegen pipifein. Der weiße Pudersand wird von breiten Spuren durchzogen. Über der Hochwasserlinie eine Krater- und Dünenlandschaft, als hätte jemand mit Schaufelbagger nach einem Schatz gebuddelt. Des Rätsels Lösung: Seeschildkröten, die sich nachts aus dem Wasser mühen, um ihre Eier abzulegen und zu vergraben. Unser Schatz sind die vielen angespülten Nautilusgehäuse, die wir vor dem sicheren Zerfall bewahren. In der Abgeschiedenheit finden wir unseren vertrauten Rhythmus. Unser Leben ist wieder einfach und überschaubar geworden.

Eines Tages taucht ein Segelboot am Horizont auf, schlängelt sich durch die Riffe zur Nachbarboje. „Die *James Cook*!" Stürmisch begrüßen wir Jan und Carla, die wir seit Neuseeland aus den Augen verloren haben. Politische Wirren ließen den aus Polen stammenden Maschinenbauingenieur 1981 nach Österreich fliehen, wo ihn seine Volleyballkünste nach Linz brachten. Ende der 80er Jahre baute er in Holland ein acht Meter kleines Segelboot aus, segelte damit in die Adria, verscherbelte es und erstand in Hamburg den Rumpf einer Emka 37. Zwei Jahre später ging es in die Karibik und Jan blieb in Florida hängen. Arbeit, Heirat, Scheidung, das „normale" Programm also. Wieder verkaufte er sein Schiff, fand dafür ein Hurrikan-Wrack um 1.000 US Dollar und hauchte ihm Leben ein. Seit 2006 ist Jan mit Carla, die er beim Schifahren in Wyoming kennen lernte, auf den Spuren seines großen Vorbildes James Cook unterwegs. Zwei österreichische Boote im Ashmore Reef. Abende mit polnischem Wodka, Zipfer-Bier (vom griechischen Supermarkt in Darwin) und viel Seemannsgarn.

Vor dem Frühstück flitzen wir immer zu der knapp eine Seemeile entfernten Zwei-Palmen-Insel. Umrunden sie in einer halben Stunde und schwimmen nackt in der türkisen Lagune. Unser Morgenritual wird am vierten Tag von grimmig dreinblickenden Soldaten im Kampfanzug empfindlich gestört. „We observed you! It is forbidden to walk around the island!" tadelt uns der Anführer und händigt uns das bekannte Informationsblatt aus. Wie so oft in Australien ist auch hier alles verboten und nichts erlaubt. So fällt es uns nicht schwer, unsere Leine von der Muringboje zu lösen und hinaus in den Indik zu segeln. Zurück bleibt die *Ashmore Guardian*, ein hässlich graues Militärschiff als ganzjähriger Wächter des vermeintlichen Paradieses, und die bittere Gewissheit, dass die große Freiheit nur draußen auf dem Meer existiert.

INSEL DER KRABBEN

Christmas Island, Australien

Weggabelung am Blue Highway der Fahrtensegler. Der Hauptstrom wählt die Südostasien-Route mit kürzeren Hoppern und weniger Wind: Bali–Singapur–Malaysia–Thailand, dann weiter über den Nordindik ins Rote Meer. Von Behördenzirkus, gestohlenen Außenbordmotoren, abgeschnittenen Genuaschoten in Indonesien hören wir auf der Funke. 30 Piratenübergriffe mit elf Kidnappings seit Mai 2008 im Golf von Aden erschüttern die Schifffahrt.

Dennoch entscheiden sich immer weniger Boote für die raue und lange Strecke durch den südlichen Indischen Ozean über Mauritius oder Madagaskar nach Südafrika. Hier erschwert hartes Wetter den Seglern das Leben. Auch nicht verlockend. Wir setzen auf unsere Langsamkeit, denn je später die Saison, desto weniger Wind, jedoch mit dem Risiko eines frühen Zyklons.

Bald liegt die flache Timor See hinter uns. Eine Böe beschert uns den ersten Regen seit zwei Monaten und wäscht roten Staub und Asche der australischen Buschbrände von Rigg und Deck. Mit Schmetterlingssegeln spulen wir die 1.000 Seemeilen bis Christmas Island in einer Woche ab. Gemächlich steigert sich der Passat von zehn auf 25 Knoten.

„Wo sind wir?“ stöhnt Wolf, aus dem Tiefschlaf hochschreckend. Es ist fünf Uhr morgens, der Muezzin plärrt über Lautsprecher zum Gebet. „Auf der Weihnachtsinsel in Australien“, erkläre ich. Nach langen Überfahrten ist man oft verwirrt. Seit gestern liegen wir in der Flying Fish Cove. *Nomad* rollt im Ozeanschwell auf offener Reede, vertäut an einer überdimensionalen Muringboje, die hartnäckig gegen den Alurumpf hämmert und uns die Farbe vom Wasserpass klopft. Hafen gibt es keinen. Dafür einen Hafenmeister, der zehn Dollar pro Nacht für die Boje kassiert, jegliche Verantwortung ablehnt und freies Ankern verbietet.

Unter steilen Dschungelhängen und Klippen die hässliche Phosphatverladestelle mit Förderbändern, Kränen und Lagerhalle. Daneben lang gestreckte, bunte Fertigteilhäuser und eine Moschee mit Zwiebelturm – der malaiische Kampong. Christmas Island ist eine ethnische Extravaganz mit malaiischer, chinesischer und australischer Bevölkerung. Trotzdem bilden diese drei Gruppen eine Minderheit, denn eigentlich gehört die winzige Insel den Krabben und Vögeln.

Erst Ende des 19. Jahrhunderts wurde Christmas Island von malaiischen und chinesischen Arbeitern besiedelt, die hier Phosphat abbauten. „The Company" wühlte sich unaufhaltsam Meter um Meter durch den Boden, schlachtete gefräßig seine Eingeweide aus. In den 1970ern lebten hier bis zu 3.000 Menschen. Doch vom Reichtum ist nichts geblieben, der Inselschatz längst geplündert und Christmas ein sterbendes Eiland mit nur noch 700 Einwohnern. Der Phosphatabbau wird durch Subventionen künstlich am Leben erhalten, damit 400 Arbeiter nicht ihre Jobs verlieren. Die Alternative Tourismus schlug fehl. Das Casino-Resort, die große Hoffnung, steht seit drei Jahren leer. Dafür gibt es jetzt im Westen der Insel ein vor Kurzem fertig gestelltes Flüchtlingslager.

„Unsere Insel ist ein Paradies!" schwärmt Katrina, die Managerin des Visitor Information Centers. „Der einzige Platz auf der Welt, wo du die Haustüre nicht absperren musst." Tatsächlich passierte das erste Gewaltverbrechen hier erst vor 20 Jahren. Die fünf strahlenden Grazien des Touristenbüros empfangen uns völlig entspannt. Kein Wunder, haben sie doch derzeit nur eine Handvoll Yachties zu betreuen. Wir bekommen Gratis-Kaffee, jede Menge Tipps und Prospekte und mieten einen schrottreifen 4WD für eine Inselrundfahrt. Das Schönste am Auto ist das bunte Nummernschild.

Der Liebreiz der Weihnachtsinsel liegt im Verborgenen. 63 Prozent der 135 Quadratkilometer Landfläche sind Nationalpark. Überall raschelt es im Laub, bei jedem Schritt brechen wir durch den ausgehöhlten Boden. Ringsum wuseln tausende Landkrabben, flüchten vor uns in ihre Verstecke oder verharren in Droh-

gebärde und strecken uns ihre Zangen entgegen. Endemische rote Krabben, die jedes Jahr zu Beginn der Regenzeit in einer spektakulären Migration vom Busch zur Küste krabbeln, um ihre Eier im Meer abzulegen. Dann breiten sich die Krabben wie ein roter Teppich über der Insel aus, legen den Verkehr lahm, da die Straßen aus Naturschutzgründen gesperrt sind. In ihrem Drang die Küste zu erreichen, kennen sie keine Hindernisse. Sie klettern über Autos, Häuser und alles, was sich ihnen in den Weg stellt.

Spektakulär die größten Landkrebse der Welt, Kokosnusskrabben, hier „robber crabs" genannt. Als Leckerbissen begehrt und deshalb auf vielen tropischen Inseln arg dezimiert oder ausgerottet. Weil hier streng geschützt, findet sich auf Christmas Island die weltweit größte Population. Schrecke eine blaue Krabbe auf, die angriffslustig mit ihren Scheren droht. Diesen Moment nutzt eine Kokosnusskrabbe und schleicht sich hinter die blaue. Sie umklammert ihre Gegnerin, zwickt zuerst deren Scheren ab, dann zermalmt sie den Panzer und frisst die Innereien. Ganz schön brutal. In den Dales verschwand vor ein paar Jahren ein deutscher Tourist. Bei der groß angelegten Suchaktion fand man nur das Mietauto, seine Fototasche und seinen Hut. Vielleicht verirrte er sich, vielleicht verletzte er sich und blieb im Regenwald liegen. Und dann? Wurde er von Krabben gefressen?

Am Tag vor unserer Abreise schauen wir noch im chinesischen Supermarkt vorbei. Im Vergleich zu den astronomischen Preisen von Darwin ist Alkohol hier spottbillig, da zollfrei. Deshalb verlagert sich unser Einkauf auf flüssige Nahrung. Vitamine holen wir uns gratis vom Busch. Doch alles hat seinen Preis. Beim Erklettern eines Papayabaumes verreißt sich Wolf das Genick.

Kokosnuss-Krabbe; Flying Fish Cove; Rote Landkrabbe (von li.)

Cocos Keeling, Australien

Gut 500 Seemeilen weiter im Westen Cocos Keeling. Sanfter Passat verheißt Segeln vom Feinsten. Mitlaufender Strom schenkt uns Etmale zwischen 160 und 170 Seemeilen. Nach drei Tagen rauschen wir durch die weite Riffeinfahrt des ebenfalls zu Australien gehörenden Atolls. Hinter dem unbewohnten Direction Island schweben acht Boote, Raststätte auf der Autobahn der Weltumsegler. Wolf bereitet sein Hexenschuss im Genick, der sich während der Seereise zum Martyrium entwickelte, immer noch Probleme. Rollende Bootsbewegungen vertragen sich schlecht mit lädierten Halswirbeln. Dr. Murray, Inselarzt von Cocos Keeling, verordnet drei Wochen absolute Ruhe, eine Halskrause und Unmengen von Tabletten. Krankenstand im Paradies. Eine Zwangspause, die zwar nicht in unseren Plan passt, aber der Seele gut tut. Voll mit Reiseeindrücken sehnen wir uns seit Längerem nach einem Ort, wo wir das Rad der Zeit anhalten

können. In aller Ruhe wollen wir Erlebtes verdauen und neuen Speicherplatz auf unserer „Festplatte“ schaffen. Leichter Anflug von Reisemüdigkeit?

Bea und Diane sind die Hausherren von Direction Island. Seit 15 Jahren ziehen die beiden mit ihrem elf Meter langen Katamaran *Sortilege* Kreise im Indischen Ozean. Dies ist ihr zehnter Aufenthalt in Cocos Keeling, und er dauert bereits zehn Monate. Aus Treibgut schufen sie am Südende des Strandes ein idyllisches Camp. Zwei Tische, vier Plastiksessel, eine Bank, eine Feuerstelle, eine Hängematte zwischen zwei Palmen und ein kleines Holzschild am Baum: „Nudey Beach“. Fünf „Robinson-Sterne“, ein paar Schwimmtempi vom Boot entfernt. Wir fühlen uns sofort zuhause. Auch Nomaden lieben Rituale. Barfüßiger Spaziergang und Yogaübungen zum Sonnenaufgang, danach ein kleines Feuer und eine grüne Trinknuss. Während die Espressokanne auf der Glut steht, schwimmen wir ein paar Längen. Frühstück mit Blick durch Palmenwedel auf die Segelboote in der türkisen Lagune. Zum Ausklang in der Hängematte schaukeln, Seele baumeln lassen, Einsiedlerkrebse beobachten.

Zum nächsten Supermarkt und Internet trennt uns nur eine halbe Dingistunde, sprich eineinhalb Meilen. Mit dem Schlaucherl knattern wir entlang der Riffkante nach Home Island mit der größten Ansiedlung des Atolls. Hier leben 400 „Cocos-Malaien“ im Schlaraffenland, Nachfahren jener muslimischen Plantagenarbeiter, die 1826 von weißen Händlern angesiedelt wurden. Seit die Kopraplantage aus Rentabilitätsgründen 1987 dicht machte, sind die meisten Malaien Sozialhilfeempfänger. Pro Jahr schießt die australische Regierung 75 Millionen Dollar zu, um das Dolce Vita auf der Insel zu ermöglichen. Weil man hier nur schwer Geld

Impressionen aus Direction Island

ausgeben kann, haben viele Malaien in Immobilien in Westaustralien investiert. Das Dorf wirkt verlassen, keine Menschenseele zu sehen. Zurzeit ist Ramadan. Vielleicht schlafen alle erschöpft vom Fasten in ihren Häusern. Die sterilen Fertigteilbungalows mit Blechdächern und Satellitenantennen sehen alle gleich aus. Nur wenn die Fähre von West Island anlegt, kommt Leben auf. Dann knattern Quad-Bikes mit dicken Reifen, hiesiges Hauptverkehrsmittel, zum Hafen. Die Fahrer geben einmal kurz Gas, lassen ausrollen und sind da. Wer schnell fährt, schießt womöglich über seine Insel hinaus. Home Island ist nur zwei Kilometer lang und maximal 500 Meter breit. Niemand fährt hier, um Zeit zu sparen. Man spart Kraft wegen der Hitze. Keiner geht zu Fuß. Vielleicht gibt es deshalb so viele übergewichtige Frauen? Die bodenlangen Sackkleider verdecken gnädig die Figur. Interessant, dass die holde Weiblichkeit noch vor 30 Jahren oben ohne ging.

Wir wollen nach West Island. Erster Versuch misslingt, da uns die Fähre vor der Nase davon fährt. Der Fahrplan wird minutiös eingehalten. Nächste Fähre erst in vier Stunden. Zweiter Versuch klappt, auch das Anlegemanöver. Auflandiger Passat schleudert das Aluschiff gegen den malträtierten Holzsteg. Mit dem Bus zum 100-Seelen-Nest der weißen Australier mit internationalem Flughafen. Entlang der Landebahn ein paar Gartenvillen, ein Hotel, ein Café, ein Surfshop, ein Pub, in dem Diane ihren Wasserkanister heimlich mit zwölf Flaschen Wodka füllt, und ein Supermarkt. Letzterer ist Ziel unserer Exkursion. Die Preise übersteigen unsere Schmerzgrenze. Den Einkauf um 375 Dollar verstauen wir übersichtlich in zwei Schachteln, Lieferung frei Home Island inbegriffen. Natürlich warten wir vergeblich. Am nächsten Tag wiederholen wir die Expedition, um unseren Einkauf abzuholen. So vergeht auch die Zeit.

Mit dem Einlaufen der ARC-World-Flotte kommt Unruhe ins Ankerfeld. 15 Yachten segeln als Gruppe eineinhalb Jahre lang von Party zu Party um die Welt. Meist Nobelschlitten der Marke Supermaramu, Oyster und Halberg Rassy. Die betuchten Bootseigner haben meist junge Crews angeheuert. Der Trouble-Virus geht um, Fetzen fliegen, Besatzungen wechseln. Frust, auf langen Segeletappen und in engen Kajüten gestaut. Innerhalb kürzester Zeit verwandelt sich der Grillplatz in eine Müllhalde und im „Nudey Camp" steht plötzlich ein Zelt mit zwei Deserteuren. Tödliche Blicke treffen uns, als wir wie gewohnt unser Frühstücksfeuer in Gang bringen. Auch einsame Inseln können zu eng werden. Gott sei Dank bleiben die organisierten Weltumsegler nie lange an einem Ort. Zeit ist Geld!

Die meisten genießen im Cocos Keeling Atoll zum letzten Mal ein Idyll unter Palmen. So schwingt Wehmut mit in dem Getute, das jede auslaufende Yacht begleitet. Es geht heimwärts, mit großen Sprüngen. Nach genau drei Wochen, am Samstag, den 4. Oktober 2008 laufen wir Richtung Chagos aus.

Salomon Atoll, Chagos, British Indian Ocean Territory

Samstag, 4. Oktober 2008. 4/8 bewölkt, 1013 Millibar, Ostsüdost 15–20 Knoten, 2 m See, 30 Grad Celsius, 71% Luftfeuchtigkeit, 26 Grad Wassertemperatur. 1.515 Seemeilen bis Chagos. Wie weit ist es wohin? Unser tägliches GPS-Spiel unterwegs. Südafrika – 3.770 sm, Seychellen – 2.490 sm, Wien – 5.825 sm, Tahiti – 6.610 sm. Warum liegen die Traumziele immer am weitesten weg? Bringen *Nomad* vor den Wind, schiften Groß nach Steuerbord, baumen Genua an Backbord aus und mixen uns einen Gin Tonic. Als könnten wir die Schwierigkeit dieser Etappe erahnen, kriegt auch Neptun einen kräftigen Schluck ab.

Unsere längste Segelstrecke seit dem Ostpazifik vor vier Jahren. Wie bei allen großen Überfahrten das seltsame Gefühl, mutterseelenallein auf dieser Welt zu sein und nirgendwohin zu treiben. Einziger lächerlicher Anhaltspunkt das tägliche Kreuzchen auf der Papierkarte oder das Schifferl am GPS-Display. Befinden wir uns in einem Computerspiel? Manchmal raubt mir das Meer die Orientierung.

Seegang und Wind sind stärker geworden. *Nomad*s Bug stampft in den Wellen, zersplittert sie und schickt lärmende Wasserkaskaden die Reling entlang. Am Abend pressen wir gerefft und mit Rumpfgeschwindigkeit durch eine aufgewühlte See. Böen bis 38 Knoten. Ab neun Knoten Speed fängt *Nomad* zu „singen“ an. Für mich Nerven aufreibend, für Wolf Freudentaumel.

Am dritten Tag klart das Wetter auf, wir überqueren den Unterwasserrücken „Ninety East Ridge“ an seiner tiefsten Stelle. Danach lässt uns hohe Querdünung aus Süd schrecklich dahinrollen. Bergfest bereits nach fünf Tagen, halbe Strecke geschafft! Etmale immer um die 170 Seemeilen, obwohl wir verhalten segeln. In lebhafter Erinnerung die Indik-Überquerung 1996 mit *Susi Q*: Ruderschaden, Unterwantbruch, Pinnenbruch. Gebrannte Kinder scheuen das Feuer.

Das Wetterfax vom 9. Oktober 2008 zeichnet ein Tief von 1005 Millibar gut 500 Seemeilen nordöstlich von uns. Drohend und unverrückbar hängen grauschwarze Wolkentürme am Himmel. Umlaufende Winde und Sturmböen wechseln einander ab. Das Tief verstärkt sich zur tropischen Depression und sitzt uns die nächsten fünf Tage im Nacken. Das Sauwetter sorgt für unzählige Manöver, der Regen wird sintflutartig, der Tag zur Nacht. Fürchte die nahende Zyklonsaison. Jedes Mal, wenn ich dieses Thema anschneide, winkt Wolf ab. In solchen Situationen denkt er viel positiver und rationaler als ich. Die Nacht vor dem Landfall drehen wir wie immer bei, binden drittes Reff ins Groß und lassen uns treiben.

Am Morgen des elften Tages lichtet sich kurz der Regenvorhang, und wir erkennen backbord voraus das Salomon-Atoll. Vorsichtig schwenken wir in den breiten, aber flachen Pass. Die Sicht bleibt bescheiden. Tuckern drei Seemeilen durch die Lagune, bis unser Anker auf die türkise Sandbank zwischen Ile Takamaka und Ile Fouquet platscht. Plopp! Der Sektpropfen fliegt im hohen Bogen. Sprudelwein ergießt sich über *Nomad*s Bug und in unsere Kehlen. Feiern Wiederkehr; hier erlebten wir vor zwölf Jahren unauslöschliche Augenblicke. Dämpfen unsere Erwartungen, denn wir wissen, dass es im Leben keine Wiederholung gibt. Der mitten im Indischen Ozean gelegene Chagos Archipel ist längst kein Paradies mehr, in dem Yachties uneingeschränkt verweilen dürfen. Lange im Voraus beantragten wir bei BIOT (British Indian Ocean Territory) ein Vessel Mooring Permit (Ankergenehmigung) und überwiesen an die Royal Bank of Scotland 100 Pfund für ein Monat Aufenthalt. Lässt man sich ohne Genehmigung erwischen, setzt es eine saftige Strafe.

Vier Atolle und eine Handvoll winziger Koralleninseln am Rand der Great Chagos Bank bilden das BIOT, die letzte britische Kolonie im Indik. Die Amerikaner, dies seit 1966 Diego Garcia von den Engländern mieten, bauten das Atoll zu einem gewaltigen Militärstützpunkt aus. Sämtliche Bewohner des Archipels wurden bis 1973 zu den Seychellen und nach Mauritius zwangsumgesiedelt. Seit Jahren kämpfen 5.000 verarmte Chagossians, die in den Slums von Port Louis hausen, um ihr Recht heimzukehren. Absurd: Segler dürfen hin (außer nach Diego Garcia), Chagossians nicht. In der Vergangenheit konnten Yachties hier monatelang Robinson spielen, manche blieben jahrelang. Chagos wurde zum Nirwana für Blauwassersegler, in Spitzenzeiten ankerten bis zu 90 Yachten im Salomon Atoll.

Mit den seit 2007 geltenden strikten Regelungen fürchtet die Seglergemeinde, ihr letztes Paradies verloren zu haben. Zugegeben: Langzeitbesucher haben ihr Refugium eingebüßt, dafür kommen durchreisende Einsamkeitsfanatiker voll auf ihre Kosten. *Nomad* ist die einzige Yacht im Atoll. Stimmt nicht ganz, denn vor Takamaka liegt eine Segelyacht am Riff. Vor drei Wochen strandete die französische *Isis* in einer auflandigen Sturmböe, hörten wir auf Kurzwelle.

Gleich in der ersten Nacht wird das Wetter noch mieser. Der Wind dreht langsam von Ost auf Nord. Das Tief befindet sich anscheinend westlich von uns. Von

Verlassenes Dorf in Boddam Island

der Riffpassage schiebt immer höhere Dünung herein, die uns elendig rollen lässt. Die Espressomaschine fliegt beim Frühstück mal wieder hinter den Herd. Ein Wink, dass wir schleunigst Ankerplatz wechseln sollten. Außerdem scheint *Isis* zum Leben zu erwachen. Bei jeder Welle wird der halb aus dem Wasser ragende Rumpf samt schräg stehendem Mast wie von Geisterhand bewegt. In einer Regenpause lichten wir Anker. Würden uns am liebsten ins Lee der Ile de la Passe stellen, doch die neuen Vorschriften erlauben nur mehr zwei Ankerplätze im Salomon Atoll. So tasten wir uns durch die riffgespickte Lagune nach Boddam Island. Die Ankerkette rasselt über Korallenboden, es gibt keinen Sandgrund. Mittlerweile pfeift es konstant mit 30 bis 35 Knoten aus Nord. Vor uns nur das Außenriff, das keinen Windschutz bietet. An Landgang ist nicht zu denken. In der Zwischenzeit ist die *Pacific Marlin*, das BIOT-Patrouillenschiff angekommen. Wir funken über UKW, sie wollen uns bei Wetterbesserung besuchen kommen. Daraus wird nichts, denn der Anker der *Pacific Marlin* slippt mehrmals. „We leave you now, the low is deepening fast!" teilt uns der aufgeregte Funker mit und weg sind sie. Na super, die lassen uns hier alleine. Aus der Depression entwickelt sich Alpha, der erste tropische Zyklon der Saison. Bringen einen zweiten Anker aus und harren der Dinge. Glücklicherweise zieht Alpha nach Westsüdwest, also fort von uns.

Ile Fouquet; Red Snapper

Nach Regen folgt Sonnenschein, zwei Tage später ist der Spuk vorbei und die Lagune glatt wie ein Spiegel. Sehen uns an Land um. Vom verfallenen Anleger führen Schienenreste zum ehemaligen Kopraschuppen. Dahinter rostige Kessel, die zur Kokosölgewinnung dienten. Öl, das einst die Lampen von Port Louis in Mauritius erhellte und Chagos den Namen „Ölinseln“ verlieh. Mit der Machete schlagen wir uns durch verwachsene Pfade. Der Verfall des ehemaligen Dorfes schreitet rapide voran. Eingestürzte Wellblechdächer, durchlöcherte Wassertanks, ein schief hängendes Fenster aus Buntglas im Kirchengemäuer, eine Blumenvase auf einem Holzpfeiler, eine weiße Leibschüssel vor der Krankenstation, ein verrusster Kamin in der Backstube, uralte Flaschen, Porzellanscherben auf einer Fensterbank. Zeugen einer vergangenen Existenz, unheimlich und gespenstisch.

Wegen seiner lädierten Nackenwirbel kann Wolf auf keine Palme klettern. Um dennoch die grünen Trinknüsse zu erwischen, verlängert er Gaff mit Bootshaken. Mit dieser selbst gebastelten Stange reißt er mit kräftigem Ruck Nuss für Nuss herunter. Die kiloschweren Geschoße donnern in einer kaum zu kalkulierenden Flugbahn zu Boden. Schnelle Ausweichreaktion ist nötig, um nicht getroffen zu werden. Das geht eine Weile gut, bis sich plötzlich eine zweite Nuss aus dem Bündel löst und Wolf genau auf der Stirn trifft. Der Schlag kommt so unvermutet hart, dass Wolf wie vom Blitz getroffen k. o. zu Boden fällt. Mit blutverschmiertem Gesicht springt er stöhnend auf und taumelt Richtung Dingi. „Schnell zurück aufs Boot!“ Tausend Gedanken schießen mir durch den Kopf, ich heule los. Verdammt, ich bin hier völlig allein, ohne Arzt, Spital oder sonstige Hilfe! Diagnose an Bord: Platzwunde mit riesiger Beule und weiterhin lädiertes Genick. Aber der Schock sitzt tief. Wie zerbrechlich unser Glück ist. Jeder Augenblick kann der letzte sein.

Gemächlich widmen wir uns den Alltäglichkeiten, freuen uns über die kleinen Dinge des Lebens und unseren unermesslichen Reichtum an Zeit. Tage, ausgefüllt mit Schnorcheln, Fischen, Muscheln-Sammeln, Fotografieren, Kochen. Ein alter Brunnen vor dem Koprashed sorgt für ausreichend Nutzwasser, Luxus auf einer Atollinsel. Mit verbeultem Blecheimer schöpfen wir Wasser aus dem Brunnenschacht, schrubben Wäsche, duschen mit durchgeschnittener Plastikflasche. Uns fasziniert die Simplizität, wir sind beseelt vom einfachen Leben. Am Abend entzünden wir ein Feuer, legen selbst gefangene Fische auf den Grill. Mit der Dunkelheit beginnt es im Unterholz zu rascheln, Kokosnusskrabben kriechen aus ihren Verstecken, Ratten huschen durchs Camp. Die Lampe auf dem Tisch wirft unsere Schatten an die alten Gemäuer.

Mauritius

Madagaskar, davon träumen wir schon lange. Momentan trennen uns nur mehr 1.420 Seemeilen von Cap d'Ambre, der Nordspitze dieser riesigen Insel. Als sich am Abend mit dem Regen auch der Wind verabschiedet, sind wir uns plötzlich nicht mehr sicher. Sollen wir besser nach Mauritius steuern? Immer diese Entscheidungen. Wägen Vor- und Nachteile beider Kurse ab. Auf der nördlichen Route erwarten uns um diese Jahreszeit unbeständige Winde und tropische Störungen. Im anschließenden Mosambik-Kanal kämpfen die Segler schon jetzt mit Maschine gegen ausgedehnte Flauten oder Wind auf die Nase. Die südliche Strecke zu den Maskarenen sollte schnell und direkt in die Passatzone zurückführen. Daher luven wir an und nehmen Kurs auf Mauritius. Madagaskar bleibt weiterhin ein Traum.

Über Funk hören wir, dass uns in Kürze ein schnell ziehendes Tief in die Mangel nehmen soll. Die Prognose trifft uns wie eine kalte Dusche und versaut die Stimmung. Ein tropisches Tief ist immer mit Vorsicht zu genießen. Schon ein Druckunterschied von fünf bis zehn Millibar kann die Hölle bedeuten. Der 70-Knoten-Sturm von Tahiti sitzt uns noch immer in den Knochen. Machen *Nomad* sturmfest, verstauen alles, was herumfliegen könnte. Wetterprognosen sind nur selten falsch. Stärke und Richtung des Windes können variieren, er kann etwas früher oder später sein Maximum erreichen, aber das schlechte Wetter kommt fast immer. Sitzen in unserem Boot und kommen uns klein vor. Haben wir Alternativen? Beidrehen oder weitersegeln. Wir entscheiden uns für Letzteres. Müssen das Unausweichliche akzeptieren. Noch zieht *Nomad* bei leichtem Passat über ruhige See.

Erst am nächsten Morgen nimmt der Südostwind zu. Die erste Böe rollt mit einer grauen Walze an. Wolf refft das Groß und wird dabei ordentlich geduscht. Setzen Fock statt Genua. Abends sind die Wellen gut vier Meter hoch, manche brechen tosend über *Nomad*. Ein Riese legt uns zur Seite, füllt das Cockpit und gurgelt durch die geschlossenen Backskisten ins Schiffsinnere. Wasser tropft auf den Kartentisch, schon seit Längerem versuchen wir, die undichte Stelle zu lokalisieren. Luken der Mitschiffs- und Achterkajüte lecken ebenso. Der Halbwindkurs wird unerträglich, fallen um 15 Grad ab. Windspitzen bis 40 Knoten. Am Wetterfax erkennt man nur eine kleine Isobareneinbuchtung, die mit dem darunter liegenden Hoch einen starken Gradienten ergibt. Das angekündigte Tief ist

Ile aux Aigrettes vor Mahebourg; Ostküste von Mauritius

weiter im Norden geblieben. Ab halber Strecke normalisiert sich das Wetter. Der Wind bleibt für den Rest der Fahrt zwischen 20 und 25 Knoten und dreht immer mehr auf Ost.

Am Morgen des 2. November 2008 kommen wir ins Lee von Mauritius und in ruhiges Wasser. Von Land weht süßlicher Duft herüber. Die Insel riecht nach Pfeifentabak. Unter bizarren Bergspitzen weite Zuckerrohrfelder, davor dicht verbaute Küste. Am Ufer reihen sich Hotelanlagen und Baukräne. Motorboote, Jetskis, Wasserschifahrer, Surfer und einige Segler tummeln sich am Meer. Eine Motoryacht mit einem Wald voller Angelruten will uns über den Haufen fahren. Kurz vor einem Zusammenstoß weicht sie doch noch aus. Zwei Locals winken lachend. *Killer* lesen wir am Heck. Einsame Inseltage sind endgültig Vergangenheit. Auf unserer weiteren Reiseroute liegen vor allem Großstädte, Marinas, Zivilisation, Geldausgeben vor uns. Mauritius hat 1,3 Millionen Einwohner. Mit entsprechend gemischten Gefühlen laufen wir in Port Louis ein.

Einklarieren. Bürokratisch, höflich, umständlich. Massig Formulare und Stempel. Die Harpune wird konfisziert, unsere lächerlichen Alkoholbestände verplombt. Dafür keine Gebühren, obwohl Sonntag. Das Yachtbecken Caudan liegt direkt vor den Hochhäusern des gleichnamigen mondänen Shopping Centers. Ein

Blüten im Botanischen Garten

Dutzend Fahrtenyachten wird von ebenso viel Sicherheitspersonal und Kameras rund um die Uhr bewacht. Liegeplatz um den Spottpreis von 300 Rupies pro Tag, das sind etwa 7 €, im Mittelmeer würden wir das Zehnfache bezahlen.

Schlendern durch die erwachende Stadt. Am Markt türmen Händler eine unglaubliche Vielfalt an frischem Obst und Gemüse zu großen Haufen. Kaufen Brot fürs Frühstück und ein Bündel himmlisch schmeckender Litchis. Auf den Straßen ein lebhaftes Völkergemisch aus Indern, Chinesen, Afrikanern und wenigen Europäern, allesamt Immigranten der letzten 300 Jahre. Moscheen, christliche Kirchen, hinduistische und chinesische Tempel stehen in unmittelbarer Nachbarschaft. Wenn es irgendwo eine halbwegs funktionierende Multikultigesellschaft gibt, dann hier. Mauritier sind sprachbegabt. Amts- und Verwaltungssprache ist die der letzten Kolonialherren, nämlich Englisch. Französisch ist trotzdem stärker verbreitet. Kreol, die Umgangssprache, wird von allen Religions- und Bevölkerungsgruppen verstanden.

Wir brauchen dringend Bewegung. Hinter Wolkenkratzern ragt eine bizarre Bergspitze wie ein hochgehaltener Daumen gen Himmel – „Le Pouce", der Name spricht für sich. Anderntags stiefeln wir über einen Feldweg zum Berg. Auf der winzigen Gipfelplattform des „Daumens" bläst uns der Wind fast um. Grandiose Aussicht. Unter uns das Häusermeer von Port Louis, im Osten der gezackte Grat des Pieter Both und rundherum soweit das Auge reicht bewirtschaftetes Land.

Entgegen unserer sonstigen Gewohnheiten lassen wir uns auf eine Taxi-Inselrundfahrt ein. Mit Rashid, der aus Pakistan stammt. Außer zu den üblichen Sehenswürdigkeiten führt uns dieses liebenswerte Schlitzohr zu indischen Teppichhändlern, Designer-Boutiquen und Souvenirläden, von denen er für jeden angeschleppten Touristen Provision kassiert. Allah schwärze sein Gesicht!

Die größte Attraktion von Mauritius liegt nur einen Steinwurf von *Nomad* entfernt. In seiner Kindheit sammelte Wolf begeistert Briefmarken. Damals wünschte er sich sehnlichst, auf Großmutters alten Briefen und Postkarten die Blaue Mauritius, die berühmteste Briefmarke der Welt, zu entdecken. Jetzt stehen wir im Blue Penny Museum und betrachten ehrfürchtig die blaue Two-Pence- und die rote One-Penny-Marke durch eine dicke Panzerglasscheibe. 1847 erhielt der Graveur Joseph Osmond Barnard aus Port Louis vom Postdirektor der britischen Kolonie den Auftrag, erstmals auf der Insel eine Kupferplatte für eine One-Penny- und für eine Two-Pence-Marke anzufertigen. Warum Barnard in seine Druckplatte nicht „Post Paid" sondern „Post Office" stichelte, ist bis heute ungeklärt. Dieser falsche Aufdruck machte aus kleinen Marken Raritäten. Ein privates Konsortium ersteigerte 1993 auf einer Auktion in Zürich zwei Exemplare um rund eineinhalb Millionen Euro und brachte nach 146 Jahren im Exil die philatelistischen Kronjuwelen nach Mauritius zurück.

HINTERM RIFF RUFT DER BERG

Réunion

Für die 150 Seemeilen nach Réunion haben wir uns ungewollt einen Tag mit Flaute ausgesucht. *Nomad* gleitet über einen Ozean aus Glas. Noch vor fünf Uhr morgens setze ich mich mit einer Tasse Tee ins Cockpit und beobachte, wie sich der Himmel im Osten rosa färbt, dann von lila in blau übergeht. Als sich das Versprechen des Sonnenaufgangs erfüllt, schält sich im Westen die Silhouette von Réunion aus der Dunkelheit. Stunden später umhüllt ein weißer Wolkenkranz die bis zu 3.000 Meter hohen Vulkanberge. Von der Existenz des kleinen Hafens St. Pierre haben wir erst in Mauritius erfahren. Warnungen vor der Einfahrt klingen uns im Ohr. Von der Antarktis rollen ungehindert die Wogen des Südozeans gegen die Küste. Halten uns peinlich genau an die Peillinie der Richtfeuer. An Backbord schwimmen Surfer in der Brandung. Nach Rundung des inneren Wellenbrechers beruhigt sich das Meer.

Die Europäische Union reicht bis Réunion, inklusive Verkehrsstaus. Schlürfen Café au lait auf der Terrasse des Le Gare, kaufen frische Baguettes und Croissants in der Boulangerie und zahlen in Euro. Im Supermarkt Jumbo locken zig Käsesorten und Pasteten aus Frankreich. Am Frischmarkt türmen sich neben tropischen Früchten auch Erdbeeren, Pfirsiche und Marillen, angebaut in den verschiedenen Klimazonen der Insel. Nirgendwo sonst haben wir eine solche Vielfalt an Obst und Gemüse gesehen. Die Spezialität von Réunion heißt Chou Chou, ein schrumpeliges Gurkengewächs in Birnenform; schmeckt als Gratin sensationell.

Seit Langem sehen wir wieder junge Pärchen, die sich umarmen und ihre Zuneigung öffentlich zeigen. Unvorstellbar in der pazifischen Inselwelt, ebenso in Neuseeland und Australien. Die Kreolen von Réunion sind auffallend fesch und sportlich. Jeden Morgen joggen Laufgruppen über die Hafenpromenade. Viele trainieren für das jährliche Sportereignis, einen Inselllauf über 130 Kilometer, bei dem 7.000 Höhenmeter überwunden werden. Bestzeit 16 Stunden!

Hinter dem Mastenwald der Marina lockt eine steile, faltige Bergkulisse. Réunion ist unter Trekkern der neue Geheimtipp. Dass sich Geheimnisse schnell

Abstieg vom Col du Taibit

herumsprechen, merken wir beim Reservieren, denn alle Berghütten sind ausgebucht. Wieder nichts mit Leichtgepäck. Packen Zelt, Schlafsack, Matten, Kocher und Verpflegung in unsere Rucksäcke und steigen in den Bus. Auf schmaler Bergstraße mit tausend Kurven und Kehren nach Cilaos. Das wilde Herz der Insel bilden drei riesige Gebirgskessel, Cirques genannt, für die das Attribut „atemberaubend" keine Reisekatalogfloskel ist. Eine Woche marschieren wir über ausgesetzte Pfade von Dorf zu Dorf durch den Cirque de Mafate, der nur per pedes oder mit dem Hubschrauber zu erreichen ist. Bis auf gelegentliches Rotorengeknatter der Helikopter, die Hütten und Kioske versorgen, genießen wir und die rund 600 Bewohner absolute Ruhe. Bei schweißtreibenden Aufstiegen verfluchen wir unsere 20 Kilo schweren Rucksäcke, die uns aber unabhängig machen. Statt in einer überfüllten Hütte mit sieben Schnarchern zu übernachten, stellen wir unser Zelt auf, wo es uns gefällt. Auf ein Leben wie Gott in Frankreich brauchen wir selbst im entlegenen Bergkessel nicht zu verzichten. Fast jeder Kiosk verkauft trinkbaren Bordeaux und auf der Insel gebrautes Bier.

Zurück in St. Pierre dringt gewaltiges Röhren bis in *Nomad*s Kajüte. Das Meer macht sich mit Gebrüll und turmhohen Brechern über die Hafeneinfahrt her. Abfahrt bis auf weiteres verschoben, hätten doch noch länger in der Zauberwelt der Cirques bleiben sollen.

Hafenausfahrt von St. Pierre

UNSER ZWEITES KAP

Südafrika

Am 25. November 2008 beruhigt sich das Meer soweit, dass wir ohne Sorge aus der Marina tuckern. Es ist spät in der Saison und *Nomad* wahrscheinlich die letzte Fahrtenyacht, die Réunion Richtung Südafrika verlässt. Der Wind kreist, bleibt aus, kommt wieder, immer um fünf bis zehn Knoten, mal von falscher, mal von günstiger Richtung. Wir kommen jedenfalls in den ersten drei Tagen kaum voran. Außerdem bremst gegenlaufender Strom. Wo der wohl herkommt? Ab und zu hält der Motor her, dennoch bleiben die Etmale unter 100 Seemeilen. Zu unserem 10. Hochzeitstag, am 28. November, setzt endlich der Südostpassat ein. Eine Herde von gut 100 Delphinen spielt um *Nomad* – was für ein Geschenk! Immer seltener begegnen wir diesen übermütigen Meeressäugern.

Je näher wir Madagaskar kommen, desto mehr brist der Wind auf. Die Südspitze der viertgrößten Insel der Welt hat einen schlechten Ruf. Alle Segelanweisungen empfehlen, sie wegen gefährlicher Bänke und Strömungen mit gut 100 Meilen Abstand zu runden. „Blödsinn", meinte Eric, ein Segler aus Réunion, der die Strecke wie seine Westentasche kennt. „Draußen kämpfen fast alle mit extrem rauer See." Wir folgen seinem Insidertipp und kratzen knapp an der Südküste Madagaskars vorbei. Bis zu 40 Knoten Rückenwind lassen *Nomad* mit schäumender Bugwelle über flaches Wasser jagen. Endlich mitlaufender Strom. Zum Greifen nahe eine karge Mondlandschaft an Steuerbord. Zwei Wale schnellen aus dem Meer, ihre tonnenschweren Körper senden beim Aufprall Fontänen in den Himmel.

Südafrika. Neuer Kontinent, neues Land, neues Abenteuer. Jeder Landfall trägt ein Bündel von Erwartungen und manchmal hat man sich in gewisse Vorstellungen verliebt. Wie wird der schwarze Kontinent sein? Wie Afrika sich anfühlen? Gespannt steuern wir nach elf Tagen auf See Richards Bay an, den nördlichsten Hafen Südafrikas. Im knallvollen Zululand Yacht Club schaukelt fast vollzählig der Südindik-Jahrgang 2008. Alle schwärmen von den niedrigen Preisen. Der großzügig angelegte Club bietet Bar und Restaurant, Werft und Slip, Swimmingpool und Wiese samt Badestrand. Das Schild „Beware of crocodiles“ sollte man durchaus ernst nehmen, meint Colette, die Clubsekretärin. Mit Bullhaien und Flusspferden sei auch nicht zu scherzen.

Auch sonst hagelt es Warnungen: Nur im Notfall zu Fuß gehen und wenn, nie alleine. Ab Einbruch der Dunkelheit zuhause bleiben. Ständig einen Blick über die Schulter werfen, vor allem beim Geldabheben vom Bankomat. Keinen Schmuck, keine Armbanduhr und schon gar keine Kamera tragen. Wie kommen wir hier je zu einem Foto? Pfefferspray immer parat halten, im Notfall nie gegen den Wind sprühen. Südafrika hält zwei traurige Weltrekorde: 40 % Aidsrate und 50 Morde pro Tag. Na fein.

Der Schock sitzt tief. Es braucht zwei Wochen, bis wir zum Strand spazieren und unser tägliches Lauftraining beginnen. Wir machen aus der Not eine Tugend und schließen uns diversen Clubaktivitäten an. Montag Braai = Grillen, Mittwoch Happy Hour in der Bar, am Wochenende Kricket und Rugby live auf Großbildschirm (Spielregeln werden wir nie verstehen), ansonsten Volleyball, Yoga und Billard. Wenn wir an die Südsee denken, fließen die Tränen. Leben wie im Gefängnis. Die meisten Wohnhausanlagen und Einfamilienhäuser sind von hohen Mauern, Gittern oder Elektrozäunen umgeben. Angst liegt in der Luft. An den Schwimmstegen liegen einige südafrikanische Yachten, die ihr Heimatland für immer verlassen wollen. „Ich wurde bereits drei Mal überfallen“, erzählt Veronica, unsere Bootsnachbarin. „Einmal im Büro und zwei Mal im Auto mit meiner kleinen Tochter!“ Wir treffen nur höfliche und freundliche Menschen, schwarze wie weiße.

Nach fünf Wochen Marinaleben brauchen wir dringend Tapetenwechsel. Afrika muss man von innen kennen lernen, nicht von der umzäunten Marina aus. Mieten daher ein Auto, um die Natur und den Herzschlag dieses Landes zu erleben. Knapp 100 Kilometer nördlich von Richards Bay liegt das Wildreservat Hluhluwe-Umfolozi im welligen Hügelland. Von den „Big Five" (Elefant, Kaffernbüffel, Nashorn, Löwe und Leopard) versteckt sich lediglich Letzterer. Dafür massig Impalas, Zebras, Giraffen und Warzenschweine. Dann die Drakensberge. Ein Gebirge wie im Märchen. Atem beraubende Urlandschaften. Wandern in Wolken. Das nässt. Das tropft. Das nieselt. Und hört, allen nebelgrauen Prophezeiungen zum Trotz, doch noch auf. Stehen an der Abbruchkante des 3.000 m hohen Amphitheaters, wo die Tugela Falls ins Bodenlose stürzen.

Nach zwei Monaten Segelpause in Richards Bay liegen wir auf der Lauer, um das zweite große Kap unserer Reise in Angriff zu nehmen. Das Kap der Guten Hoffnung. Großer Name, schwierige Strecke. Obwohl die Südspitze Afrikas nicht einmal über den 35. Breitengrad ragt, steckt sie ihre Nase doch sehr exponiert in den Southern Ocean. Im Sommer pressen sich vom Atlantik kommende Hochdruckgebiete zwischen dem stationären Hitzetief über Land und den Tiefdrucksystemen des Südozeans durch. Dann weht es am Kap ein paar Tage aus östlicher Richtung. Nach Durchzug des Hochs folgt meist eine Kaltfront, deren Rückseite starken Südwest bringt. So weit so klar. Unberechenbar bleiben kleine, garstige Küstentiefs, die auch von lokalen Wetterberichten frühestens einen Tag im Voraus geortet werden. Als Draufgabe macht der warme Agulhas-Strom die Gegend

Strand von Dana Bay

eminent gefährlich. Er schiebt sich vom Mosambik-Kanal mit zwei bis sechs Knoten Richtung Kap der Guten Hoffnung, wo er mit dem kalten Benguela-Strom zusammentrifft. Strikte Regel: Niemals von einem Südwester erwischen lassen, denn Sturm gegen Agulhas-Strom erzeugt bis zu 30 Meter hohe, brechende Monsterseen, die schon Großschiffe in Stücke geschlagen haben. Falls es einen erwischen sollte, raten einheimische Segler, dicht unter Land innerhalb der 30-Meter-Linie Schutz zu suchen. Dort ist der Strom kaum spürbar. Am schnellsten fließt er knapp außerhalb der 200-Meter-Linie.

Am Nachmittag des 5. Februar 2009 steuern wir aufgeregt aus der Hafenausfahrt auf die offene, konfuse See. Das Barometer steht hoch und beginnt langsam zu fallen, Indiz für einsetzenden Ostwind, der uns laut Wetterbericht gut drei Tage begleiten sollte. Knapp 1.000 Seemeilen entlang ungeschützter Küste bis Kapstadt liegen vor uns; nur alle 200 bis 300 Seemeilen ein brauchbarer Hafen. Lassen die Hochhäuser von Durban rechts liegen. Rauschefahrt und Etmale um die 190 Meilen, obwohl wir wegen des bockigen Seegangs defensiv segeln. Reger Schiffsverkehr sorgt für anstrengende Nachtwachen. Vor East London frischt der Nordost auf 30 bis 40 Knoten auf. Kurz überlegen wir den Flusshafen anzulaufen, entscheiden uns aber fürs Weitersegeln. Die 130 Seemeilen bis Port Elizabeth sollten sich vor Einsetzen des nächsten Südwesters noch ausgehen. Dramatisches Morgenrot verheißt nichts Gutes, Baro seit unserer Abfahrt um 15 Millibar gefallen. Geben Gas, schöpfen *Nomad*s Geschwindigkeitspotenzial voll aus.

Port Elizabeth bleibt als schrecklichster Hafen unserer gesamten Weltumsegelung in Erinnerung. Ständiger Sog lässt *Nomad* wie wild an den Festmachern zerren. Eine dicke Ölschicht im Hafenbecken versaut Fender, Leinen und Rumpf.

Nichts wie weg hier! Am geplanten Abreisetag weht es bereits in aller Früh. Der Wetterbericht prophezeit „nur“ 25 bis 30 Knoten aus Ost. Computermodell; wer's glaubt wird selig. Wolf will los, ich zögere, mein sechster Sinn warnt mich. Suche Gründe fürs Bleiben: Regen, dunkle Wolken, starker Wind schon am Morgen, mein komisches Gefühl. Nach langem Hin und Her verschieben wir den Aufbruch. Am Nachmittag fegt ein Oststurm über den Hafen, Sturzseen brechen über die Mole. Wir verdoppeln, verdreifachen die Festmacherleinen. Fender werden platt gedrückt, die altersschwachen Schwimmstege beginnen auseinander zu brechen, unser Fingerponton hängt halb im Wasser. Zusätzlich paniert schwarzer Staub von der Manganerz-Verladestelle unser Schiff. Unglaubliche Sauerei. Verstehen nun, warum viele Yachten hier so verdreckt und vergammelt aussehen. Unbegreiflich, dass Yachties hier hängen bleiben. Wie Heidrun und Dieter von der *Pommern*, die seit ihrer zweiten Weltumsegelung in Port Elizabeth leben.

190 Seemeilen weiter Mossel Bay. Da *Nomad* zu breit für den einzig freien Liegeplatz im Yachtclub ist, ankern wir hinter dem Fischerhafen. Neben *Nomad* hängt ein Motorboot an einer Muring, das „White Shark Adventure Tours“ anbietet. Allein die Werbefotos am Aufbau vermiesen die Freude am Schwimmen. Geschichtsträchtiger Boden. Hier landete 1488 Bartholomeu Diaz, nachdem er als erster Europäer das Kap der Guten Hoffnung gerundet hatte. Zur 500-Jahr-Feier baute man das 23 Meter lange Schiff in Portugal nach und wiederholte 1988 die historische Reise. Im Bartholomeu Diaz Museum am Hügel besichtigen wir die Replika. Den 80-jährigen Heinz Schwab treffen wir im Yachtclub. Er umrundete mit seiner *Inshallah* in 20 Jahren dreimal den Globus. Bei seiner letzten Fahrt kenterte er im Agulhas-Strom sechs Mal durch und verlor dabei das Rigg. Halbvoll

Leuchtturm am Cape Point; Smitswinkel Bay; zu Fuß am Kap (von li.)

Outeniqua Mountains (oben); Abfahrt von Mossel Bay

Brandung am Kap; raues Segeln bei 40 Knoten Wind

mit Wasser trieb die *Inshallah* vor der Küste, bis sie glücklicherweise von einem Frachter gesichtet wurde. Die Coast Guard schleppte die ramponierte Yacht samt verletztem Skipper nach Port Elizabeth. Heinz will in Mossel Bay seinen Lebensabend verbringen, die stählerne *Inshallah* steht frisch gestrichen und renoviert zum Verkauf. Mit einer europäischen Rente lässt es sich in Südafrika gut leben.

Magische Nahtstelle. Noch 220 Seemeilen zum Kap der Guten Hoffnung. Seelöwen schnellen wie Delphine aus dem Wasser. Draußen erwarten uns drei Meter Dünung und Flaute. Als der Luftdruck zu fallen beginnt, setzt flugs Ostwind mit 25 Knoten ein. Tendenz zunehmend. Eine Stunde nach Mitternacht runden wir den südlichsten Punkt Afrikas. Kap Agulhas acht Seemeilen steuerbord querab. Extrem ruppige See. *Nomad* jagt bei 30 bis 35 Knoten mit Rumpfgeschwindigkeit aus dem Indik in den Atlantik. Nach sechs Jahren wieder zurück in unserem ersten großen Ozean. Stellen Sekt kalt. Am Morgen taucht das Kap der Guten Hoffnung vor *Nomad*s Bug aus dem Nebel. Mit dem neuen Tag erstirbt der Wind. Noch 70 Meilen bis Kapstadt, aber nur 30 bis Simonstown. Also biegen wir in die False Bay ab.

Simonstown gefällt uns auf Anhieb. Weiße Häuser unter kahlen Hügeln wirken mediterran. Nur aalen sich hier Seelöwen auf den Schwimmstegen des Yachtclubs, und wir teilen uns den Strand mit Pinguinen. Flauten sind in dieser Gegend nur von kurzer Dauer. Bald fegt der Wind so heftig über die Bucht, als hätte er einen eigenen Körper. Messen 58 Knoten im Hafen. Die *Kate* wird vor Anker entmastet. Zum Kap der Guten Hoffnung fahren wir vorerst mit dem Mietauto. In der kleinen Werft heben wir *Nomad* mit viel Bauchweh aus dem Wasser. Sie ist fast zu groß für den Sliplift. Streichen Antifouling, montieren neue Wellenanoden und dichten ein kleines Leck vom Schwertkasten ab. Die Vorsegel erhalten einen neuen UV-Schutz, der in Neuseeland angefertigte zerreißt nach zwei Jahren wie Papier. Auch mein Skipper braucht Pflege. Ein Osteopath bringt Wolfs Halswirbelsäule, die ihn seit Cocos Keeling schmerzt, wieder in Position.

Aus der geplanten Woche in Simonstown werden vier. Nach einem Monat warten wir noch immer auf das bei North Sails in Auftrag gegebene neue Bimini. Also auf nach Kapstadt. Dort sind wir nur 20 Gehminuten von der Segelwerkstatt entfernt.

28. März 2009. Unser Tag fürs Kap. Ein Hoch rückt näher. Der Wind soll vormittags auf Südost 15 bis 20 Knoten drehen. Im Morgengrauen Leinen los. Flaute. Wir tuckern in einen herrlichen Sonnenaufgang. Um 8 Uhr 40 runden wir Cape Point ganz knapp unter Land, zehn Minuten später das unscheinbare Kap der Guten Hoffnung. Nach Kap Hoorn vor sechs Jahren auch diese Hürde geschafft. Fallen uns um den Hals. Haben wir jetzt Mount Everest und K2 des Segelns bezwungen? Hinkender Vergleich. Die beiden Bergriesen sind immer gleich

hoch, während man die Kaps in Tagestörns umschippern kann, ohne je gefährliches Wetter erlebt zu haben. Die immer genaueren Wetterberichte über Funk, Fax und Internet machen es möglich. Bei jedem Landgang gehen wir auf die Pirsch nach Internetcafés, um die aktuellsten Wetter-Webseiten zu durchforsten. Auf *Nomad* sind wir immer noch unplugged, kein Satellitentelefon und E-Mail an Bord. Wir genießen es, auf See nicht erreichbar zu sein, den Kontakt zum Rest der Welt zu verlieren.

Nomad rollt elendiglich in einer langen Dünung aus Südwest. Verschieben daher das Entkorken der Sektflasche auf Kapstadt. Dafür spannt sich die Angelleine. Beim Einholen zerren wir ein riesiges Bündel Kelp heran, mittendrin – gut versteckt – ein fetter Thun. Geschenk des kalten Benguela Stroms. Mittags die angekündigte Brise. *Nomad* zieht mit Vollzeug Richtung Kapstadt, Königin der Städte Afrikas.

Eine Woche gönnen wir uns im Royal Cape Yacht Club. Dichtes Programm. Zuerst müssen wir dem 1.000 Meter hohen Tafelberg, der aussieht, als hätte man ihm den oberen Teil waagrecht abgesägt, aufs Haupt steigen. Die Route unter der Seilbahn entpuppt sich als riskanter Wanderweg mit exponierten Kletterstellen. Dass hier letzte Woche eine Holländerin tödlich verunglückte, erfahren wir Gott sei Dank erst nach vollbrachter Tat. Als nächstes lösen wir Wolfs Zahnproblem. Der Sechser links unten ist Wolfs dritter Zahn, den er während unserer Reisen einbüßt. Dann der Epirb-Seenotsender. Geschockt stellen wir fest, dass die Batterien seit zwei Jahren abgelaufen sind. Beim Test leuchtet nicht einmal mehr das Kontrolllämpchen. Schluck!

Jazzfestival in Kapstadt. Da müssen wir hin. Die Afrikaner haben bekanntlich Rhythmus im Blut. Verlassen am Abend den rund um die Uhr bewachten Yachtclub, im Nacken jene Unsicherheit, die man nicht loswird. Der Greenmarket Square in der Altstadt platzt aus allen Nähten. Bombenstimmung. Zum ersten Mal bewegen wir uns entspannt. Musik schlägt Brücken zwischen Kulturen und Hautfarben. Das Gefühl kippt schlagartig auf dem Heimweg. Einen Häuserblock vom Getümmel entfernt, umringen uns aggressive Bettler. Laufen weg und halten ein Taxi auf. „To the Yacht Club, please!" Der Chauffeur lenkt eindeutig in die verkehrte Richtung. Mir pumpt das Herz. Frage Wolf, wie man aus einem fahrenden Taxi springt. „Erst ziehe ich die Handbremse, dann nix wie raus!" zischt er. Klingt nach Miami Vice. Verwickeln den Fahrer in ein Gespräch. Er erzählt, dass er aus Nigeria kommt und sich in Kapstadt noch nicht auskennt. Und außerdem: „Where ist the Yacht Club?" Wir lotsen ihn erleichtert hin und geben viel zu viel Trinkgeld. Ende gut, alles gut.

7. April 2009. „Gibt es etwas Schöneres, als an seinem Geburtstag aufzubrechen?" fragt Wolf strahlend und löst die Leinen.

TEIL VI

Der lange Weg nach Hause

2009

EUROPA
Wien
Izola
New York
USA
Azoren
NORDATLANTIK
MITTELMEER
Kairo
Kanaren
Karibik
Kap Verde
AFRIKA
Panama
Galapagos
Äquator
SÜDAMERIKA
Asension
St. Helena
Robinson Crusoe In.
Pampero
Rio
SÜDATLANTIK
von Reunion
Kapstadt
Buenos Aires
P. Montt
PATAGONIEN
KAP DER GUTEN HOFFNUNG
Falkland Is.
KAP HOORN

NAPOLEONS EXIL

St. Helena

Atlantik, letzter Ozeangigant dieser Reise. 1.700 Seemeilen bis St. Helena. Wie auf so viele Tage auf See einstellen? Kormorane, Seelöwen und Pinguine begleiten *Nomad* aus der Table Bay. Trotz wolkenlosen Himmels ist es bitterkalt. Wassertemperatur 12 Grad Celsius. Ich kuschle mich in die Fleecejacke und räume Schi-Unterwäsche und Mütze für die Nachtwachen raus. Am Abend hebt sich der Tafelberg wie eine Insel aus dem Wasser, bevor er in der Dunkelheit versinkt.

Die Meilen purzeln nur so, Etmale bis 190 sm. Der Südwind faucht mit 25 bis 35 Knoten und baut eine ruppige See auf. Dazu gesellt sich vier Meter hohe Querdünung aus Südwest. Letzter Gruß vom Southern Ocean. Längst haben wir zwei Reffs ins Groß gebunden und die ausgebaumte Genua auf halbe Größe eingerollt. Reger Schiffsverkehr und schlechte Sicht lassen keinen Schlendrian bei den Nachtwachen zu. Wann war ich das letzte Mal so fürchterlich seekrank? Vielleicht vor 20 Jahren, bei meiner Jungfernfahrt von den Kanaren nach Madeira. „Wenn es dir nicht bald besser geht, steuern wir Lüderitz in Namibia an", meint mein Kapitän. Am dritten Tag kann ich endlich etwas Nahrung und vor allem Flüssigkeit behalten und würge ein Stutgeron runter. Mit der Übelkeit verabschieden sich auch die letzten Albatrosse. Die Tage bleiben bedeckt und grau, wie unsere Stimmung. Denn ab jetzt, das spüren wir deutlicher als je zuvor, befinden wir uns auf dem Heimweg. In unseren Köpfen ein Gedankenkarussell. Vergessene Ängste und Fragen bedrücken uns: Werden wir für *Nomad* eine leistbare Marina in der Adria finden? Wo in Österreich wohnen? Wie mit dem Leben an Land zurecht kommen? Und vor allem: Wie sollen wir all das finanzieren? Ich für meinen Teil würde am liebsten Richtung Südamerika abbiegen und bis ans Ende meiner Tage durch den Pazifik stromern. Wolf sieht das anders. Er sehnt sich nicht nur nach Kletter- und Schitouren, sondern hält eine Segelpause auch für notwenig und inspirierend. Erlebnisse verarbeiten, Geld verdienen, *Nomad* auf Vordermann bringen und ein kleines Basislager im Grünen finden, so lautet sein Plan. „Wenn du kein Zuhause hast, in das du zurückkehren kannst, bist du kein Reisender sondern Flüchtling", philosophiert mein Skipper.

Mit dem Überqueren des Wendekreises des Steinbocks wird das Meer friedlicher und wärmer, als würde sich die Natur der Tropen besinnen. Endlich wieder Kübeldusche auf der Plattform, ohne vor Kälte zu bibbern. Traumtage im Passat, Sonne wie Samt auf unserer Haut, liegen nackt im Cockpit unter dem neuen Bimini.

Nach genau elf Tagen und geloggten 1.872 Seemeilen erreichen wir St. Helena. Es ist der 18. April 2009 und mein 42. Geburtstag. Neptuns Geschenk: ein kapitaler Wahoo. Die Insel ragt vergessen mitten aus dem Südatlantik. Mit sechs mal zehn Kilometern ist sie ungefähr so klein wie die kroatische Insel Lastovo, nur ohne Buchten und Hafen. Auch Flugzeuge haben keine Möglichkeit zu landen. Kein Wunder, dass Napoleon hierher verbannt wurde. Wir ankern auf 18 Meter Wassertiefe einen halben Kilometer vor der Küste in der so genannten James Bay. Bucht? Dass ich nicht lache. Wenn es eine offene Reede gibt, dann hier. Neun andere Fahrtenyachten rollen mit uns um die Wette. Manche Boote sehen aus, als seien sie kurz vor dem Durchkentern. Grund genug, viel Zeit an Land zu verbringen. Locals haben einen Fährdienst ins Leben gerufen. „Ferry Service", ruft man auf UKW Kanal 16, und schon donnert eine Alubarkasse ran. Knirsch. Wieder ein Kratzer an der Bordwand. Bei hohem Schwell gleicht das Anlanden einer Zirkusnummer. Von einer Trapezstange hängen über dem Kai dicke Haltetaue mit Knoten, an denen wir uns wie Tarzan und Jane an Land schwingen.

Zeitmaschine. Schlüpfen durch das Stadttor in die Mainstreet von Jamestown und finden uns im „alten England" wieder, Rolls-Royce inklusive. Im Blumenmeer des Schlossgartens liegt Anne's Place. „Seit 30 Jahren koche ich für Segler aus aller Welt. Begonnen habe ich mein Restaurant mit nur einem Tisch", erzählt die rüstige Anne in einem für uns schwer verständlichen, archaischen Englisch.

699 Stufen der Jakobsleiter führen zum Ladder Hill Fort; Blick auf Jamestown; kapitaler Wahoo, knapp vor St. Helena gefangen

In einem der vergilbten Gästebücher entdecken wir Eintragungen von Burghard Pieske sowie vom österreichischen Katastrophen-Rudi, alias Werner Kolpek, der 1982 mit seiner *Nimbus* hier war.

Die liebenswürdigen „Saints", wie die Einwohner genannt werden, sind Nachfahren britischer Einwanderer, afrikanischer Sklaven und chinesischer Plantagenarbeiter. Wie immer faszinieren uns die Menschen, die an so isolierten Punkten im Ozean fern von der Welt leben, ohne Autoschlangen, Shopping Center, Kriminalität, Umweltverschmutzung, Mobiltelefonie. Es gibt weder Armut noch exzessiven Reichtum. Dafür viel Zeit. Nach zwei Tagen glauben wir jeden zu kennen.

Grandioser Blick auf Jamestown vom 200 Meter hohen Ladder Hill Fort, das wir über die 699 Steinstufen der Jakobsleiter erreichen. Von hier oben springt ins Auge, wie sich die Stadt in den kahlen, engen Taleinschnitt presst. Im krassen Gegensatz leuchten vom Inselinneren üppig grüne Hügel. Drei Tage lang durchstreifen wir die vulkanische Insel mit einem klapprigen Mietauto, natürlich auch auf den Spuren ihrer napoleonischen Vergangenheit. Nach der Schlacht von Waterloo

Sandy Bay Valley, im Hintergrund die Berge „The Gates of Chaos";
für St. Helena typische, einspurige Straße

verbannten die Briten den kleinen Korsen 1815 nach St. Helena. Sein Haus in Longwood ist heute ein Museum. Klar, dass wir auch Diana's Peak, mit 818 Metern höchster Berg der Insel, erklimmen. Märchenlandschaft mit Farnbäumen in Nebelschwaden, Sinnesrausch in Grün.

Dann gen Süden ins Sandy Bay Valley. Eine steile, wie alle Straßen einspurige Bergstraße windet sich in ein atemberaubendes Tal. Holpern im zweiten Gang, Wolf schaltet runter auf die Erste, hupt vor jeder Kehre und kurbelt am Lenkrad wie im Autodrom. Manche Haarnadelkurven so eng, dass wir reversieren müssen. Versteckt in üppiger Vegetation putzige Häuser und Gehöfte aus längst vergangener Zeit. Als Hintergrundkulisse ragen kahle, rotbraune Vulkanschlote in den blauen Atlantikhimmel.

Bei einer verlassenen Bruchbude in Traumlage geraten wir ins Grübeln. Könnten wir hier leben? Mit Wellblechplatten, Brettern, Nägeln und ein paar Farbtöpfen wäre das Häuschen in wenigen Wochen bezugsfertig. Und dann? Neben Thorpes Grocery Shop sitzen Männer und trinken Bier. „Wie gefällt es euch auf St. Helena?" „Phantastisch", antwortet Wolf. „It's boring here!" halten die Einheimischen entgegen. Sie leiden unter der Isolation, besonders seit der Traum vom Inselflughafen aus Kostengründen geplatzt ist. „England lässt uns im Stich", meint einer.

Die einzige Verbindung zur Außenwelt ist die 100 Meter lange *RMS St. Helena,* die bestenfalls alle zwei Wochen vorbeischaut. Reisedauer von Kapstadt fünf Tage. Ein paar Mal im Jahr unternimmt das königliche Postschiff eine 14-tägige Fahrt nach England. Ein beträchtlicher Zeitaufwand für die „Saints" ihre in aller Welt verstreuten Familienmitglieder zu besuchen und vice versa. Von Krankenhausaufenthalten oder Ausbildung im Ausland ganz zu schweigen.

Uns beschäftigen vor der Abreise andere Probleme: Die beiden Solarpaneele am Vordeck haben den Geist aufgegeben. Sieben Jahre haben sie funktioniert, da kann man nicht meckern. Bleibt nur mehr ein Paneel plus Windgenerator zum Batterieladen, bei Engpässen muss die Maschine herhalten. Am vor fünf Wochen in Simonstown frisch gestrichenen Unterwasserschiff sprießen bereits die ersten Algen. Die neuen Antifoulingfarben zeichnen sich vor allem durch hohen Preis und Wirkungslosigkeit aus. Außerdem haben wir Kakerlaken an Bord. Seit Wochen führe ich einen aussichtslosen Kampf. Knipse ich nachts über der Pantry Licht an, stieben die braunen Käfer in alle Richtungen davon, um sich in Ritzen zu verstecken. Wie verrückt schlage ich auf sie ein, besprühe sie mit Vernichtungsspray, vergifte mich dabei fast selber. „Sinnlos", murmelt Wolf. „Die sind nicht auszurotten. Nicht mal radioaktive Strahlung macht ihnen was aus. Sie sind 300 Millionen Jahre alt, 75 Millionen Jahre älter als die Dinosaurier." Ich bleibe stur und möchte sie trotzdem nicht in meiner Küche haben.

Äquator

Am 27. April 2009 ziehen wir weiter. 700 Seemeilen und 313° zum nächsten Ziel, Ascension. Die Dünung, die uns in der James Bay das Leben so erschwerte, ist draußen auf See kaum spürbar. Der Südostpassat bläst auf Sparflamme, was wir mit dem Gennaker zu kompensieren versuchen. Tag und Nacht zieht uns das rotgoldene Leichtwindsegel über einen friedlichen Ozean. Nach knapp einer Woche taucht gemeinsam mit der winzigen Insel Ascension eine Herde Delphine vor unserem Bug auf, die uns bis in die Clarence Bay begleitet. Abwechselnd liegen wir am Vordeck, lassen den Oberkörper über die Bordwand hängen und versuchen die Meeressäuger zu berühren.

17 Meter rauscht der Anker in die Tiefe, die Tortur des Hin- und Herrollens beginnt erneut. Dagegen war die James Bay in St. Helena ein Klacks. Beängstigend hohe Brandung bricht sich weit draußen am Riff und rollt bis zum Anleger. Als wolle sich die See für unsere gemütlichste Überfahrt seit Jahren revanchieren. Nachbarboot *Julie* verschwindet ab und zu bis zur Saling in den Wellentälern. Unsere französischen Freunde Marie und Michel hängen hier mit Motorproblemen fest, ein jämmerlicher Platz für eine Panne. Kopfüber im Motorraum versucht Wolf zu helfen, doch gegen dreckigen Diesel ist kein Kraut gewachsen. Der Sprit muss raus und sauberer Brennstoff rein.

Ascension, dieses ins Meer gefallene Stückchen Mond, weist uns ab. „High swell warning", offenbart der Harbour Master über UKW. Heute und die nächsten Tage. Landgang gestrichen. Dabei würden uns die Vulkane und Aschekegel hinter den utopischen Antennen locken. Lange Zeit war Ascension wegen seiner Militäreinrichtungen für Touristen und Segler tabu. In den letzten Jahren hat sich die Situation gelockert. Geblieben sind eine riesige Landebahn, Satellitenbeobachtungsanlagen und eine Relaisstation für BBC. Nach zwei Tagen geben wir auf und überlassen *Julie* ihrem Schicksal.

500 Seemeilen bis zum Äquator liegen vor uns, dann weitere 1.000 bis zu den Kap Verde Inseln. Eigentlich kein allzu langer Schlag für eine Ozeanetappe. Sind

Traumhafte Nachtfahrt nach Ascension (ganz oben); Kalmenstimmung am Äquator

alleine unterwegs, alle anderen segeln über Brasilien in die Karibik. Rückenwind garantiert. Trotz der vielen Am-Wind-Segelei wählen wir die direkte und kürzere Route nach Europa. Nach einem flotten Start schläft der Wind nach drei Tagen ein. Zwar haben wir mit Schwierigkeiten gerechnet, aber bis 5° Nord auf den letzten Atem des Südostpassats gehofft. Meter für Meter quälen wir uns mit flappenden Segeln Richtung Äquator, hängen bei lähmender Hitze apathisch im Cockpit rum.

9. Mai 2009. Vierter Tag auf See, Vollmond, noch 38 Seemeilen bis zum Äquator. Südsüdost drei bis fünf Knoten, genau von achtern. Segel schlagen wie verrückt. Groß Steuerbord, Genua Backbord ausgebaumt. Bootspeed ein bis zwei Knoten. Zu Fuß wären wir schneller, aber wer kann schon übers Wasser laufen? Tun etwas, das wir noch nie auf einer Überfahrt getan haben, nämlich Film schauen. Ziehen uns die erste von sechs „Herr der Ringe"-DVDs rein. Küche bleibt kalt: Makrelen in Senfsauce aus der Dose, Schafkäse mit Oliven, Weißwein. Was für ein Luxus. In der Nacht den Äquator überquert. Erstes Etappenziel geschafft. Zurück auf der Nordhalbkugel.

12. Mai 2009. Beim Wachwechsel um 1 Uhr Früh die Erkenntnis, dass wir in den letzten acht Stunden nur fünf Seemeilen gut gemacht haben. Hochgerechnet auf die verbleibenden 816 Meilen würden wir noch drei Wochen bis zu den Kap Verde Inseln brauchen. Entnervt schmeißen wir die Maschine an. Erst beim x-ten Versuch kuppelt das Getriebe ein. Das Problem ignorieren wir schon seit Längerem, ahnen, dass das Hurth-Getriebe demnächst seinen Geist aufgeben wird. Nach zwei Stunden setzt sich die Vernunft durch. Der Ozean ist einfach zu groß für unseren Dieseltank. Am Morgen offenbaren GPS-Positionen, dass wir im Gegenäquatorialstrom von unsichtbarer Hand zurückgehalten werden. Wir treiben mit einem Knoten retour nach Ostsüdost! Unsere Stimmung fällt in den Keller.

Genau auf halber Strecke (3°38' Nord und 18°38' West) kündigen hohe Wolkentürme die Konvergenzzone an. Endlich Regen! Statt mit der Genua die achterliche Böe einzufangen, spannen wir die Regenauffangplane übers Vorschiff. Schon nach einer Stunde sind die Tanks voll und unsere Haare und Körper gewaschen. Wir schlottern vor Kälte. Glücksgefühl beschwingt uns eine Zeitlang, dann erstirbt der Elan und alle Lebendigkeit verliert sich in der nächsten Flaute. Bisweilen erinnere ich mich vage an ein anderes Leben. An Land, auf einem anderen Stern, Millionen Meilen entfernt. Diese Fahrt ist eine unglaublich reiche Erfahrung, von der ich ein Leben lang zehren werde.

Am elften Reisetag plötzlich eine Brise. Natürlich von vorne. Wir verlassen das windlose Reich mit dicht geholten Schoten und schießen wie in Trance dahin. *Nomads* Bugwelle gurgelt. Unser Positionskreuz springt von einer Seekarte kleinen Maßstabs auf eine mit größerem. Die Kap Verde Insel rücken auf einmal viel näher, zwanzig gutgemachte Meilen erscheinen bemerkenswert und die Kurslinie zieht im Zickzack gen Norden. Sechs lange, anstrengende Tage liegen wir auf der Backe, mal Steuerbord, mal Backbord. Wer glaubt, dass der Nordostpassat hier wirklich aus Nordost weht, unterliegt demselben Irrtum wie wir.

Freitag, 22. Mai 2009. Um 2 Uhr Früh fallen wir in ein Flautenloch. Wende. Langsam kriechen wir aus dem Windschatten der Insel, bis uns zwei Stunden später die Düse zwischen Santiago und Maio mit 25 bis 30 Knoten zerrupft. Im ersten Tageslicht dümpeln wir vor Praia. Überraschenderweise lässt sich der Gang einkuppeln und wir motoren die letzte halbe Stunde in die Hafenbucht. Der Anker platscht in braunes Wasser. Angekommen. Nach 25 Tagen. Das Leiden hat ein Ende. War es wirklich so schlimm? Verlieren wir gegen Ende der Reise die Geduld? Warum wollten wir möglichst schnell hier sein? Haben wir nicht bewusst das langsamste Verkehrsmittel der Welt gewählt? Sind ausgelaugt, fix und fertig. Zu müde, um wach zu sein, und zu angespannt, um schlafen zu können.

Jede Brise wird genützt, Wolf fotografiert mitten am Ozean vom Kajak aus

DER SACK IST ZU

Kap Verde Inseln

Würden uns über andere Fahrtenyachten freuen. Aber es ist niemand hier, der uns begrüßt und mit Tipps für den ersten Landgang versorgt. Also paddeln wir zum Fischerkai. Menschen bestürmen uns, alle wollen auf unsere Kajaks aufpassen. Wir wählen einen Wächter. Das Land schwankt. Taumeln einem Taxifahrer in die Arme. Zuerst zur Bank. Erstaunen: der Bankomat akzeptiert unsere Maestro-Karte und spuckt 20.000 Escudos aus (= 181,40 Euro). Dann Einklarieren bei Immigration und Capitão dos Portos. Büros wie anno dazumal, Schreibmaschine mit Blaupapier, Eintragung ins Registerbuch per Hand. Freundliches Lächeln, in wenigen Minuten sind wir offiziell eingereist.

Wie ein Beduine in der Wüste Wasser findet, spüre ich in jeder Stadt das beste Kaffeehaus auf. Die einzige Oase von Praia ist das Cybercafé Sofia mit schnellerem Internetzugang als in Südafrika und dem besten Bier (Super Bock) seit

Über 60.000 Seemeilen fordern ihren Tribut; Strand von Tarrafal (Mitte)

Tahiti. 100 Meter weiter eine sensationelle Bäckerei mit knusprigen Semmerln, Croissants und 20 verschiedenen Mehlspeisen. Stillen unseren Nachholbedarf an Kalorien und Zucker. Auch der Frischmarkt liegt in Gehweite. Endlich sind wir zur Mangozeit zur Stelle. Außerhalb der Altstadt, die auf einem kleinen Plateau thront, sieht Praia aus wie Neapel während des Müllkriegs. Als Draufgabe stinkt es penetrant nach Urin und Exkrementen.

Die nächsten Tage bläst starker Harmattan die halbe Sahara auf unser Deck. An Mast und Rigg klebt millimeterdick Sand und Staub, eine unvorstellbare Sauerei. Halten die Luken geschlossen, damit wenigstens die Kajüte verschont bleibt. Als Tupfen auf dem i schickt ein Sturm vom Südmeer bis zu zwei Meter hohe Dünung zum Ankerplatz. Der Sog lässt *Nomad* hart in die Ankerkette einrucken.

Süßwasser ist Mangelware auf den trockenen Kap Verde Inseln. Umständlich fahren wir mit dem Taxi zu einem öffentlichen Brunnen in die Stadt, um unsere Kanister zu füllen. Gott sei Dank hilft uns Tunaka, der auf eine Motoryacht aufpasst, mit seinem großen Dingi das kostbare Nass zum Boot zu transportieren. Diesel bringt er uns ebenfalls an Bord, denn dem Literpreis von einem halben Euro können wir trotz maroden Getriebes nicht widerstehen. Unser eigenes Schlaucherl verwenden wir absichtlich nicht, Außenbordmotoren sind beliebtes Diebesgut. Die Policia Maritima warnt vor einer neuen Gang und empfiehlt einen „watchman". Wir verriegeln jede Nacht Backskisten, Niedergang und Luken, beleuchten *Nomad* wie einen Christbaum und legen Pfefferspray und Signalpistole bereit. Schade, so müssen wir auf das jährliche Musikfestival verzichten, denn abendliches Ausgehen ist zu gefährlich.

Bikinischönheiten in Tarrafal

Freitag, 29. Mai 2009. Zur Abwechslung ein Tagestörn entlang der Südwestküste Santiagos. Karge Bergkulisse, ein paar kleine Dörfer kleben am Ufer. Obwohl wolkenlos, erscheint die Sonne als fahler Ball und taucht die Landschaft in ein diffuses Licht; ganz schlecht zum Fotografieren und typisch für die Kap Verden. Im Strahlelicht der Ägäis würden uns diese Inseln viel attraktiver vorkommen. Die letzten zehn Meilen 25 bis 30 Knoten Passat und steile See. Natürlich gegenan, was sonst. Grünes Wasser schießt übers Deck und findet mühelos seinen Weg in die Kajüte. Die Mittschiffsluke leckt, ebenso das Fenster über dem Navitisch. Die aufgeweichte Seekarte wellig wie das Meer. Ein meterlanger Riss verschandelt den obersten Teil des Großsegels und beeinträchtigt unsere Am-Wind-Performance. Schummeln mit Motorhilfe können wir getrost vergessen. Das marode Getriebe lässt sich kaum mehr einkuppeln. Über 60.000 Seemeilen im Kielwasser fordern ihren Tribut.

Am Nachmittag kreuzen wir unsere Kurslinie vom 1. November 2002. Das ist sechs Jahre und sieben Monate her! Unglaublich, wir haben zum zweiten Mal die Welt umsegelt. Die Zeit wie ausgelöscht, als wären wir erst gestern gestartet. Wie können Jahre so schnell vergehen? Aber wenn wir in den Spiegel schauen, ist die Reise nicht spurlos an uns vorüber gegangen. Meine ersten grauen Haare, auf unseren Gesichtern ein Spinnennetz aus Falten. Zeugen peitschender Stürme und erbarmungsloser Sonne. Angst und Freude, Staunen und Begreifen. Vor Anker in Tarrafal köpfen wir eine Flasche Sekt und leeren einen kräftigen Schluck über *Nomad*s Bug, schließlich hat sie uns über die Ozeane getragen.

Nach dem Überfall: Wolf taucht den Computer herauf und findet auch zwei Messer

Tröstlich, dass auch an Tarrafal der Zahn der Zeit nagt. Zwischen den hässlichen Neubauten zerbröseln die alten, pittoresken Steinhäuser. Der Lack ist ab. Und doch herrscht gute Stimmung. Wohin man auch schaut, lächeln einem die Einheimischen zu. Trauben von Menschen bevölkern am Wochenende den Strand, Muskelpakete spielen Fußball, Bikinischönheiten posieren.

Sonntag, 30. Mai 2009. Computercrash. Unser drei Jahre alter Laptop lässt sich nicht mehr hochfahren, brummt und gibt dann gar keinen Muckser mehr von sich. Gut, dass wir einen zweiten haben.

Montag, 31. Mai 2009. Ein Poltern an der Bordwand reißt uns aus dem Tiefschlaf. Ein Uhr Früh. Irgendetwas stimmt nicht. Wolf steigt leise aus der Koje, schnappt Handscheinwerfer und Leuchtpistole und erstarrt: Der sonst verriegelte Niedergang steht sperrangelweit offen. Im Cockpit verstreut der Inhalt unserer Dokumententasche. 30 Meter vor dem Bug erspähen wir eines unserer gelben Kajaks. Wolf schießt eine weiße Rakete ab, das grelle Licht taucht die Bucht in ein gespenstisches Licht. Das Kajak kippt, eine Gestalt gleitet schemenhaft ins Wasser. Bestandsaufnahme mit zitternden Knien: Bargeld, Uhr, Kleidung, Tahiti-Schlapfen und Laptop – natürlich der funktionierende – futsch. Computerlos innerhalb von 24 Stunden! Treibendes Kajak können wir bergen. Da wir keine Back-up-Typen sind, sind viele Fotos und Texte und damit der Spiegel unserer Erinnerungen verloren.

In der Früh finden wir beim Schnorcheln den Computer am Meeresgrund, daneben zwei rasierklingenscharfe Messer. Berto, der Rasta, tröstet uns: „Ihr habt Glück gehabt. Banditen, die mit Messern kommen, benützen sie auch!“ Der Schock sitzt tief. Nicht die materiellen Verluste bedrücken uns, sondern das Entsetzen vor dem, was hätte passieren können. Unerträglich der Gedanke an eine weitere Nacht hier in Angst. Am Abend lichten wir Anker. Kurs Azoren. Irgendwie absurd, dass wir genau an jenem Platz ausgeraubt wurden, an dem sich unsere Kurslinie kreuzte. Warum gerade hier? Anscheinend tauchen während einer Weltreise mehr neue Fragen auf als alte beantwortet werden.

Bei einbrechender Dunkelheit kommen wir aus dem Lee von Santiago und holen die Schoten dicht. Am nächsten Nachmittag, in der Düse von Sao Nicolau, braust der Nordost wie ein D-Zug heran, 20, 25, 30 Knoten. Bis zum Abend kämpfen wir um jeden Meter Höhe, um Sao Antao mit Respektabstand in Lee zu lassen. Erst dann haben wir freies Wasser vor dem Bug. Zugleich fällt auch die Anspannung ab und eine ungeheure Erschöpfung macht sich breit. Beim Wachwechsel muss ich Wolfs Namen fünf Mal rufen, bevor meine Stimme in sein betäubtes Bewusstsein dringt und er in der Lage ist aufzustehen. Die dauernde Müdigkeit ist manchmal wie Folter.

Azoren

Wieder eine Etappe hart am Wind gegen den Nordostpassat. Gut 1.400 Meilen Luftlinie bis Horta. Durch die Schräglage können wir uns in der Kajüte nur mehr hangelnd bewegen. Selbst Pinkeln in den „Cockpit-Klokübel" ist beschwerlich, die Toilette im Vorschiff bleibt überhaupt unbenützt. Das Bordleben beschränkt sich auf das Allernotwendigste: Essen und Schlafen. Sogar der geliebte Espresso fällt aus, steigen auf Nescafe um. Irgendwann fallen wir um zehn Grad ab. Alles gut? Nein. Aber mit einem Schrick in den Segeln erträgt es sich leichter. Wilfried, wie hast du es nur "Allein gegen den Wind" ausgehalten? Irgendwer hat geschrieben, Erdmann sei ein Gigant. Dem ist nichts hinzuzufügen. Draußen stinkt es wie auf einem Fischdampfer. Überall an Deck tote fliegende Fische. Sind zu ausgelaugt, um sie über Bord zu werfen. Wolf erlebt den Überfall jede Nacht in Albträumen wieder. Meist erschießt er dabei den Banditen mit der Leuchtpistole. Finden keine Ruhe um den Vorfall zu verarbeiten, sprechen auch kaum darüber. Konzentrieren uns nur darauf, *Nomad* voranzutreiben.

Als uns nach einer Woche der Passat auf 28° Nord im Stich lässt und *Nomad* wieder aufrecht steht, schreiben wir die Geschichte auf. Auf Papier, sind ja computerlos! Bedeutet auch: keine elektronischen Seekarten, keine Tidenprogram-

Blütenpracht auf den Azoren: Hortensien

me, keine Möglichkeit Fotos abzuspeichern und vor allem kein Wetterfax. Wie anno dazumal hören wir täglich um 11.35 UTC Meteo Marine von France Inter auf 15300 kHz. Vom Inhalt, gesprochen im Tempo einer Maschinengewehrsalve, verstehen wir zunächst nur Bruchstücke.

Unser Leben normalisiert sich, sofern man davon auf See sprechen kann. Kochen Leckerbissen wie gefüllte Paprika, backen Kuchen und frische Semmerln. Gönnen uns eine ausgiebige Süßwasserdusche. Legen Ron Carters Jazz und Bossa Klänge auf. Ich suche mir das dickste, noch nicht gelesene Buch aus der Bordbibliothek. Wolf fragt so nebenbei nach der Seitenanzahl. „735, warum?“ „Damit ich weiß, wann ich wieder mit dir reden kann“, meint er lakonisch und schnappt sich selbst „Weit gegangen“; 764 Seiten.

Ein schmaler Azorenhochkeil lässt uns in eine windlose Zone gleiten. Wir genießen zwei Tage Flaute mit wenig Schwell und weit weg von Land. Portugiesische Galeeren ziehen wie aufgeblasene, rosa-lila Kondome an uns vorbei. Auf 30° Nord stoßen wir auf eine schwimmende Müllhalde: Kanister, Planen, Styropor, Netze, Taue, Flaschen. Plastik, das bis zu 500 Jahre braucht, um sich zu zersetzen.

Am 15. Juni schälen sich die zackigen Umrisse der Vulkane von Faial und Pico aus der Morgendämmerung. Beim Näherkommen erkennen wir saftig grüne Wiesen mit Hortensienhecken, Dörfer wie vom Zuckerbäcker geformt. Süßer, blumiger Duft dringt in unsere Nasen. Was sind das für Trauminseln? Unversehrt in Europa angekommen zu sein, verschafft uns eine tiefe Befriedigung. „Für alles Schöne im Leben hast du im Voraus bezahlt“, sagt Wolf leise und drückt mich fest an sich. Dass beim Anlegemanöver der Retourgang nicht mehr reingeht, *Nomad* über den Liegeplatz hinausschießt und beinahe die Uferböschung rammt, nehmen wir gelassen.

Zurück in Europa. Ein magischer Moment. Glücksgefühl nach den Strapazen der 6.373 geloggten Seemeilen seit Kapstadt. Nach 49 Nächten auf See mit drei-

Papageienschnabel, blühende Agave

stündigen Wachzeiten. Die Marina da Horta, seit unserem letzten Besuch 1991 ums Doppelte erweitert, ist gerammelt voll. An den Außenmolen liegen bis zu fünf Boote im Päckchen. Über 1.000 Transatlantik-Yachten aus aller Herren Länder legen hier jährlich einen Stopp ein. Eines haben alle gemeinsam: Sie sind weit gesegelt. Entsprechend euphorisch die Stimmung. Der gesamte Marinabereich erinnert an eine Kunstgalerie, jedes Fleckchen Beton ist bemalt. Nach alter Tradition verewigt sich jeder Segler vor der Weiterfahrt mit einem Bild.

Können nicht oft genug durch die gepflasterten Gassen des entzückenden Städtchens schlendern. Jeden Morgen genehmigen wir uns ein Frühstück in der Bäckerei: Milchkaffee (galao) um 60 Cent, Schinken-Käse-Sandwich um 90 Cent, Croissant um 70 Cent. Nach solchen Preisen werden wir uns im Mittelmeer sehnen. Am Abend trifft man sich im Café Sport, der vielleicht berühmtesten Seglerkneipe der Welt. Das Lokal ist nicht nur Bar und Restaurant, sondern auch Postadresse für Segler und Souvenirladen. Und es beherbergt ein kleines Scrimshaw Museum.

„It looks like shit, but it starts like new!" sagt Mechaniker Jean-Pierre beim Anwerfen unseres alten Yanmar-Diesels. Dennoch muss das Hurth-Getriebe raus. Aber unser Getriebetyp wird nicht mehr erzeugt, Ersatzteile gibt es nur zu astronomischen Preisen und mit langen Lieferzeiten. Glück im Unglück: In einer Werkstatt stolpert Jean-Pierre zufällig über ein gebrauchtes, passendes Getriebe, das er für einen Tausender überholt. Uff!

Ralf, der Segelmacher, flickt unser malträtiertes Groß. LD-Byte rettet die Festplatte unseres Acer Laptops. Der gestohlene und gewasserte Dell-Computer ist erledigt und wandert in den Müll. Freund Hans Thurner schickt uns per Eilpost seinen Laptop. Wir holen das Packerl einfach im Marina-Office ab, ohne Agenten, ohne Bestechungsgeld. Dass es so etwas noch gibt. Good old Europe!

Verlassen Horta zu dritt. Wolfis 28-jährige Tochter Stefanie ist spontan einge-

Horta auf der Insel Faial; verewigt auf der Hafenmauer von Horta (rechts)

ELEPHANT VERT
FRED
MARTINIQUE
PHILIPPE
NOMAD
2009
Doris+Wolf

Leuchtturm Ponta do Castelo auf Santa Maria (g. o.); Faja Joao Dias auf Sao Jorge (o.)

flogen und wird uns auf der letzten Atlantiketappe die Nachtwachen erleichtern. Sie hat uns auch den hier nicht erhältlichen Simmerring fürs neu eingebaute, aber leckende Getriebe mitgebracht sowie Seekarten und Bücher für die Etappe durchs Mittelmeer.

Segeln am 12. Juli die 25 Seemeilen rüber nach Sao Jorge. Die zigarrenförmige, 1.000 Meter hohe Insel ist nur acht Kilometer schmal, dafür 56 lang. Im verschlafenen Hafen von Velas liegen wir in der neuen, recht engen Marina am Schwimmsteg mit Fingerponton um zwölf Euro pro Nacht. Das Besondere an Sao Jorge sind die unzähligen Fajas, kleine Küstenebenen unterhalb steiler Vulkanwände. Einige können nur per pedes auf alten Wegen erreicht werden. Eindeutig was für uns.

Bei strahlendem Sonnenaufgang mit dem Bus nach Rosais, dann hinter der Kirche die Fahrstraße hinauf, vorbei am verschmusten Esel und an blauen Hortensienhecken. Vom 400 Meter hohen Inselrücken stiehlt sich der Pfad steil nach unten in die Faja do Joao Dias. Wir haben schon viel gesehen, aber der Blick heimst das Prädikat atemberaubend ein. Uralte Steinhäuser ducken sich vor der monströsen Brandung des Nordatlantiks. Nach einer Stunde mischt sich der Bergpfad unauffällig in die Dorfwege von Joao Dias. Die Ansiedlung wirkt verlassen. „Nur mehr vier Personen leben hier“, erklärt Rosa und stellt Brot und Fisch auf den Tisch. „Wir verbringen hier unseren Urlaub.“ Ihr Mann Joao schenkt unsere Gläser randvoll mit Wein. Wann sind wir das letzte Mal so unvermittelt eingeladen worden? Noch dazu in Europa? Das Häuschen besteht aus drei winzigen Räumen und einer Veranda. Auf der Wäscheleine im Gemüsegarten hängen Fische zum Trocknen. Leicht beschwipst schnaufen wir den Berghang wieder hinauf. Wann immer wir zurück blicken, winken uns Joao und Rosa zu.

Da die Sanitäranlagen der Marina noch in Bau sind, schenkt uns der liebenswürdige Hafenmeister einen Liegetag und druckt uns zum Abschied einen dreiseitigen Wetterbericht von windguru.com aus. „Gute Reise und kommt bald wieder nach Velas!“ Versprochen.

Zwei Tage später steuern wir die südöstlichste Azoreninsel Santa Maria an. Im Hafen von Vila do Porto entstand mit EU-Geldern eine neue Marina mit 150 Liegeplätzen. An den verwaisten Stegen zählen wir lediglich zehn Fahrtenyachten. Im Club de Vela gibt es gratis WIFI. Stefanie richtet uns am Laptop Skype ein und zum ersten Mal telefonieren wir über Internet. Santa Maria ist kaum 100 Quadratkilometer groß und dennoch voller Überraschungen. Der Sandstrand von Praia Formosa, der Leuchtturm Ponta do Castelo, das Dorf Maia, das am Fuß der Steilküste klebt, die atemberaubende Bucht von Sao Lourenco, in der wir zum Weinverkosten eingeladen werden. Die schnuckeligen Bauernhäuser verführen sogar uns Nomaden zur Sesshaftigkeit. Fast.

MITTELMEERSOMMER

Spanien, Italien, Griechenland

Knapp 1.000 Seemeilen bis zur Straße von Gibraltar. Wir fahren – was wir normalerweise nie tun – am Abend los, weil wir den abflauenden Westwind der gestrigen Störung nützen wollen. Zwei Tage lang geht die Rechnung auf, am dritten stecken wir mitten im Azorenhoch. Flaute. Wir testen das neue Getriebe und motoren 41 Stunden durch die Windstille. Eine Überfahrt wie ein Erholungsurlaub. Da Stefanie die mittlere Wache von 23 bis 3 Uhr übernimmt, können Wolf und ich acht Stunden am Stück schlafen. Auf halber Strecke Durchzug einer schwachen Kaltfront, die 15 bis 20 Knoten aus Nordnordost bringt. Mit

dicht geholten Schoten spulen wir die Meilen ab. Bei Annäherung ans Cabo Sao Vicente, dem Südwestzipfel des europäischen Festlandes, messen wir zum Glück nur 27 Knoten, leichte Brise für diese windige Gegend. Dafür lässt die Querung des Verkehrstrenngebietes unseren Adrenalinspiegel ansteigen. Immer wieder geben wir auf UKW Kanal 16 unsere Position durch. Kommen uns zwischen den Riesenpötten wie Geisterfahrer auf der Autobahn vor.

Am 29. Juli 2009 segeln wir in einen rosa-orangen Morgen. An Backbord blitzt das Leuchtfeuer vom Cabo Sao Vicente. Die Dünung lässt schnell nach und von Land weht herber, mediterraner Geruch zu uns. Bereits am Nachmittag des nächsten Tages treibt uns strammer Westsüdwest und mitlaufender Strom durch die Straße von Gibraltar. Gleich hinter dem Europe Point schläft der Wind ein und wenig später verschluckt uns dicker Nebel. Willkommen im Mittelmeer. Wir retten uns vor dem dichten Schiffsverkehr so nah wie möglich an die Küste, das Radar läuft auf Hochtouren, Nebelhörner tuten durch die Nacht.

Fuengirola, Costa del Sol. Hochhäuser, Abgasgestank und 35 Euro Liegegebühr. Haben 1.170 Seemeilen in knapp achteinhalb Tagen zurückgelegt. 7.800 Seemeilen seit Kapstadt, das entspricht ungefähr drei Atlantiküberquerungen von den Kanaren nach Barbados. Mit dem kleinen Unterschied, dass man in die Karibik auf bequemem Vorwindkurs segelt. Stefanie verlässt uns und fliegt zurück nach

Espalmador auf den Balearen

Wien. Bewundernswert, wie schnell sie sich an das Leben an Bord angepasst und während ihrer Nachtwachen im dichten Schiffsverkehr Übersicht bewahrt hat.

Ziehen weiter gen Osten; wie unromantisch. Zwischenstopp in Aguillas, wo wir frei (und kostenlos) ankern können. Plätze wie diese sind an Spaniens Küsten rar geworden. Weiter zu den Balearen. Espalmador, zwischen Ibiza und Formentera, einst eine unserer Lieblingsinseln im Mittelmeer. Aber im August scheint die Welt hier aus den Fugen zu geraten. Diese Bucht mit hunderten Yachten teilen zu müssen, ist eine neue Erfahrung. Und dass der Abstand zum Nachbarboot unter zehn Metern liegt, tut echt weh. Jetskis und Motorboote umkreisen uns wie aufgescheuchte Bienenschwärme. Alle winken freundlich und sind in ausgelassener Urlaubsstimmung. Ab 15 Knoten Wind slippen die Anker. Zehn Meter Kette bei fünf Meter Wassertiefe reichen auch im Sandgrund nicht. Vielleicht werden deshalb im gesamten Mittelmeer immer mehr Muringbojen gesetzt. Nächtens dröhnt von einem Party-Katamaran Discomusik über die Bucht. Nebelhornproteste Ruhe suchender Ankerlieger heizen die Stimmung weiter an. In Water Boat Show: 80-Fuß-Swan, klassischer Dreimastschoner, 30-Meter-Kat, Motoryachten mit und ohne Hubschrauber. Da bleibt kein Wunsch offen. So manches Beiboot ist länger als *Nomad*. Apropos Dingi: Im Hafen von Formentera verbietet uns die Policia Maritima mit den Kajaks anzulanden. Begründung: Zu langsam und gefährlich, da wir keinen Motor haben. Kommen uns ein bisschen verloren vor. Aber vielleicht waren wir einfach zu lange weg. Reisen, zumindest das, was wir darunter verstehen, hat im Mittelmeersommer seinen Sinn verloren.

Zu unserer Verblüffung wurde das bezaubernde Städtchen Puerto Colom, an der Ostküste Mallorcas gelegen, vom Tourismus-Wahnsinn verschont. Zwar ist die Bucht voll mit Muringbojen und Booten, aber *Nomad* findet mit eingezogenem Schwert einen wunderbaren Platz im Abseits. Wir bestaunen die Wasserfront im alten Hafen, wo traditionelle Fischerboote (manche mit Besegelung) vor Bootsgaragen parken, dahinter typisch mallorquinische Häuser mit bunt gestrichenen Tür- und Fensterläden. In der urigen Bar Es Tamarells gibt es noch Tapas: Tintenfisch in Olivenöl, Tortilla, Thunfisch-Salat, dazu ein Glas Rioja. Drei Tage Pause. Am 12. August sind wir wieder unterwegs Richtung Osten. Ungewöhnliche Fahrtrichtung. Fragen uns, wann wir wieder West halten dürfen. „Genießt die Heimreise", schreibt uns der dreifache Weltumsegler Wolfgang Wappl in einem Mail. „Oft sind es die letzten Meilen für längere Zeit." Wie recht er hatte.

Mühsames Mittelmeersegeln. Leichte, launische Winde aus allen Richtungen, meistens aber von vorne. Dafür die See nie höher als einen Meter. Zum Mittagessen beißt ein Thunfisch. Ich muss lachen – einfach perfekt. Wolf schneidet hauchdünne Filetstücke fürs Sashimi.

Nach 350 Seemeilen laufen wir am Südostzipfel von Sardinien Villasimius an.

Traditionelle Fischerboote in Porto Colom an der Ostküste Mallorcas

Die Bucht schmiegt sich in eine perfekte Granitlandschaft, daneben die hässlichen Betongebäude der Marina wie die Faust aufs Auge. Einen weiteren Schlag versetzt uns die Liegeplatzgebühr von 75 Euro pro Nacht. Ergo ankern wir draußen vor dem schmalen Sandstrand. Die Hölle ist ein italienischer Strand im August. Drangvolle Enge, unerträgliche Hitze, peinvoller Lärm und abends, wenn alle gehen, haufenweise Müll. Zwei Tage später flüchten wir hinaus aufs Tyrrhenische Meer.

Brise um fünf Knoten. Treiben mehr als wir segeln, bis uns der Geduldsfaden reißt und wir die Maschine anwerfen. Das Thermometer sinkt auch in der Nacht kaum unter 30 Grad. Beobachten eine Schildkröte und fangen stündlich ein Plastiksackerl mit der Angel. Sightseeing per Boot: Ganz knapp passieren wir Alicudi und Filicudi. Häuser wie aus Legobausteinen kleben an den steilen Vulkanhängen. In Salina legen wir den teuersten Tankstopp unserer Reise ein, 1,25 Euro pro Liter Diesel. Die Sportbootdichte ist enorm. Ankern in einem Pulk von Yachten einen Kilometer vor dem Hafen auf offener Reede, Berührungsängste kennen Italiener nicht. Dennoch kommt uns Salina wie ein sanfter Sommertraum vor. Schmale, malerische Gassen, Wäscheleinen zwischen Balkonen, kleine Läden wie Alimentari, Panificio, Marcelleria, geschmackvolle Boutiquen, Restaurants, deren Tische und Stühle auf der Straße stehen. Nach den Jahren auf der südlichen

Impressionen aus Salina, Äolische Inseln

Hemisphäre fasziniert uns das mediterrane Flair. Gerührt spüren wir die Alte Welt wieder und merken, dass uns etwas gefehlt hat. Antike Gemäuer, hölzerne Tore, deren Farbe abblättert. Das Gefühl, von Geschichte umgeben zu sein.

Länger als eine Nacht halten unsere Nerven den Ankersalat nicht aus. 35 Seemeilen bis zur Straße von Messina. Am Nachmittag erreichen wir pünktlich zum Einsetzen des Gegenstroms die Meerenge. Kümmert uns wenig, denn wir wollen die Passage unbedingt bei Tageslicht schaffen. Haben die Rechnung aber ohne den Wirt gemacht. Heute ist nämlich Neumond, also maximale Tide und Strom. Hinter dem Kap Peloro erwartet uns bereits kabbelige See. Um den Strudeln des Meeresungeheuers Charybdis zu entkommen, wechseln wir auf die östliche Seite und geraten prompt in Skyllas Fänge. Vor dem großen Fährhafen Villa San Giovanni brist es unvermittelt von fünf auf 25 Knoten auf. Der Gegenstrom erreicht sechs Knoten! Wind steht gegen Strom, das Wasser brodelt. Unter Vollzeug und Vollgas schaffen wir gerade ein bis zwei Knoten über Grund. Ein Schwertfischer mit einem 15 Meter langen Bugspriet kommt uns in die Quere. Manöver des letzten Augenblicks. Dann werden wir von den Messina-Fähren gejagt. Viel zu langsam entrinnen wir den Ungeheuern. Ach Odysseus, das sind die Monster von heute! Bei Sonnenuntergang runden wir Capo dell' Armi und steuern ins Ionische Meer. Kurs Griechenland. Über Kalabrien zucken Blitze.

Schwertfischer mit 15 Meter langem Bugspriet in der Straße von Messina

Auch im Ionischen Meer regieren leichte, nordöstliche Winde. Wo bleibt der Nordwest? Schoten dicht, Segel bergen, Motor an, Motor aus, dümpeln, ... Seit wir im Mittelmeer sind, versuchen wir Wetterberichte über UKW und Kurzwelle aufzuschnappen. Wegen geringer Druckunterschiede und lokaler Eigenheiten ist Wetterfax nicht aussagekräftig genug. Aus dem Radio krächzen Ansagen, die unmöglich zu verstehen sind. Das Wasser, das wir in Puerto Colom in unsere Tanks füllten, ist ungenießbar. Schmeckt scheußlich und leicht salzig. Die fünf Liter eiserne Reserve, Wasserflaschen von den Marshall Inseln, kommen endlich zum Einsatz. 25 Meilen vor der Insel Levkas fangen wir einen Thun. Na bitte, Angelleine nicht umsonst gebadet. Fünf Kilo Filets langen für vier Tage Frischverpflegung und sechs selbst gemachte Konservengläser. Aus dem Kopf bereiten wir eine feine Fischsuppe zu.

In der Dunkelheit tasten wir uns am 22. August mit Radar in die weitläufige Bucht von Vasiliki und ankern auf sechs Meter Wassertiefe. Die Landbrise weht nicht nur den Duft der Inselkräuter herüber, sondern auch jenen alter Pommes Frittes. Aus einem Lokal dröhnt laute Musik. Stört Touristen der Lärm nicht?

Endlich Griechenland. Ein Glas Retsina, öliges Mousaka, griechischer Kaffee mit Sud auf der Zunge. Seit Australien träumen wir davon. Am Schwimmsteg von Skorpios Yachtcharter in Nydri legen wir eine Pause ein. Herbert Lerchl, den wir von einer Schiffstaufe in Izola kennen, empfängt uns herzlich und stellt uns einen Liegeplatz zur Verfügung. Hier schrubben wir *Nomad*, waschen Berge von Wäsche, erledigen Wartungsarbeiten und können WIFI benützen.

In nur einem Monat sind wir von den Azoren hierher gedüst. Jetzt entschleunigen wir, verstecken uns in lauschigen Buchten der Inseln Meganisi, Kalamos und Kastos. „Wann kommt ihr endlich heim?" fragt Wolfs Mama am Telefon. „Ihr seid doch schon so nah!" Verzögern intuitiv die Rückkehr. Maximal fünf Meilen pro Tag über glattes, glitzerndes Meer. Die Tage verdampfen zu einem betäubenden Nebel. Ankerplätze. Morgenspaziergänge. Schwimmen im azurblauen Wasser. Köstliches, dickes Yoghurt mit süßen Trauben. Katzen, die sich auf weißen Stufen sonnen. Wolf speert einen Oktopus, schlägt ihn hundert Mal auf einen Stein und rubbelt den Schleim ab. Zwei Stunden im Druckkochtopf machen den Kraken butterweich.

Ionische Inseln, Meganisi, Vathy

Einiges hat sich geändert, seit wir das letzte Mal einen Sommer hier verbrachten. Straßen ritzten Wunden in die Haut der kleinen Inseln, enden im Nirgendwo. Die Zahl der Sportboote scheint sich verdoppelt zu haben. Das Meer vor Nydri und im Hafen von Kalamos gleicht einer Kloake. Müll an Stränden und Straßenrändern. Kaum fertig gestellte Häfen sind bereits am Verfallen. Vielerorts herrscht Chaos. Aber gewährt nicht gerade dieser Umstand uns Seglern gewisse Freiheiten? Wo sonst im Mittelmeer kann man in Häfen noch gratis anlegen? In Buchten ohne Muringbojen ankern? Am Strand ein Lagerfeuer machen? Viele Plätze sind noch immer urwüchsig und vom Massentourismus verschont.

„Ah, seid's ihr nicht die ...?" – „Hallo Seenomaden!" – „Wos mocht's ihr denn do?" – „Alles Gute zur zweiten Runde!" Überall heißen uns österreichische Segler herzlich willkommen. Schenken uns Kuchen, Manner Schnitten, Milka Schokolade, Räucherspeck und Wurst, Villacher Bier. Bedauern unseren Überfall auf den Kap Verden, über den in der Yachtrevue berichtet wurde. Uns geht das Herz auf.

Mitte September ist die flirrende Sommerhitze gebrochen und wie auf ein Kommando machen sich die meisten Urlauber davon. *Nomad* zieht weiter Richtung Heimat. Durch den Kanal von Levkas mit seiner Klappbrücke geht es nach Lakka im Norden von Paxos. Sitzen im selben Kafenion wie im Jänner 2002, wo wir vor Kälte bibbernd zwei Flaschen Retsina kippten und den geglückten Winterstart unserer Reise feierten. Auffrischender Südwind bläst uns in zwei Tagen von den Ionischen Inseln nach Dalmatien und straft jene Nörgler Lügen, die behaupten, dass es in der Adria nie Wind gäbe. Die letzten Nachtwachen? Wahrscheinlich. Zum ersten Mal habe ich Angst um unsere Reise. Angst, dass sie bald vorbei sein wird. Versuchen uns auf die Heimat einzustimmen und lesen im Kurier, dass sich ein Milchbauer mit dem Erlös von 16 Liter Milch einen Liter Red Bull kaufen könnte. Sauerei.

Echt griechisch

DIE LETZTEN MEILEN

Kroatien, Slowenien

Kroatien könnt ihr vergessen. Millionen Boote. Überfüllte Häfen. Lächerlich teuer. Sogar vor Anker wird kassiert. Und die Leute – unfreundlich und grantig. Aussagen von Mittelmeerkennern klingen uns in den Ohren, als unsere *Nomad* durch die Adria segelt.

Einklarieren in Lastovo. Zähneknirschend blechen wir 1.765 Kuna (ca. 255 Euro) für Permit plus Leuchtturmsteuer, persönlicher Rekord an Einklarierungsgebühren. Aber die Bodybuilderstatur des Hafenkapitäns von Ubli erstickt jede Widerrede im Keim.

Vor dem mittlerweile stürmischen Jugo verholen wir *Nomad* in die Jurjeva Luka, eine hübsche Bucht im Westen Lastovos, die einst vom Militär genutzt wurde. Verfallene Stollen, Bunker und Kasernengebäude zeugen von einer wechselhaften Vergangenheit. „Der Platz ist bizarr, aber wunderschön", meinen Cathy und Ian, unsere australischen Bootsnachbarn an der Mole. Seit einem halben Jahr reisen die beiden mit einer Charteryacht durchs Mittelmeer, und ihr absoluter Favorit ist die Inselwelt Dalmatiens. Ein neuer Blickwinkel tut sich auf: Unser Hausrevier ist offensichtlich Kristallisationspunkt der Sehnsucht für Menschen, die am anderen Ende der Welt leben. Cathys Tipp folgend wandern wir zum Hauptort Lastovo, der sich hinter einem Kamm an den Berg schmiegt und vom Meer aus nicht zu sehen ist. Wir haben erstmals keinen Reiseführer dabei, sonst hätte ich gewusst, dass Lastovo zum Schutz vor Piraten so entlegen und versteckt errichtet wurde. Aber, so denke ich mir, eröffnet sich dadurch nicht auch die Möglichkeit überrascht zu werden? Der lauschige Weg durch Weingärten, der Bauer, der uns Trauben schenkt, die alten Steinhäuser mit den hohen Kaminen und die Burg am Hügel rütteln uns wach. Warum glaubten wir, nur in der Ferne Schönes entdecken zu können? Ian bringt es auf den Punkt: „The more you look, the more you see!" Diese Devise plus drei übrig gebliebene Eintrittskarten für den Kornati-Nationalpark geben uns die netten Australier mit auf den weiteren Weg.

Von den Permitkosten geschockt, schließen wir eine Wette ab: Schaffen wir es, ohne Anker- und Hafengebühren durch Kroatien zu kommen? Die Kosten für unsere 13 Meter lange Ovni 41 würden – in Häfen oder Marinas – zwischen 150 und 400 Kuna pro Nacht liegen. Das wäre bei unserem am Ende der Weltumsegelung total ausgebluteten Budget einfach nicht drin. Manchmal müssen wir tief in die Trickkiste greifen, bisweilen haben wir einfach Glück. In Vela Luka auf Korčula pumpen wir *Nomads* Schwert und Ruder hoch und verstecken uns im hintersten Hafenwinkel bei den kleinen Fischerbooten. Der Hafenmeister von Komiža auf Vis kassiert von den benachbarten Ankerliegern, lässt *Nomad* aber unbehelligt. Wahrscheinlich hat er ein Herz für Blauwassersegler und ahnt die Leere in der Bordkassa. Danke! Hvala lijepa! Weiter im Norden, in der großen Bucht von Kakan, ignorieren wir einfach das Ankerverbotsschild im Bojenfeld. Ein Lokalaugenschein unter Wasser liefert ohnehin ein erschreckendes Bild: Die Muringblöcke sind entweder viel zu klein oder gar umgekippt, die Muringleinen halb durchgescheuert. Vor Bügelanker und 50 Meter Kette fühlen wir uns sicherer, vor allem bei bestem Ankergrund aus Sand und Schlick. Beim täglichen Abendspaziergang beobachten wir vom Hügel aus, wie der Geldeintreiber vergeblich an unsere Bordwand klopft. Bald finden wir heraus, dass meist zur „goldenen Stunde" kassiert wird, nämlich dann, wenn wir an Land das Zauberlicht zum Fotografieren nutzen.

Nationalpark Kornati, zauberhafte Inseln aus Stein. Eintrittsgebühr pro Tag und

Primošten; Esel in Vrulje auf Kornat; Katze der Konoba Levrnaka

Schiff satte 250 Kuna (€ 34,70) im Vorverkauf, sonst 400 Kuna (€ 55,50). Ohne die drei geschenkten Tickets von Ian und Cathy hätten wir uns nie hingewagt. Schnell haben wir die Schwächen der Nationalparkbehörde entlarvt: Wer vor einer Konoba anlegt, zahlt nämlich nix. So zum Beispiel in der Opat-Bucht am Südende von Kornat, Kreuzungspunkt all unserer Reisen. Dass das noble Fischrestaurant für uns unerschwinglich ist, erfasst der freundliche Wirt mit einem Blick, wir dürfen dennoch gratis seine Boje benützen. Wandern ist hier ein Muss. Bei den Steinmännern der Kornatengipfel angekommen, eröffnet sich die Einzigartigkeit dieses Archipels. Von oben sieht man immer mehr. Nur wenig lenkt in dieser archaischen Landschaft die Sinne ab: Helle Kalkfelsen, dazwischen ein paar Salbeisträucher und Disteln, Olivenbäume umgeben von Steinmauern, dann und wann ein Feigenbaum mit verschrumpelten, süßen Früchten. Oben azurblauer Himmel, unten glasklares Meer. Hier wollen wir nicht mehr weg. Nie mehr! Wir sind überrascht von unseren Gefühlen. Liegt es am Blöken der Schafe oder am Geschrei der wilden Esel, die um Wasser betteln? Oder an der Rückkehr zum simplen Bordleben, am Sich-selbst-Genügen, das in den Kornaten wunderbar möglich ist. Wir treiben in die Tage hinein, ohne Plan, ohne Termin, und reduzieren die Etappen auf wenige Meilen. Vier Tage bleiben wir in der Kravljačica. Vier Tage einer Reise von sieben Jahren und dennoch in unsere Erinnerung eingebrannt. Das liegt an einer wunderschönen Gajeta namens *Slavuja*, die im winzigen Hafen schaukelt. Und an Jelena, der Eignerin dieses Schmuckstücks, die uns zum Feigengrappa einlädt. Nach einer halben Flasche schwimmen wir auf einer Wellenlänge und erzählen einander Geschichten aus der Südsee. Die kroatische Biologin, die in Norwegen unterrichtet, segelte auf einem Expeditionsschiff über den Pazifik. Jetzt genießt sie ein Jahr Auszeit und will ihre Heimatinseln mit ihrer *Slavuja*, einem traditionellen Fischerboot, erkunden. Sich einlassen können, bewusst die Dinge aufnehmen, das ist die Kunst. Wir fahren mit Jelena zur kleinen

Gajeta *Slavuja*; Levrnaka; (v. li.) Opat: Kreuzungspunkt all unserer Reisen (re.)

Insel Balun, um an einem Steilabfall zu schnorcheln. Wie ein Fisch gleitet die passionierte Taucherin ins bodenlose Blau und zeigt Wolf in zwölf Metern Tiefe eine Höhle. Bunte Unterwasserwelt in der Adria? The more you look, ... Trotz Neoprenanzügen bibbern wir Tropenverwöhnte nach einer halben Stunde vor Kälte. Bald danach füllt eine sanfte Abendbrise das Lateinersegel der Gajeta. Die Handhabung von Rigg und Segel wirkt komplizierter als jene der pazifischen Auslegerboote. Während Wolf und Jelena mit Holeleinen und Schot das Segel trimmen, halte ich das Boot mit der Pinne auf Kurs. Die stärksten Momente kommen unerwartet. Sie sind nicht vorherzusagen.

Ende September ziehen wir weiter. Nördlich von Levrnaka – noch immer in den Kornaten – läuft eine Charteryacht auf Grund. Klassischer Fauxpas: Im gleißenden Gegenlicht der Morgensonne bleiben Untiefen auch in der Adria unsichtbar. Wir machen unser 40 Meter langes Bergseil am Spifall des Havaristen und an *Nomads* Heck fest. Im rechten Winkel dampfen wir mit halber Maschinenkraft los und krängen das festgefahrene Schiff soweit, bis der Kiel nicht mehr aufsitzt. Gleichzeitig zieht eine andere österreichische Yacht die „Beinahe-Schiffbrüchigen" über den Bug zurück ins tiefe Wasser. Glück gehabt. Wochen später erhalten wir per Mail ein nettes Dankeschön der deutschen Crew.

Nördlich von Dugi Otok schickt uns der Herbst eisige Bora. Wir reffen die Segel, werden nass gespritzt. *Nomad* fliegt mit Rumpfgeschwindigkeit über flaches Wasser, als hätte sie es plötzlich eilig nach Hause zu kommen. Wir würden uns am liebsten noch mehr Zeit lassen. Kaum ein Revier der Welt bietet eine derartige Vielfalt und Dichte an Ankerbuchten, kleinen Häfen und verschlafenen Inselorten – etwa das morbide Veli Rat, von wo wir die letzten Postkarten abschicken, das liebliche Premuda mit Autos ohne Kennzeichen, die Waldbucht Krivica, wo unser Anker auf den Felsplatten nicht hält, und schließlich die Lössinsel Susak im Kvarner, letztes Eiland unserer langen Reise.

Über Rovinj geht es nach Umag zum Ausklarieren. Hier schnappt die Falle zu. Unser bewährter Trick, am Spätnachmittag das Schiff vor Anker sich selbst zu überlassen, funktioniert diesmal nicht. Als wir die glitschigen Stufen zum Kai hinaufbalancieren, fallen wir dem Kassier direkt in die Arme. „Gut, dass ihr an Land kommt, denn mein Boot ist bei der Barcolana (größte Regatta der Adria vor Triest) im Einsatz!" Das ist jetzt aber zu komisch. Wären wir doch heute an Bord geblieben! Wir feilschen, handeln, lachen. Zu guter Letzt schrumpft *Nomad* auf zehn Meter. 91 Kuna wechseln den Besitzer. Wir haben zwar die Wette verloren, aber unser Heimatrevier wieder entdeckt. Alte Liebe rostet nicht.

Noch acht Seemeilen bis Izola. Zum Trotz stecken wir unseren Kurs nach Italien ab. Kleiner Abstecher auf ein Glas Prosecco. Aus reiner Gewohnheit ankern wir auch in Grado, und zwar im Kanal gegenüber der Stadt, neben den Wracks.

Verwunderung bei den vorbeifahrenden Booten, aber auch bei österreichischen Seglern, die wir in der Stadt treffen. „Wir haben schon geglaubt, ihr seid's gestrandet …"

Verstecken hilft nix, außerdem soll die erste große Kaltfront dieses Herbsts Sturm bringen. Am 9. Oktober 2009 geht es Richtung Izola. Nach Slowenien, wo dieses Abenteuer begann. Still lösten wir am 7. Jänner 2002 die Leinen und ebenso still laufen wir über sieben Jahre später wieder in den Hafen ein. *Nomad* ist zur Feier des Tages über Topp geflaggt. Hier schließt sich endgültig der Kreis unserer Reise. Von Izola nach Izola. Zum zweiten Mal haben wir den Globus umrundet, das macht uns demütig und dankbar. In unsere Aufregung und Freude mischt sich aber auch Furcht. Vor der Heimkehr, vor den Umstellungen, die das Leben an Land mit sich bringen wird. Vor dem Loch, in das wir unweigerlich fallen werden. In Izola von Bord zu gehen, fällt uns unglaublich schwer. Wir haben das Gefühl, uns gegen den natürlichen Lauf der Dinge zu stemmen.

Zurück in Izola nach 65.000 Seemeilen, sieben Jahren und neun Monaten

EPILOG

Bis heute, sieben Monate nach unserer Rückkehr, vermag ich das Gefühl unserer Reise ohne Umschweife wiederzufinden. Jede Begegnung, jedes Abenteuer, fast jeder Tag ist noch stark und lebendig in Erinnerung. Manchmal kommt es mir vor, als seien wir noch immer unterwegs. Aber ist das Leben nicht eine große, lange Reise?

Im Moment leben wir in einer kleinen Wohnung in Puchberg am Schneeberg, in Niederösterreich. Schreiben unser erstes Buch, bereiten eine neue Multivisionsschau vor und sind viel draußen in der Natur. Unsere *Nomad* steht hoch und trocken an Land in der Marina Sant'Andrea in Norditalien und wartet. Manchmal träume ich, dass Wolf mich fragt, ob wir wieder lossegeln wollen. Ich wäre leicht zu überreden. Ich weiß, er wird irgendwann fragen. Vielleicht in zwei, drei Jahren. Vielleicht morgen, gleich nach dem Frühstück …

VORTRÄGE

SEENOMADEN – 8 JAHRE UM DIE WELT

Einmal um die Welt reisen, den eigenen Träumen nach

1989 fahren sie mit ihrem winzigen Segelboot *Susi Q* von Europa los. Ohne Geld und High Tech, dafür mit einer gehörigen Portion Mut und Neugierde. Doris, gerade 22, hat vom Segeln keinen blassen Schimmer. Wolf dagegen war schon ein Jahr mit einem Segelboot unterwegs. 1997 kehren sie zurück. Dazwischen liegen acht Jahre, 40 Länder und 43.000 Seemeilen. Eine Weltumsegelung, die alles andere als schnurstracks rundherum führt.

Vor den Kanaren entgehen sie knapp einer Kollision mit einem Dampfer. Über den Atlantik navigieren sie noch mit dem Sextanten. In einem Südsee-Atoll lernen sie, dass Leben und Sein mehr zählen als Haben und Besitz. Sie tauchen auf der Insel Puluwat in die vergangene Zeit der Sternennavigatoren ein. Im Indischen Ozean bleiben sie zwei Monate auf einem unbewohnten Atoll und ernähren sich von Fisch und Kokosnüssen. Im Roten Meer wettern sie den schwersten Sturm der Reise ab.

Sehr persönlich und einfühlsam nehmen die beiden Seenomaden ihr Publikum mit auf die Reise. Dieser legendäre Kultvortrag ist eine Liebeserklärung an das Meer und das Leben und zugleich die Geschichte einer Selbstverwirklichung.

SEENOMADEN – UM KAP HOORN IN DIE SÜDSEE

Eiskalte Abenteuer, tropische Freuden

Vier Jahre nach ihrer ersten Weltumsegelung brechen die Seenomaden erneut auf. Ihr Ziel ist die Südsee. Der lange und harte Weg dorthin führt diesmal um Kap Hoorn, dem Everest der Segler.

Am Beginn steht der Kauf einer vergammelten, knapp 13 Meter langen Aluyacht, die sie in achtmonatiger Schufterei wieder auf Vordermann bringen. Der verspätete Auftakt der Reise führt im Jänner 2002 in ein verlassenes, winterliches Mittelmeer. Im Atlantik folgen sie Magellans Spuren zum wilden Ende der Welt und runden Kap Hoorn, den berühmtesten Felsen der Erde. Die strapaziöse Fahrt durch Feuerlands sturmgepeitschte Fjorde wird zu einem haarsträubenden Abenteuer rund um nasse Socken, kalbende Eisberge und ein verloren gegangenes Dingi. Um der feuchten Kajüte zu entfliehen, klettern sie auf Eis gepanzerte Vulkankegel und marschieren zum Fitz Roy, dem König der patagonischen Anden.

Unterwegs in der unendlichen Weite des Pazifiks steuern sie zu Inseln, die seit der Kindheit ihre Fantasie beflügeln. Traum und Wirklichkeit verschmelzen, als sie auf der Robinson Crusoe Insel einem Schatzsucher begegnen. Oder als *Nomad* auf der Osterinsel vor den geheimnisvollen Steingiganten ankert. Und in Pitcairn, als sie mit dem Ururur-Enkel von Obermeuterer Fletcher Christian in einem halsbrecherischen Ritt durch die Brandung rasen. Die Reise gipfelt in der türkisen Lagune eines unbewohnten Südsee-Atolls. Fische fangen, Brot backen, Kokosnüsse von den Palmen holen, Lagerfeuer am Strand – ein Leben aus erster Hand!
Eine Live-Reportage, die vor Spannung knistert und mit einer gehörigen Portion Selbstironie gewürzt ist.

SEENOMADEN – 4 JAHRE SÜDSEE

Archipel Sehnsucht

Wer hat nicht schon einmal davon geträumt, in die Südsee zu reisen? Keine andere Region der Erde hütet bis heute mehr Sehnsüchte und Träume als jene pazifischen Eilande, die versprenkelt in einem Ozean liegen, der größer ist als alle Kontinente zusammen. Vier Jahre kreuzen die Seenomaden, Österreichs bekanntestes Weltumseglerpaar, auf ihrer zweiten Weltumsegelung durch die Südsee. Neugierde und Sehnsucht treiben sie von einer Insel zur anderen. Oft wähnen sie sich außerhalb dieser Welt. In Tahiti wettern sie einen tropischen Sturm vor Anker ab, bei dem Windfahne und Beiboot verloren gehen. In Bora Bora klettern sie auf den schroffen Mont Pahia, um Stille zu erleben. In Fidschi erhalten sie eine Sondergenehmigung, um zu den verbotenen Inseln der Lau-Gruppe zu segeln. Im windzerzausten Stewart Island, an der Südspitze Neuseelands, finden sie sich am anderen Ende der Welt wieder, der Antipode zu Österreich. Danach steuern sie Richtung Melanesien und Mikronesien, einer Kette von Archipelen im Westpazifik. Tikopia, Nanumea, Ailuk, Nukuoro, Kapingamarangi, Kitava – kaum bekannte Ziele in einem ozeanischen Kosmos, die weit abseits gängiger Routen liegen und nur auf eigenem Kiel besucht werden können. Die Reise gipfelt auf einer Insel in Papua Neuguinea, die eine Ahnung von jenem Paradies vermittelt, nach dem sie nicht mehr zu suchen gewagt haben. Erfüllt sich am Ende dieser Reise die Sehnsucht, die – bei allem Realitätssinn – die Seenomaden immer wieder motiviert hat?
Die Sehnsucht nach den glücklichen Inseln Ozeaniens?

Die mittlerweile legendären Vorträge der Seenomaden sind digitale HDAV-Multivisionsshows in Überblendtechnik mit Video, Live-Kommentar und Musikuntermalung. Dauer jeweils ca. 100 Minuten.
Buchungen, Kontakt, Infos, Termine: www.seenomaden.at, Mail: seenomaden@aon.at

FILM

DVD: SEENOMADEN – LEBEN MIT DEM WIND

Ein Film von Christian Berger, der 2010 in der Kategorie "Beste Kamera“ im Film "Das weiße Band" für den Oscar nominiert war!

DVD-Video, Pal, Laufzeit: 75 Minuten, © 2006 TTVFilm

Der international renommierte Kameramann und Regisseur Christian Berger und seine Frau, die Schauspielerin Marika Green, drehten an Bord der *Nomad* einfühlsame, authentische Szenen von seltener Intensität.
Mit ihrer 13 Meter langen Aluminium-Yacht *Nomad* segeln die beiden Abenteurer Doris Renoldner und Wolfgang Slanec in ein unvergessliches Abenteuer bis ans Ende der Welt. Dort, wo die Wogen von Atlantik und Pazifik zusammenstoßen, runden sie den berühmtesten Felsen der Erde – Kap Hoorn. Die strapaziöse Fahrt durch Patagoniens einsame, sturmgepeitschte Fjorde und atemberaubende Gletscherlagunen weckt die Sehnsucht nach der Südsee. Leben im Rhythmus der Natur. Glücksmomente und Alltagsstress. Angst um das Boot und vor den Urgewalten des Meeres. Und Segeln, Segeln, Segeln. Der Traum von der Freiheit ist in der Realität ein Seiltanz am Rande der Gesellschaft. Eine hautnahe, berührende Dokumentation und weit mehr als ein Reisebericht. Das Lebensbild eines Paares, das seine Freiheit gefunden hat.
Bestellungen: www.seenomaden.at oder www.christianberger.at

Marika Green und Christian Berger

ANHANG

BOOT UND AUSRÜSTUNG

Nomad: Sonate Ovni 41, Baujahr 1988. Material: Aluminium; Werft: Alubat in Les Sables d'Olonne, Frankreich; Konstrukteur: Philip Briand; Länge über alles: 13 m; Breite: 4,30 m; Tiefgang: 1–2,50 m, variabel durch Intgralschwert; Gewicht: 8,7 t; Sloop, Kutter getakelt

SEGEL:
1 Lattengroßsegel (32 m^2/360g) mit drei Reffreihen, TRT-Schnitt
1 kleineres Starkwindgroß (24 m^2/450g) mit Kurzlatten, HOR-Schnitt
1 Genua (55 m^2/320g), TRT-Schnitt
1 Kutterstagsegel (17 m^2/400g) aus rotem Tuch, TRT-Schnitt
Die Raudaschl-Segel wurden aus hochwertigem Dacron von Polyant geschneidert. Bemerkenswert, dass keine einzige Naht auf 65.000 Seemeilen aufging.
Zusätzlich 1 asymmetrischer Spinnaker (110 m^2).
2 Profurl-Anlagen für die beiden Vorsegel. Großsegel ist vom Mast aus zu reffen.

Nomad unter Starkwindbesegelung: Kutterstagsegel und gerefftes Groß

Anker:
1x 25 kg Bügelanker als Hauptanker plus 75 Meter 10-mm-Kette
1x 20 kg Britanny-Anker
1x 7 kg Fortress-Aluminium-Plattenanker
1x 25 kg Jambo aus Niro plus 15 Meter 8-mm-Nirokette plus 40 Meter Ankerleine
Elektrische Ankerwinde: Lofrans Tiger 1000 W
Tankkapazitäten:
Wasser: 250 l in zwei Tanks plus 100 l in Kanistern
Diesel: 180 l in einem Tank plus 100 l als Reserve in Kanistern
Motor: Yanmar JHE 44 PS
Dingi: Novomar aus Hypalon mit GFK-Boden, 2,50 m lang; ab Tahiti Zodiac Zoom, 2,80 m lang mit Einschub-Holzboden; ab Puerto Montt zwei leichte „Feel Free"-Kajaks, die im Vorschiff verstaut wurden
Außenbordmotor: 4PS Yamaha 4 Takt
Rettungsinsel: Arimar für 6 Personen

Windgenerator: Air X Marine; ab Pohnpei Air Breeze Marine
Solarpaneele: 3 x flache Sunware-Module 55 Watt, aufs Deck geklebt
Elektrik: 3 Gel-Batterien fürs allgemeine Bordnetz à 120 Ah plus 1 Starterbatterie mit 110 Ah
Elektronik: 1 altes UKW Funkgerät (Debeg), 1 Kurzwelle Yaesu FT650, 1 Meteoliner Barograph, 1 Radar Raytheon SL 70, 1 GPS Raytheon RC 320 dazu Windmessanlage, Echolot und Log
Selbststeuerung: Raymarine ST 6001 mit Linearantrieb; die Windfahnensteuerung Windpilot Pacific funktionierte bei uns nicht gut.

GELD:
Eine Frage kommt wie das Amen im Gebet: „Wie könnt ihr euch das leisten?" Und gleich danach: „Wie viel Geld braucht man auf einer Weltumsegelung?" Also: Klingt simpel, ist simpel – man gibt das Geld aus, das man zur Verfügung hat. Und je sparsamer man haushält, desto länger kann die Reise dauern, das ist eine einfache Schlussrechnung. Durchschnittlich benötigten wir 10.000 Euro im Jahr. Diese Zahl ist allerdings schwer übertragbar, denn jeder Segler hat einen anderen Lebensstil. Die großen Brocken für uns waren Instandhaltung des Bootes, Vollkaskoversicherung und Landreisen.

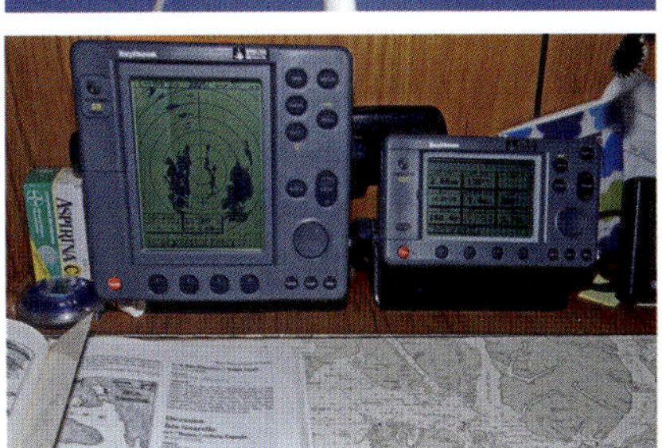

FISCHEN:

Ein wichtiger Aspekt auf unseren Reisen, decken wir doch in den Tropen 50 % unseres Speiseplans mit frisch gefangenen Fischen ab.

Schleppangeln: Während der Fahrt ziehen wir meist zwei Angelleinen auf Handspulen hinterher, die am Heckkorb befestigt sind. Was braucht man dazu? 50 bis 60 Meter lange Nylonleine, Durchmesser 1,5 bis 2 mm, Bruchlast ca. 100 kg. An deren Ende ist ein Wirbelschäkel mit einem 1 Meter langen Stahlvorfach befestigt. Als Köder verwenden wir bunte, ca. 10 cm lange Plastik-Tintenfische mit Bleibirne im Kopf und Doppelhaken am Ende.

Harpunieren: Oft verboten. In den Tropen wegen der Haie nicht ganz ungefährlich. Harpuniert Wolf, schleppe ich schwimmend das Dingi hinterher, sozusagen als Fluchtmöglichkeit.

Bodenangeln vom Schiff oder Dingi ist uns meist zu langweilig.

Einkochen von Fisch: Frisch gefangener Fisch hält im Kühlschrank drei bis vier Tage, den Rest koche ich ein: Fischfilets in Würfel schneiden, diese in ein Glas mit Schraubverschluss geben, mit Süßwasser aufgießen, fest zuschrauben und 40 Minuten im Druckkochtopf kochen. Fertig. Gläser und Deckel müssen wirklich sauber sein, eventuell mit Alkohol Glas und Deckelrand reinigen. Konserven halten mindestens ein Jahr.

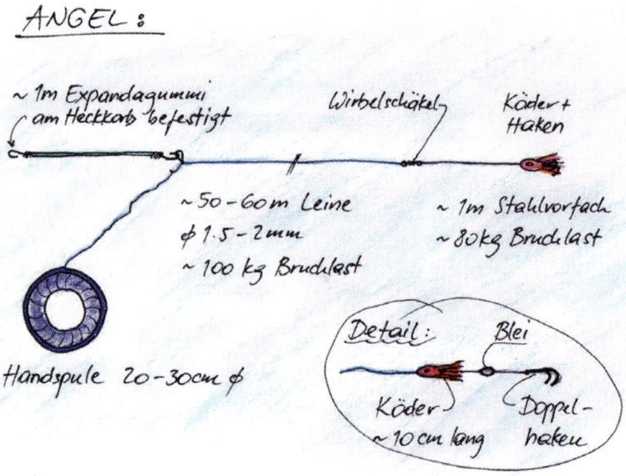

DANKE

Unser erstes Buch wäre nie geschrieben worden, wenn uns nicht zahlreiche Menschen bei diesem Projekt unterstützt hätten. Deshalb danken wir ...

... den Vortragsbesuchern und Lesern unserer Homepage www.seenomaden.at, die uns immer wieder Mut gemacht haben

... unseren Familien, die mit großem Verständnis hinter unseren verrückten Ideen standen und stehen

... Michael Hochenegg, der uns dazu ermutigt hat, dieses Buch zu produzieren

... Kurt Ecker für das großzügige Entgegenkommen beim Schiffskauf

... Hubert Ober für wertvolle Elektroniktipps und die Zusendung von Ersatzteilen bis ans Ende der Welt

... der Firma Werkhof für Schiffsausrüstung, perfektes Rigg und unschlagbares Werkzeug

... Hubert Raudaschl für die besten Segel, die wir je hatten

... Gerhard Ascherl für Schiffsausrüstung und einen Generator, der nach Tahiti kam

... Freytag & Berndt für Seekarten, Handbücher und Literatur für unsere gesamte Reise

... der Yachtrevue für ihr Vertrauen in unsere Fähigkeit, lesenswerte Artikel abzuliefern

... Fortunato Moratto für *Nomads* Liegeplätze in Izola und in der Marina Sant'Andrea

... den Segelclubs ÖSYC, YCA und TO

... Hans-Peter Pusch vom Autohaus Ebner für unser Tourneeauto

... Webmaster Fritzi Fleck für seine jahrelange Geduld

... unzähligen Segelfreunden für herrliche Cockpitabende, BBQs am Strand, Wetterinfos, Funkrunden und vieles mehr

... unseren Freunden in Österreich, die uns zur Seite stehen, auch wenn wir viel zu selten Zeit für sie haben

... und allen, die wir hier nicht erwähnt haben, aber eine Erwähnung Wert wären

DANKE, OHNE EUCH WÄRE ES NIE PASSIERT!

Unterwegs mit Weltenbummlern

Bernd & Daniel Mansholt
Wir hauen ab!
Eine Familie unter Segeln
ISBN 978-3-7688-1984-8

Nathalie Müller / Michael Wnuk
Meer als ein Traum
Unter Segeln ins Glück
ISBN 978-3-7688-2459-0

Ralf-Thomas Hillebrand
Im Süden der Polarkreis
Einhand nach Murmansk
ISBN 978-3-7688-3199-4

John & Jean Silverwood
Gegen Sturm und Teufel
Ein Familientörn zwischen
Katastrophe und Happy End
ISBN 978-3-7688-3200-7

Erhältlich im Buch- und Fachhandel oder unter www.delius-klasing.de